Prof. Dr. Boris Bigalke
Comer Inmortalmente

FSC
www.fsc.org
MIXTO
Papel procedente de
fuentes responsables
Paper from
responsible sources
FSC® C105338

AF208581

Prof. Dr. med. Boris Bigalke trabaja como médico jefe y director del Centro de Cualificación DGK CardioMRI en el Centro Alemán del Corazón de la Charité (DHZC), Campus Benjamin Franklin, Clínica de Cardiología, Angiología y Medicina Intensiva. También practica la medicina complementaria con la Medicina Tradicional China (MTC), la Medicina Tradicional Tibetana (MTT) y la teoría del movimiento del yoga como actividad secundaria. Prof. Bigalke es especialista en medicina interna y posee especializaciones y cualificaciones adicionales en cardiología, acupuntura, medicina nutricional DAEM/DGEM® y resonancia magnética especializada. Tras estudiar medicina humana en la Universidad Libre de Berlín, prosiguió su carrera científica y clínica en la Universidad Eberhard-Karls de Tubinga. Su formación complementaria le llevó a la cirugía en el LIJ Medical Center, Albert Einstein College of Medicine, Nueva York, EE.UU., a la MTC en el Centro Colaborador de la OMS, Pekín, China, y a la MTT en el Qusar Tibetan Healing Centre, Dharamsala, Himachal Pradesh, India.

Durante una estancia de investigación de larga duración, también trabajó en el King's College de Londres, División de Ciencias de la Imagen e Ingeniería Biomédica Londres, como Profesor Asistente/Honorary Lecturer.

También cursó un Máster en Administración de Empresas (MBA) en Gestión Sanitaria en el Magna Carta College de Oxford (Reino Unido) y un Máster en Derecho (LL.M.) especializado en Derecho médico en la Universidad Internacional de Dresde.

Es editor asociado de la revista "ESC Heart Failure", revisor en diversas revistas médicas y autor de más de 130 publicaciones científicas revisadas por pares. Prof. Bigalke fue elegido mejor médico de Alemania en la categoría de medicina deportiva cardiológica en FOCUS-Gesundheit 2021, y en las categorías de hipertensión y medicina nutricional en 2023 y 2024 sucesivamente.

Prof. Dr. Boris Bigalke

Comer Inmortalmente:

¡Ideas revolucionarias para la eterna juventud, una energía explosiva y una vida a todo gas!

Descargo de responsabilidad:
Los contenidos de este libro se han presentado según nuestro leal saber y entender y reflejan el estado actual de los conocimientos científicos. El contenido que aquí se presenta tiene como único objetivo la información neutra y la educación general. No constituye una recomendación o promoción de los métodos de diagnóstico, tratamientos o medicamentos descritos o mencionados. Las instrucciones, ejercicios y consejos proporcionados pueden no ayudar a todos los lectores y se basan únicamente en opiniones personales. El contenido del libro no pretende ser completo, ni puede garantizarse la actualidad, exactitud y equilibrio de la información proporcionada. El contenido del libro no sustituye en modo alguno el asesoramiento profesional de un médico, farmacéutico, fisioterapeuta y/o preparador físico titulado, y no debe utilizarse como base para un diagnóstico independiente ni para iniciar, cambiar o interrumpir el tratamiento de enfermedades. Consulte siempre a un médico de confianza si tiene alguna duda o molestia relacionada con la salud. El autor no se hace responsable de los inconvenientes o daños derivados del uso de la información aquí presentada.
En aras de la legibilidad, la redacción no es neutra en cuanto al género. Todas las grafías masculinas se refieren igualmente a todos los géneros.

Dirección para correspondencia:
Prof. Dr. med. Boris Bigalke, MBA (Oxford, UK), LL.M.
Klinik für Kardiologie, DHZC – Charité Campus Benjamin Franklin
Hindenburgdamm 30, D-12203 Berlin, Alemania

Información bibliográfica de la Biblioteca Nacional Alemana
La Biblioteca Nacional Alemana incluye esta
publicación en la Bibliografía Nacional Alemana;
Los datos bibliográficos detallados están disponibles en Internet
se puede acceder a través de http://dnb.dnb.de.
El análisis automatizado de la obra para obtener
información, en particular, sobre pautas, tendencias y correlaciones
correlaciones de acuerdo con §44b UrhG ("minería de textos y datos")
está prohibido.
Este libro fue traducido por Prof. Dr. Boris Bigalke de la edición original en alemán titulada:
"Unsterblich essen: Bahnbrechende Erkenntnisse für ewige Jugend, explosive Energie und ein Leben in Vollgas!"
© 2024 Prof. Dr. Boris Bigalke

Producción y edición:
BoD – Books on Demand, Norderstedt

ISBN: 978-8-4117-4822- 3

Por Ulla y por todos los que quieren vivir una vida larga y sana.

Índice

Introducción

Edad biológica frente a edad cronológica: una consideración sobre la diferenciación entre edad y salud

El concepto de edad es complejo y multidimensional. Mientras que la edad cronológica mide simplemente el número de años transcurridos desde que una persona nació, la edad biológica refleja el estado fisiológico y el funcionamiento del organismo.[1] Esta distinción entre la edad biológica y la cronológica es crucial para una comprensión global del envejecimiento y su impacto en la salud y el bienestar.

La edad cronológica es el método más utilizado para determinar la edad de una persona. Se trata de un simple número basado en el calendario que indica el tiempo transcurrido desde que un individuo nació. Es innegable que la edad cronológica desempeña un papel importante en la vida, ya que influye en el estatus legal, las normas sociales y las expectativas personales. Sin embargo, la edad cronológica suele pasar por alto las diferencias individuales en cuanto a condición física y salud.

En cambio, la edad biológica se refiere al estado real del cuerpo y sus sistemas orgánicos. Tiene en cuenta el funcionamiento de los órganos, la presencia de enfermedades, los factores genéticos, el estilo de vida y los factores ambientales que influyen en la salud.

Por ejemplo, una persona puede tener 50 años cronológicos pero una edad biológica de 40 debido a un estilo de vida saludable y una buena predisposición genética. A la inversa, alguien podría tener una edad biológica mayor que su edad cronológica debido a una enfermedad, una mala alimentación y otros factores de riesgo.

La discrepancia entre la edad biológica y la cronológica tiene implicaciones trascendentales para la salud y el envejecimiento. Las personas con **una edad biológica más temprana** suelen tener una **mejor función física, mayor resistencia a las enfermedades y una esperanza de vida**

más larga. También pueden mantener un mayor nivel de actividad e independencia. En cambio, las personas con una edad biológica superior a su edad cronológica son más susceptibles a las enfermedades, las limitaciones físicas y una esperanza de vida más corta.

Las personas pueden contribuir a **reducir su edad biológica y mejorar su calidad de vida** adoptando un estilo de vida saludable, haciendo ejercicio con regularidad, siguiendo una dieta equilibrada, evitando el tabaco y afrontando el estrés de forma adecuada. Por supuesto, el aumento de la edad no debe ir en detrimento de la calidad de vida. La calidad de vida se evalúa de forma muy distinta de una persona a otra e incluye la salud física, el bienestar psicológico, las relaciones sociales, la riqueza material, la educación, la calidad del entorno y la seguridad personal.

En general, la distinción entre edad biológica y cronológica ilustra la complejidad del proceso de envejecimiento y los numerosos factores que influyen en nuestra salud y esperanza de vida. Una comprensión más profunda de estos conceptos puede ayudar a tomar decisiones personalizadas que promuevan el bienestar y a desarrollar intervenciones que mejoren la salud y la calidad de vida a lo largo de la vida.

Objetivo del libro

El objetivo de este libro es inspirar a las personas interesadas a engañar a la edad cronológica sometiendo su cuerpo, mente y alma a un programa de rejuvenecimiento radical para que la edad biológica progrese menos rápidamente.

En los capítulos siguientes se describe detalladamente cómo conseguirlo; en última instancia, se trata de un concepto global de actividad física, fases de sueño y descanso, nutrición, suplementos de estilo de vida, evitación de influencias nocivas (sustancias nocivas) y sugerencias de recetas de cocina.

Capítulo 1: Actividades físicas

La actividad física es una parte esencial de un estilo de vida saludable y desempeña un papel clave en el mantenimiento de la salud y la reducción del riesgo de padecer una amplia gama de enfermedades y problemas de salud. Es importante integrar el ejercicio regular en la vida cotidiana y mantener un estilo de vida activo para promover la salud y el bienestar a largo plazo.

¿Cuál es la cantidad adecuada de ejercicio?

El objetivo de caminar 10.000 pasos al día es una recomendación ampliamente utilizada para la actividad física y la salud. Esta cifra no se ha elegido al azar, sino que se basa en los resultados de investigaciones y directrices de diversas organizaciones sanitarias. Cada vez hay más estudios que incluso consideran **suficientes 8.000 pasos al día.**[2] Y un metaanálisis, es decir, un estudio de estudios, demostró que ya no hay un beneficio significativo para la supervivencia con más de 8.000 pasos al día.[3] En otro metaanálisis de ocho estudios observacionales prospectivos con más de 20.000 participantes, se descubrió que las personas mayores (>60 años) con 6.000-9.000 pasos al día tienen un 40-50% menos de riesgo cardiovascular que las personas de la misma edad con 2.000 pasos al día.[4] Además de las enfermedades cardiovasculares, es evidente que la actividad física también ayuda a prevenir el desarrollo de diversos tipos de cáncer, aunque aún no se conozcan en detalle los mecanismos biológicos exactos de acción.[5]

Sin embargo, hay buenas noticias **para las personas sedentarias** gracias a un estudio británico (Vitality Habit Index 2024) realizado por el grupo de trabajo del **Prof. Joan Costa-Font,** de la London School of Economics, durante un periodo de observación de diez años, en el que se constató que **con sólo 5.000 pasos al día** se puede aumentar significativamente la esperanza de vida.[6]

Sin embargo, es importante señalar que el número de pasos no es la única medida de la actividad física. La intensidad, la duración y la variedad de las actividades también son importantes. Por lo tanto, es aconsejable no centrarse exclusivamente en el número de pasos, sino integrar en la vida cotidiana otras formas de ejercicio, como el entrenamiento de fuerza, los estiramientos y los ejercicios aeróbicos. Las personas sanas de mediana edad y mayores, así como los pacientes con cáncer o enfermedades cardiovasculares, se benefician del ejercicio regular, independientemente de la actividad física previa, con una mayor esperanza de vida.[7]

El Colegio Americano de Medicina Deportiva (ACSM) recomienda realizar **unos 150 minutos de actividad física moderada y "aeróbica" de tres a cinco días a la semana** y fortalecer los grandes grupos musculares con **ejercicios de fuerza de dos a tres veces por semana.**[8]

¿Deporte de resistencia o musculación?

La conveniencia de practicar deportes de resistencia o ejercicios con pesas depende de los objetivos, las preferencias y el estado de salud de cada persona. Ambas formas de entrenamiento ofrecen beneficios diferentes.

Deportes de resistencia

Mejora la salud cardiovascular: los deportes de resistencia como correr, montar en bicicleta o nadar pueden favorecer la salud del corazón y reducir el riesgo de enfermedades cardiovasculares.

Aumenta la resistencia: el entrenamiento de resistencia regular mejora la resistencia física, lo que significa que puede mantenerse activo durante más tiempo sin cansarse.

Favorece la quema de grasas: el ejercicio de resistencia puede ayudar a reducir el exceso de grasa corporal y a controlar el peso.

Es bien sabido que una rápida sensación de saciedad y la restricción calórica contribuyen a la reducción del peso corporal. Un estudio ha descubierto que el deporte de resistencia en particular produce un efecto de saciedad más rápido debido a la mayor formación de N-lactoil-fenilalanina, una molécula compuesta por lactato (ácido láctico) y el aminoácido fenilalanina.[9]

Entrenamiento de fuerza

Aumenta la fuerza y la masa muscular: El entrenamiento de fuerza basado en la resistencia ayuda a aumentar la fuerza y la masa muscular, lo que puede mejorar el rendimiento físico.
Mejora la composición corporal: Al aumentar la masa muscular, el entrenamiento de fuerza puede ayudar a reducir la grasa corporal y mejorar la composición corporal.
Fortalece los huesos: El entrenamiento de fuerza puede aumentar la densidad ósea y reducir el riesgo de osteoporosis y fracturas.
Lo mejor suele ser una combinación de entrenamiento de resistencia y de fuerza, ya que ambos son componentes importantes de un programa de acondicionamiento físico completo. Sin embargo, **el entrenamiento** aeróbico y el de fuerza deben realizarse **con un intervalo mínimo de tres horas,** ya que las ganancias de fuerza se debilitan durante la misma sesión.[10] El tipo y la intensidad del entrenamiento deben adaptarse a los objetivos y necesidades individuales, teniendo en cuenta la salud y las posibles limitaciones.

"Guerreros de fin de semana"

El papel de la promoción de la salud para los llamados "guerreros de fin de semana", es decir, las personas que están muy ocupadas en el trabajo y sólo consiguen hacer ejercicio el fin de semana, es objeto de mucha controversia. En principio, este horario deportivo compacto, aunque la actividad física se practique con menor frecuencia e intensidad que el entrenamiento diario habitual, parece tener un efecto positivo sobre la salud y prevenir la muerte súbita cardiaca.[11] Un análisis retrospectivo de una base de datos biológicos británica también demostró que el ejercicio concentrado en uno o dos días tenía un pronóstico comparativamente favorable en comparación con el ejercicio repartido uniformemente a lo largo de la semana, debido a la reducción significativa del riesgo cardiovascular en ambos grupos.[12]

Para evitar excusas sobre el mal tiempo, los costes o el esfuerzo que supone comprar equipos de fuerza y pesas o ir al gimnasio con regularidad, en la siguiente sección se presentan deportes que permiten hacer algo por la salud física y mental y la longevidad con poco tiempo y pocos gastos.

Calistenia

El término calistenia procede del griego y significa literalmente "fuerza bella". Es una forma de entrenamiento físico cuyo objetivo es desarrollar la fuerza, la resistencia, la flexibilidad, la coordinación y el control corporal utilizando **el propio peso corporal,** es decir, para esta actividad deportiva no es necesario un gimnasio, una piscina, máquinas de musculación o pesas. Los ejercicios incluyen dominadas, flexiones, fondos (bajar y subir entre barras paralelas), sentadillas y estocadas.

Los estudios de intervención destacan los beneficios del entrenamiento calisténico por el poco tiempo, coste y equipamiento que requiere, que además puede incorporarse a la rutina diaria de personas no entrenadas en casi cualquier lugar con el objetivo de promover la salud y prevenir enfermedades.[13]

Dominadas

Las dominadas son un ejercicio que fortalece los músculos de la parte superior de la espalda, los bíceps, los hombros y el tronco. Pueden utilizarse para desarrollar la musculatura, así como para mejorar la fuerza funcional y el entrenamiento con el peso corporal. Existen diferentes posiciones de las manos para realizar las dominadas. La elección de la posición de las manos influye en los músculos que más se utilizan durante el ejercicio.

Variantes

Agarre ancho (agarre superior más ancho que la anchura de los hombros): Las palmas miran hacia fuera. Esta posición se dirige a las partes externas del dorsal ancho y también ejerce una mayor tensión sobre los hombros y la parte superior de la espalda. Sin embargo, un agarre ancho puede sobrecargar los hombros (manguito de los rotadores). Por este motivo, las personas con problemas en los hombros deben adoptar un enfoque más prudente o considerar posiciones de agarre alternativas.

Empuñadura estrecha (empuñadura por encima de la mano a la anchura de los hombros o más cerca): Al igual que en el agarre ancho, las palmas miran hacia fuera. El agarre estrecho se centra más en el centro de la espalda (dorsal ancho) y los bíceps. Los trapecios y los romboides se encargan de juntar los omóplatos.

Agarre invertido (undergrip o comb grip): En esta posición, las palmas de las manos miran hacia dentro. El agarre invertido acentúa los músculos bíceps y la parte inferior del dorsal ancho. El braquial, que se encuentra debajo del bíceps, también se utiliza con mayor intensidad.

Agarre paralelo (agarre de martillo): Se trata de dominadas en barra paralela con las palmas de las manos enfrentadas. En esta posición también se trabajan los bíceps y los músculos medios de la espalda. Los músculos de los hombros, especialmente los deltoides, también se activan para soportar el movimiento.

Grupos musculares

Dorsal ancho: El dorsal ancho es el principal músculo utilizado en las dominadas. Este ejercicio es especialmente eficaz para desarrollar la parte externa del dorsal ancho.

Bíceps braquial: el bíceps, situado en la parte anterior del brazo, se activa con fuerza para flexionar los codos y tirar del cuerpo hacia arriba.

Músculos de la espalda: además del dorsal ancho, también se activan otros músculos de la parte superior de la espalda, como el trapecio y el romboides, para juntar los omóplatos y estabilizar los músculos de la espalda.

Braquial: Este músculo se encuentra debajo del bíceps y también favorece la flexión del codo.

Trapecio inferior: La parte inferior del músculo trapecio, que cubre la parte superior de la espalda, se activa durante el movimiento hacia abajo para estabilizar los omóplatos.

Braquiorradial: El braquiorradial es un músculo del antebrazo que también se activa durante las dominadas.

Músculos abdominales: Los músculos abdominales se utilizan para estabilizar el torso mientras se tira del cuerpo hacia arriba.

Flexiones (Largartijas)

Las flexiones son un ejercicio versátil que fortalece los tríceps, los músculos del pecho, los hombros, la espalda y el tronco. Las flexiones suelen formar parte de rutinas de fitness, entrenamiento militar y programas de entrenamiento general.

Variantes

Flexiones anchas: con las manos separadas más que la anchura de los hombros para trabajar más los músculos pectorales.

Flexiones cerradas: con las manos más juntas para activar más los tríceps.

Flexiones en diamante: las manos se colocan de forma que los dedos y los pulgares formen un triángulo, centrándose en los tríceps.

Flexiones con un brazo: Con una mano en la espalda para aumentar la intensidad.

Grupos musculares

Músculos pectorales (pectoral mayor): Se pueden utilizar diferentes posiciones de las manos, por ejemplo, un agarre más ancho o más estrecho, para aumentar la tensión de los músculos pectorales.

Músculo deltoides anterior (deltoideus anterior): Los músculos del hombro se activan durante las flexiones, especialmente la parte anterior del músculo deltoides.

Tríceps: La parte posterior de los brazos, el tríceps, se activa durante la extensión de los codos.

Serrato anterior: Este músculo, que cubre las partes laterales del tórax y las costillas superiores, sirve para estabilizar los omóplatos y sostener el movimiento.

Músculos abdominales (recto abdominal y oblicuos): Para mantener el cuerpo estable durante las flexiones, también se activan los músculos abdominales.

Músculos de la espalda: los músculos de la parte superior de la espalda también se utilizan para estabilizar la cintura escapular.

Glúteos (glúteo mayor): Los músculos de los glúteos se utilizan para mantener las caderas estables y el cuerpo en línea recta.

Fondos

Los fondos (apoyo en barra) son un ejercicio de peso corporal que trabaja varios grupos musculares de la parte superior del cuerpo y los brazos. El ejercicio suele realizarse en barras paralelas. Un aparato de gimnasia más grande y complejo son las barras paralelas, conocidas en las clases de la escuela.

Grupos musculares

Tríceps braquial: el tríceps es el músculo que más trabaja durante los fondos. Este músculo de la parte posterior del brazo se encarga de extender la articulación del codo.

Músculos pectorales (pectoral mayor): Los fondos también trabajan los músculos pectorales, especialmente cuando la parte superior del cuerpo se inclina hacia delante. Este efecto se intensifica si los fondos se realizan con un agarre amplio.

Músculo deltoides anterior (deltoideus anterior): Los músculos anteriores del hombro se activan para sostener el movimiento hacia delante de los brazos.

Músculo romboides (rhomboids): El músculo romboides, que se encuentra entre los omóplatos, se activa durante los dips para asegurar la estabilidad de la cintura escapular.

Músculos glúteos (gluteus maximus): Los músculos glúteos se utilizan para mantener las caderas estables y el cuerpo erguido.

Músculo trapecio inferior: la parte inferior del músculo trapecio, que recubre la parte superior de la espalda, también se ve afectada.

Músculos abdominales (recto abdominal y oblicuos): Los músculos abdominales se activan para mantener estable el torso.

Sentadillas

Las sentadillas son un excelente ejercicio de calistenia, una forma de entrenamiento que se centra en ejercicios basados en el peso corporal sin equipamiento adicional. Las sentadillas fortalecen los músculos de las piernas, especialmente los muslos (cuádriceps), los glúteos (nalgas) y los músculos de la cadera.

Variantes

Técnica básica de las sentadillas: La técnica básica de las sentadillas en calistenia consiste en mantenerse erguido, colocar los pies separados a la anchura de los hombros y doblar las rodillas mientras se empuja la cadera hacia atrás. La espalda debe mantenerse recta y el cuerpo debe bajar como si estuviera sentado en una silla invisible. También debes asegurarte de respirar de manera uniforme durante el movimiento. Un error común es contener la respiración. Hay que inhalar al bajar y exhalar al subir.

Sentadillas profundas: Se trata de llegar lo más profundo posible manteniendo la forma adecuada. Esto ayuda a activar los músculos a través de un mayor rango de movimiento y promueve la flexibilidad.

Sentadillas pistola: Se trata de una variante avanzada de la sentadilla en la que todo el peso del cuerpo se equilibra sobre una pierna mientras la otra se extiende. Por lo tanto, esta forma es más recomendable para atletas bien entrenados.

Sentadillas explosivas: También es una forma avanzada de sentadilla, conocida como sentadilla con salto o sentadilla pliométrica. Al subir de la sentadilla profunda, se salta en el aire. Este ejercicio integra fuerza, velocidad y coordinación y es una forma eficaz de fortalecer los músculos de las piernas y mejorar la potencia de salto. Este tipo de ejercicio es especialmente popular en deportes como el baloncesto, el voleibol y el sprint.

Grupos musculares

Cuádriceps (músculo de la parte anterior del muslo): Para la extensión de las rodillas.

Isquiotibiales (músculos posteriores del muslo): Para la flexión de la cadera y la extensión de las rodillas.

Glúteos (glúteo mayor): Para la extensión de la cadera.

Aductores y abductores: Para estabilizar las piernas.

Músculos centrales: Para la estabilidad del tronco durante el ejercicio.

Estocadas

Las estocadas son un ejercicio que hace trabajar los músculos de las piernas, los glúteos y el tronco. Es un ejercicio funcional que favorece la fuerza y la estabilidad de las extremidades inferiores.

Variaciones

Estocadas fijas: La variante clásica en la que la pierna de atrás no se mueve después de la estocada.

Estocadas con un paso atrás: En este caso, se da un paso hacia atrás en lugar de hacia delante.

Estocadas en carrera: Aquí, las estocadas se realizan en un movimiento continuo y dinámico.

Grupos musculares

Cuádriceps (músculo de la parte anterior del muslo): Se activa durante la flexión de la rodilla delantera.

Glúteos (glúteo mayor): Se activan al levantarse desde una posición baja.

Músculos isquiocrurales (músculos posteriores del muslo): Ayudan a estabilizar y flexionar la parte posterior de la rodilla.

Aductores y abductores: Trabajan conjuntamente para estabilizar las piernas.

Músculos centrales: Se activan para estabilizar la parte superior del cuerpo durante el ejercicio.

Saltar a la comba

Aunque saltar a la cuerda no es directamente un ejercicio de calistenia puede utilizarse como complemento del entrenamiento calisténico. Es una forma eficaz de quemar calorías, promover la salud cardiovascular y mejorar la velocidad. Saltar a la comba requiere sincronización y coordinación entre los ojos, las manos y los pies, lo que puede mejorar las habilidades motoras. Los ejercicios pueden realizarse tanto en interiores como al aire libre y sólo requieren una cuerda de saltar, de la que ahora hay sistemas de cuerdas de saltar con alambres de metal recubiertos de plástico y pesas en los mangos para permitir movimientos más rápidos, además de simples cuerdas de cáñamo. Al saltar a la comba se activan varios grupos musculares, como las piernas, el torso, los brazos y los hombros. Se trata, por tanto, de un entrenamiento para todo el cuerpo.

Entrenamiento cardiovascular

Saltar a la cuerda es una excelente manera de fortalecer el sistema cardiovascular. Aumenta el ritmo cardíaco, mejora la resistencia y favorece la salud general del corazón. Según el Harvard Step Test, aproximadamente 10 minutos de salto a la comba equivalen a 30 minutos de footing para la resistencia cardiovascular.[14]

Quemar calorías

Saltar a la comba es una forma eficaz de quemar calorías y, por tanto, puede integrarse en un programa de fitness para perder peso.[15] Además de la duración y la intensidad de la actividad física, el consumo de calorías también depende de la edad, el sexo, la estatura y la condición física. Aunque los estudios determinen un consumo calórico aparentemente exacto, las cifras calóricas siguientes son más bien una estimación aproximada.[16,17]

Salto ligero a la cuerda: Aproximadamente 200-300 calorías por media hora. Esta estimación se basa en un peso corporal de unos 70 kg.
Salto de cuerda moderado: Aproximadamente 300-400 calorías por media hora. Se trata de un entrenamiento ligeramente más intenso, con mayor velocidad y posiblemente variaciones en la técnica.
Salto de cuerda intenso o entrenamiento a intervalos de alta intensidad (HIIT): hasta 500 calorías o más por media hora. El salto de cuerda de alta intensidad, especialmente en forma de entrenamiento por intervalos, puede aumentar aún más el consumo de calorías.

Variantes

Salto a la comba básico:

La forma básica de saltar a la comba, que consiste simplemente en saltar sobre la cuerda mientras ésta se balancea continuamente por el suelo. Esto puede hacerse con un movimiento hacia delante o permaneciendo en el sitio con un salto o dos saltos por rotación.

Saltar a la comba con una sola pierna:

Se salta con una sola pierna para mejorar el equilibrio y fortalecer los músculos de un lado.

Saltar a la comba:

El salto a la comba cruzado consiste en mover los brazos en cruz delante del cuerpo mientras la cuerda pasa por encima de la cabeza y por debajo de los pies.

Saltar a la comba hacia atrás:

El movimiento se realiza hacia atrás, lo que aumenta la coordinación y la exigencia de la visión hacia atrás.

Salto a intervalos:

Se alternan intervalos de saltos intensos y moderados para aumentar la intensidad del entrenamiento.

Salto con las rodillas en alto:

Al saltar, las rodillas se levantan alternativamente para activar los músculos abdominales.

Doble bajo:

En esta variación avanzada, la cuerda se pasa por debajo de los pies dos veces por salto. Esto requiere más velocidad, saltos más altos y precisión.

Grupos musculares

Músculos de la pantorrilla (gastrocnemio y sóleo): Los músculos de la pantorrilla se utilizan durante cada salto para empujar los pies del suelo.

Cuádriceps (músculo anterior del muslo): Los cuádriceps ayudan a flexionar las rodillas al despegar los pies del suelo.

Isquiotibiales (músculos posteriores del muslo): Los isquiotibiales trabajan con los cuádriceps para flexionar y extender las rodillas.

Músculos glúteos (glúteo mayor): El glúteo mayor se activa al empujar desde el suelo.

Músculos abdominales (rectus abdominis et obliques): Los músculos abdominales se utilizan para mantener el torso estable y sostener una postura erguida mientras se salta a la comba.

Músculos de los hombros (deltoides): Los músculos de los hombros se utilizan para balancear los brazos y girar la cuerda.

Músculos de la espalda: Los músculos de la espalda ayudan a mantener una postura erguida y sujetan los hombros al mover los brazos.

Músculos de los brazos (bíceps y tríceps): Los músculos de los brazos intervienen en el balanceo de la cuerda y en la coordinación de los movimientos de los brazos.

Músculos de la cadera: Los músculos de la cadera, como el iliopsoas y el sartorio, también se activan para levantar las piernas durante el salto.

Yoga

El yoga es una teoría tradicional del movimiento que tiene sus orígenes en el área cultural budista-hindú. La palabra "yoga" procede originalmente del sánscrito योग que significa "unión" o "integración". El yoga está estrechamente vinculado a los principios de la medicina ayurvédica. El yoga pretende armonizar cuerpo, mente y alma.

Hay varias formas y estilos de yoga, pero la mayoría incluyen posturas (asanas), control de la respiración (pranayama) y meditación. El objetivo principal es desarrollar la conciencia corporal, la flexibilidad, la fuerza y la paz interior.

Se ha demostrado que el yoga ayuda a controlar el estrés, alivia la ansiedad, reduce la hipertensión, mejora la calidad del sueño y el rendimiento cognitivo y alivia la depresión.[18,19,20,21,22,23] Según la tradición budista-hindú, hay **7 chakras (centros de energía) en el cuerpo.**[24]

El yoga pretende fomentar el bienestar físico y mental mejorando el flujo de energía en el cuerpo y aumentando el equilibrio y la flexibilidad generales. Consiste en una serie de movimientos y posturas que pueden adaptarse a diferentes niveles de forma física y a menudo se utiliza tanto para el ejercicio físico como con fines terapéuticos.

Es importante señalar que el yoga no se limita a ninguna religión en particular, aunque a menudo se asocia con tradiciones hindúes, budistas o filosóficas. En muchas culturas, el yoga se valora como una práctica holística para el bienestar y el autodesarrollo.

Aquí se han adaptado diez sencillas posturas de movimiento y sujeción del yoga que pueden realizarse de pie, basándose en referencias establecidas.[25,26,27] Todos los ejercicios deben centrarse en la inhalación y la exhalación. Cada uno de los movimientos y posiciones de mantenimiento deben repetirse de tres a cinco veces, de modo que sólo se invierta **un total de 10 minutos al día** en los diez ejercicios.

1. mano de nube
2. mudra bajo (movimiento/posición simbólica de la mano)
3. mudra alto (movimiento/posición simbólica de la mano)
4. movimiento lateral derecho e izquierdo
5. flexión hacia delante y hacia atrás
6. bipedestación con una pierna derecha e izquierda
7. peonza en el sentido de las agujas del reloj
8. salto profundo de cadera con elevación liberadora de los brazos
9. equilibrio de pie
10. molinillo de viento

En la mano de nube, las manos se colocan en el bajo vientre con las palmas hacia arriba. Como si se sacara agua, se suben las manos hasta el plexo solar (a la altura del esternón) y se extienden los brazos con las palmas hacia fuera, como si se apartara una nube y con ella las preocupaciones, el estrés y los problemas. Es importante espirar al extender los brazos.

Fig. 1: mano de nube

El mudra bajo está destinado al chakra sacro. Las palmas de las manos juntas apuntan hacia abajo a la altura del plexo solar (delante del esternón) y se mueven hacia abajo. A continuación, las palmas giran hacia arriba y vuelven a la posición inicial en la zona del plexo solar.

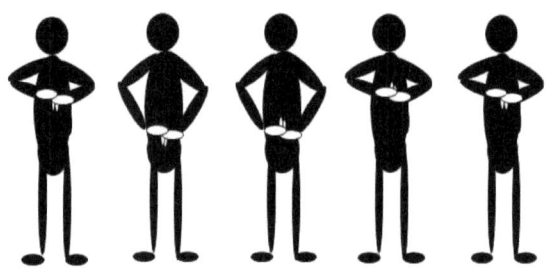

Fig. 2: mudra bajo (movimiento/posición simbólica de la mano)

El mudra alto se centra en los chakras de la garganta y la coronilla. Las manos se cierran en puño delante de la nuca y se llevan sobre la cabeza formando un semicírculo. Allí, los puños se abren, las palmas giran desde dentro hacia fuera y atraen la energía desde abajo, que se lleva de nuevo al cuerpo. Además de la mano de nube, este ejercicio es muy adecuado para aliviar el estrés.

Fig. 3: mudra alto (movimiento/posición simbólica de la mano)

En el movimiento lateral derecho e izquierdo, los brazos se estiran primero hacia arriba y luego y luego se alinean paralelamente al respectivo movimiento lateral de la parte superior del cuerpo.
alineados. Se trata de movimientos sencillos que resultan especialmente son especialmente útiles tras largos periodos sentado.

Fig. 4: movimiento lateral derecho e izquierdo

Al inclinarse hacia delante y hacia atrás, las manos se apoyan primero en los muslos por delante, como si se estuviese haciendo una reveren-cia o rezando, luego la parte superior del cuerpo se endereza y los brazos se estiran hacia arriba y luego se extienden hacia atrás, casi como si se estuviese rindiendo culto al sol.

Fig. 5: flexión hacia delante y hacia atrás

La bipedestación a una pierna derecha e izquierda consiste en mantenerse de pie sobre una pierna durante unos 10 segundos mientras la otra pierna está flexionada en la bipedestación. Este ejercicio es importante para la coordinación y el equilibrio interior. Si no estás seguro de tu estabilidad y centro de gravedad, puedes extender los brazos para apoyarte.

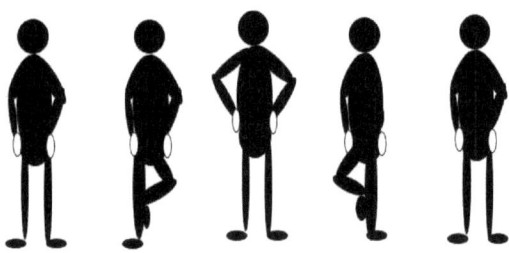

Fig. 6: bipedestación con una pierna derecha e izquierda

En el trompo en el sentido de las agujas del reloj, los brazos se extienden con las palmas hacia fuera y luego giran alrededor de su propio eje en el sentido de las agujas del reloj. Al igual que la posición de pie con una sola pierna, este ejercicio también se utiliza para el equilibrio interior. Para una mejor concentración, el ejercicio también puede realizarse con los ojos cerrados en una fase avanzada. Como en todos los ejercicios, hay que prestar atención a la inspiración y la espiración.

Fig. 7: peonza en el sentido de las agujas del reloj

Al realizar un salto profundo de cadera con una elevación liberadora de los brazos, el movimiento de salto desde la sentadilla debe realizarse desde las caderas y no desde las rodillas. Este ejercicio también ayuda a liberar tensiones.

Fig. 8: salto profundo de cadera con elevación liberadora de los brazos

El equilibrio de pie consiste en mantenerse de pie sobre una pierna mientras la otra se extiende hacia atrás en posición horizontal. El torso se inclina hacia delante en consecuencia y ambos brazos se extienden hacia delante en paralelo. A continuación, se cambia a la otra pierna. De nuevo, el objetivo es lograr el equilibrio interior.

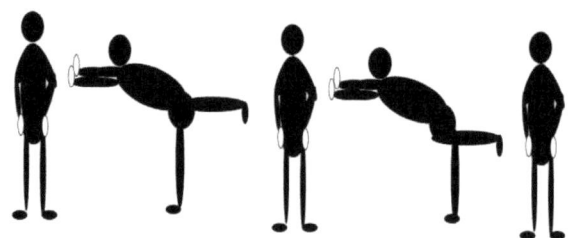

Fig. 9: equilibrio de pie

El molinillo de viento ejercita varios grupos musculares de los brazos, los hombros, el cuello y la espalda para aliviar tensiones. Los brazos se estiran lateralmente en posición neutra, luego el brazo izquierdo se levanta hacia arriba y el derecho se coloca en diagonal hacia abajo. Las piernas y la parte inferior del torso permanecen sin cambios durante todo el ejercicio. El brazo izquierdo se dirige hacia atrás con la parte superior del cuerpo girada hacia la izquierda y el brazo derecho le sigue en posición horizontal con la parte superior del cuerpo girada hacia la izquierda. A continuación, el brazo derecho toma la iniciativa y se estira hacia arriba, con el brazo izquierdo apuntando ahora en diagonal hacia abajo. La parte superior del cuerpo vuelve a la posición cero del princip-io. A continuación, el brazo izquierdo se eleva de nuevo hacia arriba, guiando ahora la parte superior del cuerpo con un giro hacia la derecha. El brazo derecho vuelve a bajar en diagonal y se coloca en posición hori-zontal junto con el izquierdo, mientras la parte superior del cuerpo gira hacia atrás a la derecha. El brazo derecho toma ahora la iniciativa y se estira hacia arriba con el brazo izquierdo bajando en diagonal. El brazo derecho guía la parte superior del cuerpo de vuelta a la posición cero del principio. Al principio, el molinete debe realizarse lentamente y con pausas. Una vez interiorizada la secuencia de movimientos, también se pueden realizar movimientos rápidos con la pala.

Fig. 10: molinillo de viento

Conclusión

- Una pequeña dosis de deporte es una "píldora medicinal" eficaz. No hay más que hacerlo.
- Sólo 10 minutos de ejercicio al día ayudan a prevenir problemas de salud, controlar el estrés y mejorar la calidad de vida
- No importa el tiempo que haga y ahorra dinero y tiempo: la ca listenia, saltar a la cuerda y el yoga se pueden hacer práctica mente en cualquier sitio y a cualquier hora sin gimnasio, apa ratos ni pesas

Capítulo 2: Sueño, descanso, música: pilares infravalorados de la salud

En nuestro mundo agitado y moderno, caracterizado por una actividad constante y un afán excesivo de productividad, muchas personas tienden a subestimar la importancia de dormir lo suficiente, relajarse y escuchar música relajante. Sin embargo, el sueño, la relajación y la música no son sólo aspectos agradables de la vida cotidiana, sino pilares fundamentales de la salud.

El sueño

Como proceso biológico, el sueño desempeña un papel crucial en la regeneración del organismo. Durante el sueño, no sólo se reponen las reservas de energía, sino que también se activan los mecanismos de reparación. Las células se regeneran, el sistema inmunitario se refuerza y se regula la producción hormonal. La falta de sueño adecuado puede provocar diversos problemas de salud, como el debilitamiento de las defensas inmunitarias, un mayor riesgo de enfermedades cardiovasculares, diabetes mellitus y enfermedades mentales.

Además, el sueño tiene un impacto significativo en la función cognitiva y la estabilidad emocional. Una persona bien descansada muestra una mayor capacidad de concentración, tiempos de reacción más rápidos y mejores habilidades para resolver problemas. La relación entre la privación de sueño y el deterioro cognitivo está bien documentada y debería servir como señal de alarma sobre la importancia de dormir de forma regular y suficiente. **La duración, la calidad y la profundidad del sueño** desempeñan un papel decisivo en la salud.

Duración del sueño

Una reducción de tres horas en la duración del sueño altera la función de las células T, que son las responsables de la defensa frente a las infecciones.[28] En un estudio de más de 116.000 personas de 21 países, en el que también se tuvieron en cuenta las características regionales y culturales, se demostró que una duración media del sueño de 6-8 horas al día es la que mejor protege frente a los criterios de valoración de pronóstico primario duros, como los episodios cardiovasculares y la muerte.[29] **Tanto el exceso como la falta de sueño** son perjudiciales para la salud. Según un estudio, fuera de la ventana óptima de sueño, **la privación de una hora de sueño** conlleva un riesgo de hasta el 11% de **muerte, cardiopatía coronaria, accidente cerebrovascular y diabetes mellitus de tipo 2,** mientras que un exceso de una hora de sueño conlleva un riesgo aún mayor (hasta el 17%) de **accidente cerebrovascular, cardiopatía coronaria y diabetes mellitus de tipo 2.**[30]

La privación del sueño como terapia

La privación del sueño es objeto de controversia como medida terapéutica para la depresión en psiquiatría. Desde la década de 1970 se han realizado algunas investigaciones que indican que la privación del sueño puede tener un efecto antidepresivo a corto plazo, sobre todo en personas con depresión.[31] Los mecanismos exactos que subyacen a esta mejora a corto plazo no se conocen del todo, pero se cree que los cambios en el ritmo circadiano **("reloj interno")** y los sistemas de neurotransmisores pueden desempeñar un papel. El efecto antidepresivo de la privación de sueño suele ser temporal, y la mayoría de las personas experimentan un retorno de los síntomas de depresión cuando reanudan el sueño normal. Una reciente revisión y metaanálisis no encuentra pruebas y, por tanto, ninguna indicación que justifique el tratamiento pautado de la privación del sueño para la depresión.[31]

Siesta reparadora

Una siesta reparadora, es decir, una siesta corta de unos 10 a 30 minutos, puede ofrecer muchos beneficios para la salud si se utiliza correctamente.[32] Una siesta corta puede ayudar a reducir los niveles de estrés y mejorar el estado de alerta, la concentración y el rendimiento cognitivo, sobre todo después de una actividad física intensa o un trabajo extenuante. Además, una siesta reparadora puede ayudar a combatir la fatiga durante el día y acortar los tiempos de reacción. Los estudios han demostrado que una siesta corta puede favorecer el rendimiento de la memoria y el aprendizaje, mejorar la retención de nueva información y mejorar la memoria a largo plazo.[33] Lo ideal es dormir la siesta a primera hora de la tarde (una especie de **"siesta"**) para aprovechar el descenso natural de los niveles de energía durante el día sin alterar el sueño nocturno. Las personas que duermen la siesta demasiado tarde (por ejemplo, a última hora de la tarde), que duermen más de 30 minutos durante el día o que ya han dormido más de seis horas la noche anterior corren un mayor riesgo de sufrir enfermedades cardiovasculares y muerte.[32,29]

Calidad del sueño

Los estudios han demostrado que la mayoría de las personas con trastornos del sueño tienen problemas para conciliar el sueño, seguidos de problemas para dormir toda la noche o despertarse temprano.[34] Los problemas para dormir durante la noche provocan la calcificación vascular (aterosclerosis) a través de una mayor liberación de células inflamatorias, lo que se asocia al desarrollo de **infartos de miocardio y accidentes cerebrovasculares.**[35] Según una revisión, los trastornos del sueño conllevan un mayor riesgo de ictus (hasta un 55% más), muerte cardiovascular (hasta un 33% más), cardiopatía coronaria (hasta un 28%

más), hipertensión arterial (hasta un 27% más), demencia (hasta un 50% más) y cáncer en el órgano hormonal tiroideo (hasta un 24% más).[36]

Profundidad del sueño

Las etapas del sueño suelen dividirse en cinco fases: cuatro etapas de sueño no REM (non-REM) y la fase de movimientos oculares rápidos (REM).[37] La fase REM es una fase del sueño caracterizada por movimientos oculares rápidos, aumento de la actividad neuronal y sueños vívidos con procesamiento de emociones. La memorización o consolidación del contenido de la memoria tiene lugar principalmente durante el sueño NREM, especialmente durante el sueño profundo (N3) y el sueño medio (N2).[38] La profundidad del sueño puede evaluarse mediante diversos métodos, como la **polisomnografía** (un estudio del sueño que mide las ondas cerebrales, la actividad muscular y otros parámetros), la **actigrafía** (medición de los movimientos durante el sueño) y los **informes subjetivos de la calidad del sueño** de la propia persona.[39] Una profundidad de sueño adecuada es importante para la regeneración, la recuperación y el bienestar general.

Ritmo circadiano

El ritmo circadiano **("reloj interno")** es un proceso biológico que se repite en un ciclo de aproximadamente 24 horas y controla numerosos cambios fisiológicos y de comportamiento en el organismo. Estas fluctuaciones rítmicas influyen en muchos aspectos de nuestra vida, como el ciclo sueño-vigilia, la temperatura corporal, la producción hormonal, la actividad metabólica y el rendimiento de la memoria. El reloj interno se ve influido principalmente por la luz. La alternancia entre el día y la noche ayuda a sincronizar el reloj interno y a mantener el ritmo circadiano. Los resultados de los experimentos en cuevas han demostrado que el ritmo circadiano humano persiste incluso en ausencia de zeitgebers externos como la luz.[40] Esto es especialmente importante para los trabajadores por turnos, los mineros o los viajeros de negocios y el personal de vuelo en vuelos transcontinentales, ya que se ha demostrado que las alteraciones externas del ritmo circadiano pueden afectar a la salud física y mental.[41]

Hormonas

La melatonina y el cortisol son dos hormonas importantes que desempeñan un papel clave en la regulación del ciclo sueño-vigilia. Ambas hormonas endógenas interactúan para controlar el ciclo sueño-vigilia e influyen en la calidad del sueño.[42] La melatonina ayuda a inducir y mantener el sueño señalando la preparación para dormir, mientras que el cortisol promueve un estado más activo y despierta al organismo. Una liberación equilibrada de melatonina y cortisol en el ritmo circadiano es importante para un sueño sano y el bienestar durante el día.[43] Las alteraciones de este equilibrio pueden provocar trastornos del sueño y otros problemas de salud.

Tomar melatonina producida artificialmente se ha hecho muy popular, sobre todo cuando se viaja a través de varias zonas horarias (jet lag) o cuando se trabaja por turnos. Sin embargo, no es adecuada para todo el mundo y también puede provocar efectos secundarios como dolores de cabeza, mareos, náuseas y somnolencia.

Por lo tanto, la melatonina debe tomarse siempre **bajo supervisión médica,** especialmente en el caso de niños, mujeres embarazadas o en periodo de lactancia y personas con otros problemas de salud o que tomen medicación. Además, la melatonina no debe considerarse un sustituto de una higiene del sueño saludable y de cambios en el estilo de vida, como crear un entorno de sueño relajante, limitar el tiempo de pantalla antes de acostarse y mantener un ciclo regular de sueño-vigilia.

Extractos naturales

Además de la melatonina, los extractos naturales de azafrán (Crocus sativus) o valeriana (Valeriana officinalis) son muy solicitados para el tratamiento de los trastornos del sueño. Ambos tienen propiedades potencialmente calmantes y favorecedoras del sueño. Se dice que el efecto calmante del extracto de azafrán se debe a su interacción con neurotransmisores como la serotonina y el GABA (ácido γ-aminobutírico).[42] La valeriana contiene compuestos conocidos como ácidos valeriánicos, que pueden tener un efecto calmante al aumentar la actividad del neurotransmisor GABA en el cerebro y también tienen un efecto estimulante sobre el receptor de serotonina.[44] La eficacia de los extractos de azafrán y valeriana en el tratamiento de los trastornos del sueño puede variar enormemente.

Benzodiacepinas

Las benzodiacepinas son una clase de fármacos que se administran para tratar la ansiedad y la epilepsia, pero que también se utilizan habitualmente para tratar los trastornos del sueño. Aunque pueden ser eficaces para promover el sueño, no están exentas de riesgos y pueden tener diversos efectos secundarios.

Aunque las benzodiacepinas pueden ser eficaces en el tratamiento de la ansiedad, los trastornos del sueño y otras afecciones, también pueden tener efectos secundarios como **resaca (hangover)** con somnolencia diurna, deterioro de la memoria y la concentración, lentitud de reacción, problemas respiratorios, reacciones paradójicas (agitación, agresividad, alucinaciones) y **dependencia,** especialmente con un uso prolongado o a dosis más altas.[45]

Como norma general, las personas con trastornos del sueño deben hablar con un médico antes de tomar medicamentos para dormir. Además, deben tenerse en cuenta los cambios en el estilo de vida para una buena higiene del sueño, que se explican detalladamente a continuación.[46]

Higiene del sueño

Ciclo regular de sueño-vigilia: Hay que intentar acostarse y levantarse a la misma hora todos los días, incluso el fin de semana. Un ciclo regular de sueño-vigilia ayuda a regular el reloj interno del cuerpo y a mejorar el sueño.

Entorno de sueño: cree un entorno de sueño cómodo, fresco, tranquilo y oscuro; si es necesario, utilice tapones para los oídos o un antifaz para minimizar los ruidos o fuentes de luz molestos.

Evite la cafeína y los estimulantes: Debe limitarse el consumo de cafeína (café, té), teobromina (chocolate, cacao) y otras sustancias estimulantes como la nicotina y el alcohol, especialmente en las horas previas a acostarse. Pueden alterar el sueño y prolongar el tiempo necesario para conciliarlo.

Técnicas de relajación: Las técnicas de relajación como el entrenamiento autógeno, el yoga, la meditación, la relajación muscular progresiva o los ejercicios de respiración pueden ayudar a reducir el estrés y preparar el cuerpo para el sueño.

Limitar el tiempo de pantalla antes de acostarse: Debe evitarse el uso de dispositivos electrónicos como teléfonos móviles, tabletas y ordenadores justo antes de acostarse, ya que la luz azul que emiten las pantallas puede afectar a la producción de producción de melatonina.

Actividad física regular: El ejercicio regular puede ayudar a mejorar la calidad del sueño, pero debe evitarse la actividad física intensa justo antes de acostarse, ya que puede interferir en la conciliación del sueño debido al subidón de adrenalina.

Hora de ingerir alimentos: deben evitarse las comidas copiosas y las grandes cantidades de líquidos justo antes de acostarse.

Evitar las siestas: Si se hacen siestas durante el día, limitar su duración y evitar las siestas largas a última hora del día, ya que pueden alterar el sueño nocturno.

Desarrolle una rutina de sueño: cree una rutina de sueño relajante que le ayude a prepararse para dormir, por ejemplo leyendo, dándose un baño caliente o escuchando música relajante.

Descanso

En el acelerado mundo actual, con la presión de ser productivo y estar constantemente disponible, muchas personas tienden a considerar el descanso como algo secundario o incluso superfluo. Sin embargo, es justo lo contrario: además del ya mencionado sueño, el descanso es un pilar esencial de la salud y el bienestar que no debe descuidarse.

En primer lugar, el descanso desempeña un papel crucial en la regeneración del organismo. Durante los periodos de descanso, el cuerpo tiene la oportunidad de regenerarse y repararse. Los tejidos se renuevan, los músculos se reparan y el sistema inmunitario se refuerza. Sin un descanso suficiente, estos procesos de regeneración pueden ralentizarse o interrumpirse, lo que puede provocar problemas de salud a largo plazo.

Además, la recuperación es importante para la salud mental. En un mundo que a menudo se caracteriza por el estrés, el ajetreo y las exigencias excesivas, la relajación ofrece la oportunidad de calmar la mente y reducir el estrés. Las técnicas de relajación como **la meditación, el yoga y los ejercicios de respiración** pueden ayudar a calmar la mente y promover la relajación mental. Esto, a su vez, ayuda a prevenir **la ansiedad, la depresión y el agotamiento (burnout).**

El descanso también es importante para mantener el rendimiento y la productividad. Los periodos regulares de descanso pueden mejorar la función cognitiva y la concentración. Dedicar tiempo al descanso puede aumentar el rendimiento y mejorar la calidad del trabajo.

El descanso también desempeña un papel clave en el fomento de las relaciones y los vínculos sociales. Las actividades de ocio compartidas pueden fortalecer las amistades, estrechar los lazos familiares y mejorar el bienestar general. El ocio ofrece la oportunidad de socializar, reír juntos y compartir experiencias positivas.

Estilo de vida "siempre conectado": veneno para la salud

La relajación es importante para mantener el equilibrio en la vida. En una sociedad que a menudo se caracteriza por un estilo de vida "siempre conectado", es fácil perderse en el trabajo y descuidar las necesidades del cuerpo y la mente. El aumento del uso intensivo de pantallas (ahora sobre todo a través de smartphones) tiene un impacto negativo en la salud física y mental.[47]

Consecuencias para la salud

Estrés y sobrecarga: El acceso constante a los dispositivos digitales y la constante disponibilidad permanente pueden provocar una sensación de excitación constante y exigencias excesivas. La presión por estar siempre disponible y responder inmediatamente a los mensajes puede provocar estrés y ansiedad.

Trastornos del sueño: El uso constante de pantallas antes de acostarse puede afectar a la calidad del sueño. Como ya se ha mencionado en la sección sobre el sueño, la luz de longitud de onda azul de las pantallas puede inhibir la producción de melatonina, la hormona del sueño, lo que puede provocar insomnio y falta de sueño.

Inactividad física: El uso excesivo de dispositivos digitales puede hacer que las personas pasen menos tiempo al aire libre y sean menos activas físicamente. Esto puede conducir a un estilo de vida sedentario, que se asocia a un mayor riesgo de obesidad, enfermedades cardiacas y otros problemas de salud.

Aislamiento social: aunque las tecnologías digitales pueden facilitar la comunicación, también pueden conducir al aislamiento social. El uso excesivo de los medios de comunicación en línea puede hacer que las personas pasen menos tiempo en interacciones sociales cara a cara, lo que puede conducir a la soledad y el aislamiento.

Distracciones digitales: La disponibilidad constante de entretenimiento e información en línea puede hacer que las personas empleen su tiempo y atención de forma improductiva. Esto puede afectar a la productividad y hacer que se descuiden tareas importantes.

Fatiga digital: El uso constante de dispositivos digitales puede provocar fatiga visual, dolores de cabeza y otros síntomas de fatiga digital. Esto puede afectar a la calidad de vida y aumentar el riesgo de problemas oculares y de salud a largo plazo.

Pasos importantes para la recuperación

El descanso ofrece la oportunidad de regenerarse, reflexionar y volver a establecer prioridades. Dedicar tiempo conscientemente al descanso y el autocuidado permite llevar una vida equilibrada y plena.

Sueño: El sueño es una de las formas más importantes de recuperación. Como ya se ha explicado, durante el sueño el cuerpo tiene la oportunidad de regenerarse, reparar tejidos, equilibrar hormonas y consolidar recuerdos. La duración y la calidad adecuadas del sueño son cruciales para la salud y el bienestar.

Técnicas de relajación: Las técnicas de relajación como la meditación, los ejercicios de respiración, la relajación muscular progresiva y el yoga pueden ayudar a aliviar el estrés, reducir la tensión muscular y calmar la mente.[48] Estas prácticas favorecen la relajación y la recuperación a nivel físico y mental.

Actividades de ocio: Las actividades de ocio que son divertidas y relajantes son componentes importantes de la recuperación. Entre ellas se incluyen los pasatiempos, las actividades artísticas, las excursiones a la naturaleza, la lectura, escuchar música y las actividades sociales con amigos y familiares. Este tipo de actividades ofrecen un bienvenido descanso de la vida cotidiana y contribuyen al alivio mental.

Ejercicio y deporte: Aunque la actividad física es una parte importante de un estilo de vida saludable, también es importante dejar tiempo suficiente para el descanso y la relajación. Alternar periodos de actividad y descanso permite al cuerpo recuperarse y regenerarse, lo que en última instancia mejora el rendimiento y evita lesiones.

Dieta sana: Una dieta equilibrada y nutritiva favorece la recuperación al proporcionar al organismo los nutrientes y la energía necesarios para regenerarse. El consumo adecuado de líquidos también es importante para mantener el cuerpo hidratado y favorecer el metabolismo.

Cuidados personales: Medidas de cuidados personales como masajes, baños, saunas y tratamientos de spa pueden ayudar a reducir la tensión, relajar los músculos y aumentar el bienestar general.

Atención plena y autorreflexión: Programar tiempo para la práctica de la atención plena y la autorreflexión puede ayudar a calmar la mente, reducir el estrés y promover una actitud positiva. Esto puede hacerse meditando, escribiendo un diario, observando la naturaleza u otras actividades intencionadas.[49]

Limitación del tiempo de uso de dispositivos digitales: Si se reduce el tiempo de pantalla, especialmente el uso de teléfonos inteligentes, combinado con un aumento de la actividad física, esto puede promover la salud mental de manera eficiente y rentable.[50]

En general, la recuperación es un pilar indispensable de la salud que abarca una visión holística del bienestar. Dedicar tiempo al descanso permite fortalecer la salud física y mental, aumentar el rendimiento y llevar una vida plena. Es importante dar prioridad al descanso e integrarlo como componente importante de un estilo de vida saludable.

El poder curativo de música: hacer música para cuidar la salud

En la sociedad civilizada moderna, las personas están constantemente expuestas al estrés, a un ritmo frenético y a una avalancha de estímulos, por lo que buscan formas de mantener su salud y bienestar. Un método a menudo ignorado pero extremadamente eficaz para promover la salud es hacer música. La música siempre ha tenido un profundo efecto en la mente, el cuerpo y el espíritu humanos, y numerosos estudios han demostrado que hacer música de forma activa ofrece multitud de beneficios para la salud que van mucho más allá del mero placer estético. A continuación se exponen algunas de las razones por las que hacer música es una importante actividad preventiva para la salud.

Alivio del estrés y bienestar emocional: La música tiene una capacidad única para influir en nuestras emociones y ponernos en un estado de relajación.[51] Hacer música permite centrarse en el momento, liberarse del estrés cotidiano y alcanzar un estado de calma y serenidad. El autodesarrollo creativo mientras se hace música también puede ser una válvula de escape para las emociones, lo que ayuda a reducir los sentimientos negativos y aumentar el bienestar emocional.[52]

Funciones cognitivas y salud cerebral: Hacer música requiere funciones cerebrales complejas, como la atención, la memoria, la coordinación y la resolución de problemas. Hacer música con regularidad puede mejorar y mantener estas capacidades cognitivas, especialmente en las personas mayores.[51,53] También se ha descubierto que hacer música puede reducir el riesgo de enfermedades neurodegenerativas como la demencia y el Alzheimer.[54] Los estudios han demostrado que los músicos suelen tener un mayor rendimiento cerebral en áreas como el procesamiento del lenguaje, la memoria y el pensamiento espacial. Estos efectos positivos también se han descrito al escuchar música, por ejemplo una sonata para piano de Wolfgang Amadeus Mozart, y a menudo se denominan **"efecto Mozart".**[55] Hacer música ya puede tener un efecto favorable en la salud mental del niño perinatalmente, es decir, en torno al nacimiento.[56]

Interacción social y comunidad: La música es un lenguaje universal que une a personas de diferentes culturas y orígenes.[52] Hacer música en grupo fomenta la interacción social, el trabajo en equipo y el sentimiento de pertenencia. Al compartir experiencias musicales, se pueden fortalecer las relaciones y ampliar la red social, lo que a su vez mejora el bienestar mental y la calidad de vida.

Salud física: Hacer música entrena diversas habilidades físicas, como la motricidad fina, la coordinación y el control de la respiración. **Tocar instrumentos** suele requerir una buena postura y control muscular, lo que ayuda a fortalecer la espalda, la columna vertebral y otros grupos musculares. Además, **cantar puede mejorar la respiración y aumentar la capacidad pulmonar,** lo que tiene un efecto positivo en la forma física general.[57]

Sistema cardiovascular: Además de por motivos religiosos y de entretenimiento, la música parece ser una opción adicional no farmacológica para mejorar el pronóstico de salud, especialmente en las enfermedades cardiovasculares.[58] **El estudio MANTRA** ha demostrado que los pacientes con enfermedades cardiovasculares tras un cateterismo cardíaco obtienen mejores resultados **con medidas noéticas** ("de expansión de la conciencia"), es decir, música relajante, oraciones curativas y terapia de biocampo (imposición de manos como el **Reiki**).[59] Sin embargo, **el**

estudio de seguimiento MANTRA II, realizado en nueve centros diferentes de Estados Unidos, no descubrió entonces ningún beneficio para la supervivencia, porque las "vibraciones" de la música, la voz o la proximidad del terapeuta tienen efectos muy diferentes en los individuos y, al parecer, no son mensurables.[60]

Si la música se percibe como agradable, puede tener un efecto favorable sobre la presión arterial y la frecuencia cardiaca.[61] Los latidos del corazón y la regulación de la tensión arterial no pueden controlarse voluntariamente, ya que son suministrados por el sistema nervioso autónomo ("vegetativo"). Por tanto, depende del estilo de música (género) y del volumen que se estimule o inhiba el sistema nervioso autónomo.[58] La práctica activa de música de relajación puede alterar favorablemente la expresión génica en pacientes con cardiopatías coronarias y, por tanto, es una medida de salud mejor que "leer tranquilamente" un libro.[62]

Reducción del estrés y sistema inmunitario: Se ha descubierto que hacer música reduce los niveles de cortisol en el organismo, una hormona asociada al estrés.[63] Un nivel bajo de cortisol puede reforzar el sistema inmunitario y mejorar las defensas del organismo contra las enfermedades. Sin embargo, no sólo la práctica activa de la música, sino incluso el mero hecho de escucharla ha demostrado ayudar a reducir los niveles de cortisol y a hacer frente al estrés en la vida cotidiana.[64] Además, la liberación de endorfinas durante la interpretación musical puede provocar una sensación de bienestar y relajación, lo que a su vez refuerza el sistema inmunitario. Una respuesta inmunitaria observada durante el "efecto Mozart" fue un "aumento de las células asesinas naturales, los linfocitos y el interferón-γ", lo que podría ser de interés en el tratamiento del cáncer, entre otras cosas.[55]

En general, las investigaciones demuestran que hacer música es mucho más que una actividad artística: es una forma eficaz de cuidar la salud del cuerpo, la mente y el alma. Si hacemos música con regularidad, no sólo podemos mantener nuestra salud física y mental, sino también conectar más profundamente con nosotros mismos y con los demás. En un momento en que se reconoce cada vez más la importancia de la prevención y el bienestar holístico, deberíamos considerar el poder transformador de la música como un pilar esencial de nuestra práctica sanitaria.

Conclusión

- Los medicamentos y suplementos favorecen el sueño, pero también tienen efectos secundarios que no deben pasarse por alto.
- Medidas sencillas ayudan a la higiene del sueño
- Escuchar y hacer música puede mejorar la salud

Capítulo 3: Cambiar la medicina nutricional

Con el paso del tiempo, la medicina nutricional se ha convertido en un área crucial de la asistencia sanitaria. Desde el tratamiento de la desnutrición hasta la prevención de enfermedades crónicas, la importancia de la nutrición para la salud de las personas y la sociedad ha ido en aumento. Sin embargo, la medicina nutricional está en constante cambio, impulsada por los descubrimientos científicos, los avances tecnológicos y los cambios sociales. Los cambios en la medicina nutricional ofrecen nuevas oportunidades para mejorar la salud y la calidad de vida de las personas en todo el mundo.

¿Son sanos o peligrosos los huevos?

En el pasado, se creía que los alimentos ricos en colesterol, como la yema de huevo (aprox. 270 mg de colesterol), la mantequilla y las gambas, debían evitarse para reducir el riesgo de enfermedades cardiovasculares.

El consumo de huevos en particular ha sido objeto de un debate muy controvertido en medicina nutricional durante muchos años debido a los resultados a veces contradictorios de los estudios, de modo que la doctrina antes incontrovertible se tambalea ahora.

Los estudios y metaanálisis que demuestran la conexión entre el aumento del riesgo cardiovascular y la ingesta de colesterol son persistentes.[65,66] **El consumo de 100 mg de colesterol** debería aumentar el nivel de **colesterol sérico en 2 mg/dl.**[67] Sin embargo, en la actualidad existen numerosos estudios y metaanálisis que, incluso en una comparación entre 50 países, no encuentran ninguna relación entre el colesterol alimentario y el desarrollo de enfermedades cardiovasculares y muerte cardiovascular.[68,69]

Ingredientes importantes de los huevos: colina y luteína

Los huevos podrían incluso tener un efecto cardioprotector debido a su contenido en colina procedente de la lecitina, ya que la colina puede reducir los niveles de homocisteína, aminoácido que, según se dice, aumenta el riesgo de enfermedades cardiovasculares.[70] La colina parece impedir la excreción de colesterol del hígado y también tiene un efecto antiinflamatorio (reducción de la interleucina-6 proinflamatoria).[71,72] Además de colina, la yema de huevo también contiene el antioxidante luteína, que se absorbe mejor comiendo huevos que en forma de suplemento dietético.[73] Otro argumento a favor de los huevos. Según los estudios de las **"Zonas Azules",** las cinco regiones del mundo donde se encuentra la mayoría de **los centenarios,** es decir, de las personas de 100 años, el secreto de la longevidad no parece residir en el colesterol alimentario o sérico, sino en una dieta con antioxidantes de efecto anti-inflamatorio.[74]

Recomendaciones controvertidas de las directrices

Sin embargo, las directrices actuales de la Sociedad Europea de Cardiología (ESC) siguen adhiriéndose dogmáticamente a la recomendación de no consumir más de 300 mg de colesterol dietético al día.[75]

En cambio, las sociedades cardiológicas estadounidenses (AHA/ACC) y el Comité Asesor de Guías Alimentarias (DGAC), un comité de científicos y expertos nombrados por el Departamento de Agricultura (USDA) y el Departamento de Salud y Servicios Humanos (HHS) de EE.UU., ya no ven esta relación entre el riesgo de la ingesta de colesterol y la aparición de enfermedades cardiovasculares, por lo que se ha abandonado la recomendación original de limitar el colesterol de la dieta a 300 mg al día.[76,69]

Directrices ≠ norma médica

Según la Ley de Derechos de los Pacientes de 2013, un artículo del Código Civil alemán (§ 630a BGB), los médicos están obligados a cumplir las normas médicas. Incluso si los médicos quisieran ver las directrices de las asociaciones profesionales como una especie de ley médica para el tratamiento correcto de los pacientes, está claro que el tratamiento de acuerdo con las directrices no protege necesariamente contra la responsabilidad médica. Después de todo, ¿qué directriz de qué sociedad especializada debe seguirse: la estadounidense, la europea, la alemana, la de los cardiólogos, la de los diabetólogos, la de los nefrólogos? Sus recomendaciones no son siempre las mismas y a veces son contradictorias, a veces incluso obsoletas con referencia a determinadas fuentes. Por este motivo, el Tribunal Federal de Justicia (BGH) dictaminó en 2008 que las directrices no pueden reflejar la norma médica y en 2014 que no.[77,78]

Las directrices dietéticas de EE.UU. insisten ahora en la importancia de una dieta y un estilo de vida saludables en general, en lugar de centrarse únicamente en reducir la ingesta de colesterol. Esto incluye recomendaciones para comer más verduras, frutas, cereales integrales, grasas procedentes de aguacates, frutos secos y aceite de oliva, en línea con la dieta mediterránea, al tiempo que se limita el consumo de grasas saturadas y trans.

Dieta mediterránea

La dieta mediterránea es una forma de alimentarse inspirada en los hábitos alimenticios tradicionales de los habitantes de las regiones del Mediterráneo. Esta dieta suele considerarse una de las más saludables del mundo. Dos de las zonas azules con mayor proporción de personas de 100 años se encuentran en el Mediterráneo: Cerdeña, en Italia, e Ikaria, en Grecia.

Características principales

Rica en frutas y verduras: La dieta mediterránea hace hincapié en el consumo de frutas y verduras frescas. Estos alimentos aportan importantes vitaminas, minerales, antioxidantes y fibra. Se ha demostrado una reducción significativa de los niveles de colesterol con el consumo diario de ½ a 1 ½ aguacates.[79]

Aceite de oliva como principal fuente de grasa: El aceite de oliva se utiliza como principal fuente de grasa en la dieta mediterránea. Es rico en ácidos grasos monoinsaturados y antioxidantes, que pueden favorecer la salud del corazón. Sin embargo, este efecto sólo se ha demostrado con el consumo de 1 litro de aceite de oliva a la semana.[76]

Consumo moderado de pescado y marisco: La Dieta Mediterránea incluye el consumo regular de pescado y marisco, que son ricos en ácidos grasos omega-3 y pueden ayudar a reducir el riesgo de cardiopatías.

Consumo moderado de aves de corral, huevos y productos lácteos: Estas fuentes de proteínas también se consumen en cantidades moderadas en la Dieta Mediterránea.

Reducción del consumo de carne roja: La carne roja como la ternera, el cerdo y el cordero se consume con menos frecuencia en la dieta mediterránea y se sustituye por otras fuentes de proteínas como el pescado, las aves de corral, las legumbres y los frutos secos.

Consumo frecuente de legumbres, frutos secos y semillas: Las legumbres como las alubias, las lentejas y los garbanzos, así como los frutos secos y las semillas, son componentes importantes de la dieta mediterránea y aportan proteínas, fibra y grasas. Comer 30 g de frutos secos al día, en particular, puede reducir significativamente el riesgo cardiovascular.[80] El tipo de fruto seco influye menos en la **reducción de los niveles de colesterol** que la cantidad consumida (se observan efectos especialmente fuertes a partir de 60 g de frutos secos al día).[81] A pesar de la mayor cantidad de frutos secos consumidos, se observa una reducción significativa del peso corporal.[82]

Consumo moderado de vino: La dieta mediterránea también recomienda el consumo moderado de vino tinto, considerado beneficioso para la salud por su contenido en antioxidantes y polifenoles. **El efecto positivo del vino tinto** se dio a conocer con la **"paradoja francesa",** un fenómeno que consiste en que, a diferencia de la región vinícola blanca de Alsacia, la población francesa presenta una menor tasa de infartos y enfermedades coronarias a pesar del consumo tradicionalmente favorecido de queso, mantequilla y otros alimentos con grasas saturadas.[83]

¿Mejor mantequilla o margarina?

Además de la recomendación de comer huevos frente a la de no comerlos, existe otro dualismo en la medicina nutricional cuando se trata de la mantequilla frente a la margarina.

¿Es más sana la mantequilla rica en colesterol o la margarina que limita el colesterol? Las directrices actuales de la ESC y una declaración de un grupo de expertos alemanes en nutrición siguen recomendando el consumo de margarina en lugar de mantequilla.[75,84]

Sin embargo, al igual que en el debate sobre los huevos, ahora se plantea la cuestión de si no debería favorecerse el uso moderado de la mantequilla frente a la margarina.[85] Por ejemplo, la llamada **dieta de la cartera** hace hincapié en evitar estrictamente los huevos y la mantequilla y recomienda aumentar el consumo de esteroles vegetales para proteger a largo plazo contra las enfermedades cardiovasculares.[86]

Hay que tener en cuenta que la margarina contiene **esteroles vegetales,** que en realidad ayudan a reducir los niveles de colesterol, pero que en dosis más elevadas tienen a su vez un efecto aterogénico (provocan la calcificación vascular), y también contiene **ésteres glicidílicos de ácidos grasos**, que incluso tienen un efecto potencialmente cancerígeno, es decir, pueden ser cancerígenos.[87,88]

Por lo tanto, el consumo excesivo de alimentos procesados, incluida la margarina, no parece necesariamente saludable. Una dieta equilibrada, rica en alimentos naturales y no procesados, suele considerarse una opción más saludable. Si se tienen dudas sobre los ingredientes de la margarina, se deben considerar fuentes alternativas de grasa, como el aceite de oliva, los frutos secos o el aguacate.

¿Está justificada la demonización de las grasas?

El tejido adiposo desempeña un papel importante en la regulación de los niveles de azúcar en sangre. No sólo es un lugar de almacenamiento pasivo del exceso de energía en forma de grasa, sino que también produce diversas hormonas y sustancias de señalización. Además, **las células adiposas** también pueden **producir sustancias proinflamatorias**, como citoquinas y ácidos grasos, que pueden alterar la sensibilidad a la insulina.

En conjunto**, el tejido adiposo es, por tanto, un órgano endocrino activo** que influye en la regulación de la glucemia y el metabolismo del organismo mediante la producción de diversas hormonas y sustancias de señalización. Una regulación sana de estas hormonas y una función adecuada del tejido adiposo son, por tanto, importantes para mantener estables los niveles de azúcar en sangre y prevenir trastornos metabólicos como la diabetes mellitus. **Científicos de Yale** han implantado nuevo tejido adiposo en ratones resistentes a la insulina, que fueron capaces de almacenar el exceso de glucosa.[89]

Ya en 2008, un estudio de intervención demostró que una dieta baja en grasas tenía el mayor efecto yo-yo sobre el peso corporal al cabo de 2 años en comparación con la dieta mediterránea y la dieta hipocalórica, es decir, que no se conseguía prácticamente nada hacia la pérdida de peso deseada, ya que se volvía a alcanzar el nivel inicial.[90]

En 2011, un **estudio de Harvard** realizado por el grupo de trabajo del **Prof. Dariush Mozaffarian** sobre más de 120.000 estadounidenses durante un periodo de cuatro años descubrió que las personas estudiadas que consumían productos lácteos ricos en grasa habían perdido peso corporal, mientras que las que consumían productos lácteos bajos en grasa **(aparentemente de forma paradójica)** habían ganado peso.[91] Como posibles explicaciones pueden señalarse los siguientes puntos:

1. los productos lácteos bajos en grasa no tienen el mismo efecto saciante que los productos lácteos altos en grasa.

2. las personas pueden tender a consumir el doble de productos semigrasos.

3. los productos semigrasos suelen tener un mayor contenido de azúcar/carbohidratos que los productos bajos en grasa.

4. los productos ricos en grasas contienen más calcio, que tiene un efecto favorable sobre la función de los adipocitos durante la absorción de grasas a través de las hormonas paratiroidea y calcitriol.

En Dinamarca se introdujo **un impuesto sobre las grasas** en 2011 para encarecer los alimentos ricos en grasas, pero se suprimió al cabo de solo 15 meses.[92] Aunque puede haber sido políticamente bienintencionado animar a los ciudadanos del país a seguir una dieta supuestamente más sana, resultó que la gente tendía a pasarse a cosas aún menos saludables, como los alimentos especialmente azucarados o las compras en países vecinos.

Algunos estudios han encontrado una relación entre un alto consumo de **productos lácteos,** especialmente leche entera, y un mayor **riesgo de cáncer de próstata,** mientras que otros estudios no muestran ninguna relación o incluso protección contra el cáncer de mama, el cáncer de colon, la diabetes mellitus tipo 2, las enfermedades cardio-vasculares y la osteoporosis a través del consumo de leche.[93,94]

La diabolización de la grasa y el dualismo huevos vs. no huevos o mantequilla vs. margarina no deben ignorar revelaciones explosivas.

Revelaciones explosivas de conflictos de intereses

Las siguientes declaraciones de **científicos de Harvard** en el New England Journal of Medicine **en 1967** sentaron las bases para la dirección de la investigación cardiovascular durante más de medio siglo y probablemente más allá:[95]

"No hay duda de que los niveles séricos de colesterol pueden modificarse manipulando la cantidad de grasa y colesterol de la dieta". "...la importancia práctica de las diferencias en los carbohidratos de la dieta es mínima en comparación con las diferencias en la grasa y el colesterol de la dieta".

Una revelación publicada en la prestigiosa revista médica JAMA Internal Medicine **en 2016** reveló que los autores tenían **conflictos de intereses con la industria azucarera.**[96]

También vale la pena señalar que la **ESC publicó una tarjeta de puntuación de riesgo en 2016,** que clasifica el riesgo de muerte cardíaca.[97] Se enumeran los siguientes factores para determinar el riesgo individual: edad, sexo, fumador/no fumador, valores de tensión arterial, valores de colesterol.

¿Qué se ha olvidado?

Exacto: ¡**el azúcar!**

¿Es mera coincidencia que una comisión de directrices olvide sin más un factor de riesgo cardiovascular clásico como **la diabetes mellitus?** Tras analizar la situación actual de los estudios y teniendo en cuenta los explosivos conflictos de intereses que históricamente han tenido una enorme repercusión en la investigación científica de los últimos 60 años, no todo parece estar claro. También es posible que los resultados de las investigaciones se hayan orientado en la dirección deseada, porque ¿quién querría presentar los resultados de un estudio en contra de una opinión apodíctica predominante? Por lo tanto, cabe esperar que la mayor parte de la investigación científica haya sido, no obstante, imparcial. En principio, sin embargo, los hallazgos aparentemente claros sobre la dieta supuestamente saludable deberían ser mucho más diferenciados.

Restricción calórica

Además de la dieta mediterránea, la restricción calórica también puede contribuir a la pérdida de peso deseada.[98] Reducir la ingesta de calorías sin sacrificar nutrientes se ha relacionado con una mayor longevidad y una reducción de las enfermedades relacionadas con la edad. Se supone que la restricción calórica ralentiza el metabolismo y favorece la activación de genes asociados a la longevidad y la salud.[99]

La dieta cetogénica, la dieta baja en carbohidratos y la dieta Atkins son tres enfoques diferentes para reducir la ingesta de carbohidratos, de los que pueden beneficiarse especialmente los deportistas:

1. mejorar el rendimiento gracias a una utilización más eficiente de la grasa como combustible,

2. Gracias a unos niveles de azúcar en sangre más estables,

3. Reducción del tiempo de recuperación tras el entrenamiento gracias a una menor tendencia a la inflamación.

Dieta cetogénica

El objetivo principal de la dieta cetogénica es llevar al organismo a un estado de cetosis, en el que se queman las grasas y se utilizan las cetonas, subproductos del metabolismo de las grasas en el hígado, como fuente de energía.

La proporción de hidratos de carbono en una dieta cetogénica es muy baja, y suele limitarse a menos del **5-10%** de la ingesta calórica diaria. Esto suele corresponder a menos de 50 gramos de carbohidratos al día.

La principal fuente de energía en una dieta cetogénica es la grasa, que representa alrededor del **70-80%** de la ingesta calórica diaria.

Las proteínas constituyen el 20-25% restante de la ingesta calórica diaria.

Sin embargo, una dieta cetogénica puede provocar un aumento de los niveles de ácido úrico, ya que el organismo descompone más grasas y produce cetonas, lo que puede aumentar el riesgo de ataques de gota.[100]

Dieta baja en carbohidratos

En una dieta baja en carbohidratos, la atención se centra más en reducir la ingesta de hidratos de carbono para mantener más estables los niveles de azúcar en sangre y mejorar la sensibilidad a la insulina sin poner necesariamente al organismo en un estado cetogénico. El contenido de carbohidratos en una dieta baja en carbohidratos suele ser mayor que en una dieta cetogénica, pero sigue siendo significativamente menor que en una dieta occidental típica.

La ingesta de hidratos de carbono puede variar en función de las necesidades individuales, pero **normalmente los hidratos de carbono representan en torno al 15-20%** de la ingesta calórica diaria.

La ingesta de grasas es inferior a la de una dieta cetogénica, **en torno al 60%,** pero puede variar en función de las preferencias y los objetivos.

Las proteínas, en torno al 30%, se sitúan en el rango moderado con un nivel de ingesta calórica diaria superior al de una dieta cetogénica.

Incluso si una dieta baja en carbohidratos parece ser beneficiosa para la salud en general, la dieta debe considerarse de forma más diferenciada: **la calidad y las fuentes de nutrientes** de una dieta baja en carbohidratos tienen un efecto significativo en la supervivencia, ya que una dieta baja en carbohidratos combinada con grasas y proteínas animales tiene un mal pronóstico, mientras que una dieta baja en carbohidratos con grasas y proteínas vegetales tiene un mejor pronóstico.[101]

Dieta Atkins

La dieta Atkins es una variante de la dieta baja en carbohidratos desarrollada por el cardiólogo estadounidense Dr. Robert Atkins y popularizada en todo el mundo en la década de 1970.[102] El principio fundamental de la dieta Atkins es reducir drásticamente la ingesta de hidratos de carbono y aumentar el consumo de proteínas y grasas.

Al igual que en la dieta baja en carbohidratos, **la ingesta de carbohidratos es de aproximadamente el 15-20%.**

En torno al 40-45%, el contenido de grasa es menor que en la dieta cetogénica o baja en carbohidratos.

La proporción de proteínas es relativamente alta, **en torno al 40%,** por lo que la dieta Atkins suele denominarse dieta hiperproteica.

La dieta Atkins hace hincapié en los alimentos ricos en proteínas, como la carne, el pescado, los huevos y el queso, por lo que unos niveles elevados de proteínas animales celulares (excluidos el queso y los productos lácteos) pueden provocar un aumento de los niveles de ácido úrico en la sangre.[103] **De forma aparentemente paradójica,** se ha atribuido a la dieta Atkins un aumento de las enfermedades cardiovasculares, que quizá podría explicarse por un menor consumo de fruta, verdura y productos integrales y por el fácil acceso a las proteínas con productos cárnicos procesados industrialmente.[104]

Vía de señalización mTOR: clave de la longevidad

La dieta hipocalórica ofrece prometedores beneficios para la salud y la longevidad al influir en la vía de señalización mTOR (Mechanistic Target of **Rapamycin**), que desempeña un papel **clave en la regulación del crecimiento celular, la biosíntesis de proteínas y el metabolismo de la glucosa.**[105] El **inmunosupresor rapamicina** inhibe la vía de señalización mTOR y se obtuvo originalmente a partir de muestras de suelo de bacterias de la **Isla de Pascua** (en polinesio **"Rapa Nui"**), que le da nombre. La vía de señalización mTOR reacciona a diversas señales ambientales y celulares, como los nutrientes, los factores de crecimiento, el estado energético de la célula y el estrés. Una vía de señalización mTOR alterada puede provocar diversas enfermedades, como cáncer, trastornos metabólicos y enfermedades neurodegenerativas.[106] La investigación de esta vía de señalización es, por tanto, de gran interés para la medicina y el desarrollo de nuevas terapias para la longevidad. Además de la restricción calórica, los suplementos dietéticos curcumina, resveratrol y el medicamento para la diabetes metformina, por ejemplo, interfieren en la vía de señalización mTOR.

Precaución:

La cetoacidosis es una complicación grave que puede aparecer en personas que padecen diabetes mellitus. Se produce cuando el organismo no produce suficiente insulina para regular los niveles de glucosa en sangre y, en su lugar, quema grasas para obtener energía, lo que provoca un aumento de las cetonas en la sangre. Los síntomas de la cetoacidosis pueden ser: sed excesiva, micción frecuente, náuseas, vómitos, dolor abdominal, debilidad, confusión, dificultad para respirar y un aliento de olor dulzón que recuerda al quitaesmalte de uñas. Menschen, die eine ketogene Diät einhalten und keinen Diabetes mellitus haben, sollten in der Regel nicht von Ketoazidose betroffen sein, da ihre Insulinproduktion normalerweise ausreicht, um den Blutzuckerspiegel zu regulieren.

Otro aspecto es el alto contenido en proteínas de la dieta cetogénica. Aunque superar la ingesta diaria recomendada de proteínas de 0,8 g por kilogramo de peso corporal se sigue considerando seguro, un reciente estudio con animales aconseja precaución y anima a realizar más estudios clínicos sobre dietas ricas en proteínas, ya que el aumento del **aminoácido circulante leucina** provoca una mayor activación de la vía de señalización mTOR, lo que a su vez **conduce a un aumento de la aterosclerosis** (calcificación vascular).[107]

Antes de plantearse la restricción calórica, es aconsejable consultarlo con un médico o nutricionista para asegurarse de que se descarta la diabetes mellitus y de que no hay efectos indeseables de **otras enfermedades concomitantes.** Además, las personas que restringen las calorías deben hacerlo **bajo supervisión médica** para asegurarse de que reciben un aporte adecuado de nutrientes y mantienen un estado de salud óptimo.

Consumo de carne frente a dieta vegetariana o vegana

Consumo de carne

En general, la carne con moderación forma parte de una dieta equilibrada y puede ser una fuente importante de nutrientes esenciales. Sin embargo, hay que tener en cuenta la calidad de la carne y los métodos de preparación para mejorar los efectos sobre la salud.

Carne roja

La carne roja procede de mamíferos como el vacuno, el porcino y el ovino.

Suele ser de color más oscuro debido al mayor contenido de mioglobina, una proteína que almacena oxígeno en el tejido muscular. La carne roja es rica en **aminoácidos esenciales, hierro, zinc, vitamina B12 y otras vitaminas del grupo B.** El consumo excesivo de carne roja, sobre todo de carne procesada (salchichas y tocino), se ha relacionado con un mayor riesgo de cardiopatías, accidentes cerebrovasculares, diabetes de tipo 2 y ciertos tipos de cáncer.[108]

También preocupa la dieta paleo, una forma de alimentación inspirada en el Neolítico, pobre en fibra debido a la ausencia de productos a base de cereales y que, debido al mayor consumo de carne, permite la producción de productos metabólicos a través de bacterias intestinales que pueden ser perjudiciales para la salud intestinal y los vasos sanguíneos (aterosclerosis).[109]

Sin embargo, varios metaanálisis sólo han mostrado efectos sanitarios muy débiles e inciertos sobre la mortalidad general y el desarrollo de cáncer cuando se evita la carne roja, por lo que no es posible hacer una recomendación general de evitar la carne roja.[110,111,112]

Carne blanca

La carne blanca suele proceder de aves de corral, como el pollo y el pavo, y de **mariscos, como el pescado y el crustáceo.** Su color es más claro debido al menor contenido de mioglobina. La carne blanca también es rica en proteínas y contiene vitamina B12, zinc y otros nutrientes, aunque su **contenido en hierro suele ser inferior** al de la carne roja. La carne blanca suele ser más magra y contener menos grasas saturadas. La carne de ave sin piel, en particular, es una fuente de proteínas baja en grasas.

La carne blanca, especialmente la de ave sin piel, se considera a menudo una alternativa más sana a la carne roja. No se ha relacionado con los mismos riesgos de cardiopatías y cáncer. De hecho, la carne blanca suele recomendarse porque contiene menos grasas saturadas y puede tener un efecto más favorable sobre los niveles de colesterol. Pero una reciente revisión y metaanálisis llegó a la aleccionadora conclusión de que la carne blanca no es ni beneficiosa ni perjudicial para la salud en relación con el desarrollo de enfermedades cardiovasculares y diabetes mellitus tipo 2.[113]

Dieta vegetariana o vegana

Una dieta vegetariana no incluye productos cárnicos ni pescado, pero puede incluir productos lácteos, huevos, miel y otros productos de origen animal, mientras que **las dietas veganas excluyen todos los productos de origen animal.** Una dieta vegetariana o vegana puede ser beneficiosa para la salud, siempre que sea equilibrada y contenga todos los nutrientes necesarios. Es importante una planificación cuidadosa para garantizar que se cubren todas las necesidades nutricionales.

Riesgos para la salud de una dieta vegetariana o vegana

Deficiencia de vitamina B12: La vitamina B12 se encuentra principalmente en productos animales como la carne, el pescado, los productos lácteos y los huevos. Una carencia de vitamina B12 puede provocar anemia y problemas neurológicos. Por ello, los vegetarianos y veganos deben suplementar la vitamina B12 con alimentos enriquecidos, complementos alimenticios o porciones medidas de alimentos vegetales ricos en vitamina B12, como productos de soja enriquecidos o preparados de algas.

Carencia de ácido fólico: El ácido fólico es rico en hígado y huevos, y en alimentos vegetales como **la col rizada, las espinacas, los tomates, las legumbres y las naranjas.** Una carencia de ácido fólico puede tener consecuencias potencialmente graves para la salud del bebé, especialmente en las embarazadas veganas. El ácido fólico, a veces denominado vitamina B9, es crucial para el desarrollo del tubo neural en el feto en desarrollo. Una carencia de ácido fólico y vitamina B12 durante el embarazo aumenta el riesgo de daños irreversibles en el recién nacido debido a **defectos del tubo neural como la espina bífida y la anencefalia.**[114]

Carencia de hierro: El organismo suele absorber con menos eficacia el hierro de origen vegetal que el de origen animal. Las personas que siguen una dieta vegetariana o vegana deben asegurarse de consumir regularmente alimentos vegetales ricos en hierro, como legumbres, frutos secos, semillas, verduras de hoja verde y cereales enriquecidos, y combinarlos con alimentos ricos en vitamina C para mejorar su absorción. La falta de hierro puede **reducir el aporte de oxígeno a las células,** lo que puede provocar cansancio, debilidad y menor rendimiento físico.[115]

Carencia de calcio: Los productos lácteos son una fuente importante de calcio en la dieta. Las personas que siguen una dieta vegetariana o vegana deben incluir fuentes alternativas de calcio en su dieta, como **leche vegetal enriquecida, verduras de hoja verde** (por ejemplo, col rizada, brócoli), **tofu y patatas.** Los síntomas de la carencia de calcio pueden incluir calambres, contracciones musculares, entumecimiento, hormigueo, fracturas óseas, arritmia cardiaca y fatiga.[116,117]

Falta de aminoácidos esenciales: Los aminoácidos esenciales no pueden ser producidos por el propio organismo y suelen encontrarse en grandes cantidades **en la carne** (vacuno, cerdo, aves), **el pescado** y **el marisco y los productos lácteos.** Las siguientes fuentes de proteínas vegetales son adecuadas para una dieta vegetariana y/o vegana: legumbres (alubias, lentejas, garbanzos), **productos de soja** (tofu, tempeh, edamame), **productos integrales** (arroz integral, quinoa, copos de avena), **frutos secos y semillas** (almendras, nueces, pipas de girasol, semillas de chía). La falta de aminoácidos esenciales puede debilitar el sistema inmunitario y aumentar la susceptibilidad a las infecciones, ya que las proteínas desempeñan un papel importante en la función inmunitaria.[118] Algunos aminoácidos esenciales son precursores de neurotransmisores en el cerebro, importantes para la regulación del estado de ánimo, el sueño y otras funciones neurológicas.[119]

Aunque las proteínas vegetales pueden ser una fuente de proteínas, es importante consumir una variedad de alimentos vegetales ricos en proteínas para garantizar un aporte adecuado de todos los **aminoácidos esenciales.**

Otras alternativas a la carne

Carne artificial

La carne artificial, también conocida como carne de cultivo o carne in vitro, se produce **en un laboratorio a partir de células animales** sin necesidad de sacrificar animales. El proceso de producción está diseñado para promover el crecimiento del tejido muscular en un entorno controlado.

En la producción de carne artificial se utilizan las llamadas células de inmortalización, que tienen la capacidad de reproducirse indefinidamente, a diferencia de las células normales, que experimentan un número limitado de divisiones celulares antes de envejecer y morir. **La inmortalización** ("hacer inmortales") de las células puede producirse de forma natural, por ejemplo en células madre o células cancerosas, o puede lograrse mediante métodos experimentales. Aunque las células cancerosas suelen tener la capacidad de inmortalizarse, no todas las células inmortalizadas son necesariamente cancerosas.[120]

Pero esto también crea los siguientes problemas: "Los intentos de vender carne cultivada como carne normal y viceversa **podrían dar lugar a numerosos problemas legales.** La posibilidad de etiquetar erróneamente los productos y producir carne a partir de especies no animales también **podría acarrear graves problemas de salud,** ya que los informes de investigación demuestran que el consumo de líneas celulares in vitro cancerígenas puede transferir **ADN [ácido desoxirribonucleico].**"[121]

Insectos

En algunas culturas, los insectos se consumen como fuente de proteínas. Productos como los gusanos de la harina, los saltamontes o los grillos se consideran cada vez más una alternativa rica en proteínas a la carne convencional. La producción de insectos suele requerir menos tierra, agua y recursos que la ganadería. Los insectos también pueden criarse con residuos orgánicos o subproductos agrícolas, lo que reduce aún más el impacto ambiental. Según los **Objetivos de Desarrollo Sostenible de la OMS,** insectos comestibles como los gusanos de la harina, los saltamontes y los grillos podrían servir como sustituto de la carne rica en proteínas.[122] Pero en este caso hay problemas de salud, por ejemplo debido a la exposición a **micotoxinas** ("toxinas de moho"), que desempeñan un papel especialmente importante en las especies de escarabajos, o debido a la intolerancia a la quitina de la cáscara.[123]

En principio, las alternativas a la carne convencional representan un planteamiento interesante para el futuro, pero hay que prestar atención a la seguridad alimentaria y a los posibles riesgos para la salud durante la producción. Para ello aún son necesarios numerosos estudios y ensayos.

Dilema con la sal en los alimentos

"Pan y sal" es un símbolo cultural que tiene significado en muchas partes del mundo. Suele utilizarse como regalo en diversas ocasiones y simboliza hospitalidad, prosperidad y salud.

La Organización Mundial de la Salud (OMS) recomienda no consumir más de 5 g al día, lo que equivale a una cucharadita, para mantener una buena salud.[124] No se indica cuánta sal es poca.

Desde un punto de vista médico, la sal de mesa no es fundamentalmente insalubre, sino que desempeña un papel importante en el cuerpo humano. El sodio, uno de los componentes químicos de la sal, es necesario para diversas funciones vitales del organismo, como la regulación del equilibrio de líquidos, la función nerviosa y la contracción muscular. Sin embargo, tanto el consumo excesivo como el escaso de sal pueden ser poco saludables.

Mucha sal en la comida

El consumo excesivo de sal puede causar diversos problemas. Algunos de los daños para la salud más comunes asociados a un consumo elevado de sal son:

Enfermedades cardiovasculares: A través del aumento de la presión arterial y otros mecanismos, el consumo excesivo de sal puede aumentar el riesgo de enfermedades cardiovasculares.[125] Entre ellos figuran los infartos de miocardio, los accidentes cerebrovasculares, la aterosclerosis (calcificación vascular) y la insuficiencia cardíaca. En **una misión simulada a Marte** en Rusia de 105 días de duración, los tripulantes encerrados en un contenedor recibieron alimentos con el nivel de sal de mesa reducido por la OMS, que los participantes en la prueba no notaron en cuanto al sabor y que provocó una reducción significativa de los **valores de presión arterial sistólica** ("superior").[126]

Problemas renales: Los riñones desempeñan un papel importante en la regulación del equilibrio de sodio y agua en el organismo. El consumo excesivo de sal puede sobrecargar los riñones y aumentar **el riesgo de cálculos renales,** disfunción renal y otros problemas renales.[127]

Osteoporosis: Un consumo elevado de sal puede hacer que el organismo excrete más calcio por la orina. A largo plazo, esto puede provocar una pérdida de masa ósea y aumentar el riesgo de osteoporosis y fracturas de huesos.[126] Sin embargo, un estudio cuestiona la alteración del equilibrio del calcio causada por el consumo elevado de sal y **considera que el azúcar es más responsable.**[128]

Salud estomacal: El consumo excesivo de sal puede irritar el revestimiento del estómago y aumentar el riesgo de úlceras estomacales e incluso de cáncer de estómago.[129]

Retención de líquidos e hinchazón: El consumo elevado de sal puede hacer que el organismo retenga más agua, lo que puede provocar hinchazón en las extremidades y otras zonas del cuerpo.

Menos sal en la comida

Consumir poca sal también puede ser perjudicial para la salud. La sal es importante para el organismo, ya que aporta sodio y cloruro, necesarios para diversas funciones vitales. Consumir poca sal puede provocar un desequilibrio de líquidos y otros problemas de salud. Los posibles efectos de un bajo consumo de sal son

Hiponatremia: Un consumo demasiado bajo de sodio puede provocar niveles bajos de sodio en sangre, lo que se conoce como hiponatremia. Esta afección puede causar síntomas como fatiga, dolores de cabeza, náuseas, calambres musculares, confusión y, en casos graves, incluso convulsiones y pérdida del conocimiento.

Deshidratación: La sal interviene en la regulación del equilibrio de líquidos en el organismo. Un consumo insuficiente de sal puede hacer que el cuerpo no retenga suficiente agua, lo que puede provocar deshidratación y **un desequilibrio de electrolitos** ("sales de la sangre"). En casos graves, la deshidratación puede provocar problemas más serios, como **colapso circulatorio, insuficiencia renal, pérdida de conocimiento e incluso la muerte** si no se trata a tiempo.

Enfermedades cardiovasculares: El bajo consumo de sal puede aumentar el riesgo de problemas cardiovasculares, con un mayor riesgo de infarto de miocardio, accidente cerebrovascular e insuficiencia cardiaca.[130] Esto podría deberse en parte a los efectos sobre la **presión arterial y el equilibrio de líquidos.**

Retención de líquidos e hinchazón: Cuando los niveles de sodio en sangre son demasiado bajos, el organismo puede tener dificultades para excretar el exceso de líquido, lo que provoca una acumulación de líquido en los tejidos. Esta acumulación de líquido puede manifestarse en **forma de hinchazón (edema),** que suele producirse en las piernas, los tobillos o el abdomen.

Problemas renales: Una ingesta de sal demasiado baja podría provocar una sobrecarga de los riñones, ya que no disponen de suficiente líquido para filtrar eficazmente los productos de descomposición.[128] Una ingesta insuficiente de líquidos puede provocar un aumento de la concentración de sustancias en la orina, lo que **puede favorecer la formación de cálculos renales.** Esto puede causar molestias y, con el tiempo, provocar daños renales.

Reacciones paradójicas

El hecho de que se produzcan enfermedades cardiovasculares tanto con un consumo elevado como bajo de sal parece paradójico en un principio. Esto puede deberse a los informes contradictorios sobre reacciones paradójicas, por ejemplo, se ha demostrado que el consumo excesivo de sal reduce la presión arterial en estudios clínicos y con animales, mientras que un consumo bajo de sal puede provocar **un aumento de la presión arterial.**[129] Los intentos de explicarlo parten **de la función autonómica renal,** que reacciona sensiblemente a un cambio en las sales de la sangre y la presión arterial y luego también se contrarregula, en un sentido u otro.

Un reciente estudio chino ha descubierto que no es la restricción de sal en la dieta lo que contribuye a bajar la tensión arterial y a promover la salud, sino el uso de cloruro potásico como **sustituto de la sal en comparación con el cloruro sódico** ("sal de mesa").[131]

Por lo tanto, la recomendación habitual "Mucha sal no es saludable, poca sal es saludable" se queda corta e incluso debe cuestionarse en algunos casos. Parece aconsejable alcanzar un equilibrio, que probablemente debería evaluarse de forma diferente para cada individuo. Habría que seguir investigando sobre las cantidades diarias de sal consumidas **para alcanzar este equilibrio.**

Ayuno intermitente

El ayuno intermitente es un método nutricional muy popular en los últimos años que consiste en alternar fases de alimentación y ayuno. Existen diferentes formas de ayuno intermitente, pero todas ellas implican periodos en los que no se come, seguidos de periodos en los que se come normalmente. Entre los beneficios del ayuno intermitente se encuentran la pérdida de peso, la mejora de la salud metabólica, el aumento de la sensibilidad a la insulina y, posiblemente, una mayor longevidad.[132]

Las formas más conocidas de ayuno intermitente son:

Método 16/8: En este método, se ayuna durante 16 horas al día y luego se come dentro de un intervalo de 8 horas.[133]

Dieta 5:2: En ella se come normalmente cinco días a la semana y se reduce la ingesta calórica a unas 500-600 calorías diarias los otros dos días.[134]

Comer-Parar-Comer: Esta forma de ayuno intermitente consiste en ayunar durante 24 horas una o dos veces por semana, consumiendo únicamente agua, té o café sin calorías durante el ayuno o, según un estudio publicado recientemente, el intervalo de ayuno con agua se ha ampliado incluso a una semana entera.[135]

Ayuno alternado: Esta pauta consiste en alternar entre un día de alimentación normal y un día de ayuno con una restricción calórica importante.[134]

Precaución:

Sin embargo, hay algunos casos en los que el ayuno intermitente puede ser problemático. Por ejemplo, las personas con bajo peso o con trastornos alimentarios como la anorexia o la bulimia deben evitar el ayuno intermitente, ya que puede provocar una mayor pérdida de peso y ser perjudicial para la salud. Las mujeres embarazadas o en período de lactancia tampoco deben ayunar, ya que tanto ellas como sus bebés necesitan una nutrición adecuada. Los intervalos más prolongados de ayuno de agua también podrían **favorecer la trombosis, la pérdida ósea y la insuficiencia cardiaca debido a los cambios en el equilibrio proteico.**[135] Las personas que toman ciertos medicamentos o tienen ciertas condiciones de salud, como diabetes mellitus o trastornos hormonales, deben hablar con un médico antes de comenzar el ayuno intermitente para asegurarse de que no tiene un impacto negativo en su salud. En 2024 causó controversia un estudio chino que afirmaba haber encontrado un aumento del 91% en el riesgo de muerte cardiaca con el ayuno intermitente basándose en datos sanitarios de EE.UU., aunque los datos de este estudio no se sometieron a un proceso de revisión por pares y parecen tener "poca potencia" para un valor pronóstico con 31 muertes.[136]

Simulacro de ayuno

El ayuno simulado o **"dieta de imitación del ayuno"** es una estrategia nutricional bastante nueva que pretende imitar los beneficios para la salud del ayuno mientras se consumen alimentos. El ayuno simulado se basa en una composición específica de alimentos que se ingieren durante un periodo de tiempo determinado con el fin de simular un estado similar al ayuno para el organismo. El principio del ayuno simulado incluye en detalle

Restricción calórica: Durante el ayuno simulado, la ingesta calórica se reduce significativamente, normalmente a **alrededor del 40-50%** de la ingesta calórica normal.[137]

Composición de nutrientes: El simulacro de ayuno consiste en alimentos específicos que aportan determinados nutrientes en una composición específica para garantizar que el organismo reciba un aporte adecuado de nutrientes a pesar de la ingesta reducida de calorías. Estos alimentos incluyen **grasas insaturadas,** como el aceite de oliva o los frutos secos, que representan el **44-46% de la ingesta calórica total,** la ingesta de proteínas se limita a alrededor del **9-11% de la ingesta calórica total** y la ingesta de hidratos de carbono se limita a alrededor del **43-47% de la ingesta calórica total.**[138]

Duración controlada: El ayuno simulado se realiza normalmente durante un periodo de 5 días consecutivos.[139] Este periodo se eligió para que el organismo entrara en modo de ayuno y se activaran determinados procesos metabólicos asociados a los beneficios del ayuno para la salud.

Repetición cíclica: el ayuno simulado puede repetirse cíclicamente, normalmente cada varios meses.[139] Se recomienda que el ayuno simulado se lleve a cabo bajo supervisión médica y que se solicite asesoramiento médico con antelación, especialmente si se padecen determinadas afecciones o preocupaciones médicas.

El ayuno simulado tiene como objetivo promover la autofagia (limpieza y regeneración celular), reducir la inflamación, mejorar el metabolismo y promover la longevidad, al tiempo que minimiza los riesgos del ayuno completo.[139]

Exposición al frío

La exposición al frío puede ayudar a perder peso corporal, pero el efecto de la exposición al frío por sí sola es bastante limitado.

Crioterapia

La crioterapia consiste en exponer brevemente el cuerpo a temperaturas extremadamente bajas, normalmente en una cámara frigorífica especial o mediante la aplicación localizada de compresas frías. Las temperaturas en las cámaras frías pueden llegar a -100 °C o menos, mientras que las terapias de frío localizado suelen aplicarse a temperaturas menos extremas, entre -10 °C y -30 °C.[140] La duración del tratamiento suele variar entre unos minutos y un máximo de 15 minutos por sesión, dependiendo de la tolerancia del individuo y de las instrucciones del terapeuta.

Tratamientos con agua fría

Los tratamientos con agua fría, como los baños fríos o las piscinas de inmersión frías, también pueden utilizarse para favorecer la recuperación después del ejercicio o para promover la salud en general. La temperatura del agua suele oscilar entre 10 °C y 15 °C.[141] La duración de la aplicación de agua fría puede variar, pero normalmente se recomiendan baños cortos de unos 5 a 10 minutos.

Existen algunos mecanismos que podrían explicar por qué la exposición al frío podría contribuir indirectamente a la pérdida de peso:

Quema de calorías para producir calor: cuando el cuerpo se expone al frío, tiene que gastar más energía para mantener su temperatura central. Esto puede provocar un aumento del gasto energético, lo que a su vez hace que se quemen más calorías.[142]

Activación del tejido adiposo marrón: El tejido adiposo marrón es un tipo de grasa que produce calor quemando grasa y glucosa. La exposición al frío puede aumentar la activación del tejido adiposo marrón, lo que incrementa el gasto energético.[143]

Supresión del apetito: Algunos estudios sugieren que la exposición al frío puede reducir el apetito. Esto podría hacer que las personas comieran menos y, por tanto, consumieran menos calorías.[144]

¿Larga vida gracias al tratamiento con frío?

La idea de que el tratamiento con frío o la exposición al frío pueden alargar la vida se basa en varias teorías. La exposición al frío puede estimular el metabolismo y promover la activación de vías metabólicas como la vía de señalización **AMPK (proteína quinasa activada por adenosina monofosfato)** (véase el capítulo "Medicina nutricional en transición"; subcapítulo "Vía de señalización mTOR - clave para una larga vida").[144] Además, la exposición al frío puede aumentar la producción de enzimas antioxidantes, que ayudan a reducir el estrés oxidativo y previenen el daño celular.[144]

Precaución:

Sin embargo, los tratamientos con frío deben utilizarse con precaución, especialmente en personas con ciertas condiciones de salud como enfermedades cardiovasculares o **síndrome de Raynaud** (vasoconstricción refleja).[145] Es aconsejable consultar a un médico y/o a un terapeuta cualificado antes de iniciar un tratamiento de frío para determinar las temperaturas y los tiempos de aplicación adecuados para evitar riesgos para la salud.

Conclusión

- El dogma sobre la mala imagen de los huevos, la grasa y la sal es en parte injustificado y distrae del peligro del azúcar
- Aspectos de la longevidad debidos a las dietas ceto o bajas en carbohidratos respaldados por hallazgos a nivel molecular
- La carne no es necesariamente un alimento malo
- Los tratamientos con frío ayudan a controlar el peso

Capítulo 4: Suplementos y superalimentos para alargar la vida

Los suplementos de estilo de vida para alargar la vida son un tema complejo y no existen pruebas claras de que determinados productos puedan alargar realmente la vida. Sin embargo, hay algunos suplementos que se asocian con la salud y la longevidad y que merece la pena mencionar.

Superalimentos

"Superalimentos" es un término utilizado para describir ciertos alimentos que son especialmente ricos en nutrientes y que supuestamente pueden aportar diversos beneficios para la salud. Estos alimentos suelen contener altas concentraciones de vitaminas, minerales, antioxidantes, ácidos grasos omega-3, fibra y otros nutrientes importantes que se consideran beneficiosos para la salud del organismo, desde reforzar el sistema inmunitario hasta prevenir enfermedades.

Algunos ejemplos de superalimentos son **las bayas** (bayas de goji y arándanos), las verduras de **hoja verde** (espinacas y col rizada), los frutos secos (semillas de chía y nueces), **la quinoa, el aguacate, la cúrcuma y el jengibre.**[146]

Los términos "superalimentos" o "alimentos funcionales" no están definidos científicamente ni reconocidos por autoridades oficiales como la Food and Drug Administration (FDA) o la Autoridad Europea de Seguridad Alimentaria (EFSA).[146] Sin embargo, el término se utiliza a menudo en los medios de comunicación y el marketing para referirse a alimentos que se consideran especialmente beneficiosos para la salud. También hay que mencionar que los superalimentos por sí solos no pueden sustituir a una dieta equilibrada.

Antioxidantes

Los antioxidantes como la vitamina C, la vitamina E, el betacaroteno, los flavonoides y los polifenoles son conocidos por su capacidad para neutralizar los radicales libres y reducir el daño celular.

Radicales libres

Los radicales libres son moléculas que tienen un electrón no apareado en su capa externa, lo que las hace inestables. Para reducir esta inestabilidad, los radicales libres buscan otra molécula a la que puedan robar un electrón. Este proceso se denomina oxidación. La molécula privada de un electrón se convierte entonces en un radical libre, ya que ahora tiene un electrón no apareado.[146] Esto puede provocar una reacción en cadena en la que muchas moléculas resultan dañadas al perder electrones y convertirse a su vez en radicales libres.[145]

Los radicales libres pueden surgir de varias formas: procesos metabólicos naturales en el organismo, así como por influencias externas como **la radiación UV, el tabaquismo, la contaminación ambiental y la mala alimentación.** Desempeñan un papel en diversas enfermedades y procesos de envejecimiento **al dañar células y tejidos y atacar el ADN, las proteínas y los lípidos,** lo que puede contribuir a diversas enfermedades como el cáncer, las enfermedades cardiovasculares, las enfermedades neurodegenerativas (enfermedades en las que mueren células nerviosas) y una menor esperanza de vida.[147]

Sin embargo, el organismo dispone de mecanismos para combatir los radicales libres. Los antioxidantes son moléculas que pueden capturar y desactivar los radicales libres donándoles un electrón sin volverse inestables ellos mismos. Una dieta rica en alimentos antioxidantes como bayas, verduras verdes, frutos secos y especias puede ayudar a reducir la influencia dañina de los radicales libres y promover la salud y posiblemente contribuir a la longevidad. Esto se debe a las propiedades anticancerígenas, **cardioprotectoras** (protectoras del sistema cardio-vascular) y **neuroprotectoras** (protectoras de las células nerviosas) de los antioxidantes.

Vitamina C

La vitamina C es el segundo complemento alimenticio más utilizado en el mundo. También conocida como ácido ascórbico, es una vitamina hidrosoluble que desempeña un papel importante en los procesos biológicos del organismo. Una carencia de vitamina C puede provocar una enfermedad grave llamada **escorbuto,** que se caracteriza por fatiga, debilidad muscular, dolor articular, sangrado de las encías, pérdida de dientes y alteración de la cicatrización de las heridas. Hoy en día, el escorbuto es poco frecuente en los países desarrollados, pero históricamente era una enfermedad marítima porque a menudo no se disponía de frutas y verduras frescas, que son importantes fuentes de vitamina C, como reconoció en 1754 el médico naval británico James Lind.[148] En viajes posteriores, el famoso circunnavegador, **el capitán británico James Cook,** hizo que su tripulación recibiera "cerveza (elaborada a partir de un extracto de malta concentrado y experimental)", **chucrut y carne fresca de lobo marino** para prevenir y tratar el escorbuto.[149]

La vitamina C actúa como un potente antioxidante en el organismo y también puede contribuir a la longevidad a través de las siguientes funciones biológicas:

Efecto antioxidante: La vitamina C tiene un potente efecto antioxidante al neutralizar los radicales libres y reducir el daño oxidativo de las células y los tejidos. Al reducir el estrés oxidativo, la vitamina C puede ayudar a ralentizar el proceso de envejecimiento y reducir el riesgo de enfermedades relacionadas con la edad, como las cardiopatías, el cáncer y las enfermedades neurodegenerativas.[150]

Función inmunitaria: La vitamina C desempeña un importante papel de apoyo al sistema inmunitario al reforzar las defensas del organismo frente a infecciones y enfermedades, especialmente en las enfermedades tumorales.[151] Al reforzar el sistema inmunitario, la vitamina C podría ayudar a promover la salud y favorecer la longevidad.

Producción de colágeno: La vitamina C es crucial para la formación de colágeno, una proteína que desempeña un papel importante en la salud de la piel, los huesos, los dientes y el tejido conjuntivo. Una ingesta adecuada de vitamina C puede contribuir a la producción de colágeno y a mantener la salud de estos tejidos.[152]

Efecto cardioprotector: La vitamina C puede contribuir a la salud del sistema cardiovascular mejorando la función de los vasos sanguíneos, reduciendo la presión arterial y disminuyendo la formación de placas amiloides en la demencia vascular (enfermedad de Alzheimer).[153,154] Esto puede ayudar a reducir el riesgo de enfermedades cardiovasculares y aumentar la esperanza de vida.[155]

Efecto neuroprotector: Algunos estudios sugieren que la vitamina C puede actuar como mediadora de la neuroprotección, ayudando a reducir la probabilidad de desarrollar enfermedades neurodegenerativas como el Alzheimer y el Parkinson al reducir el daño de las células nerviosas y favorecer la función cerebral.[156]

Precaución:

A veces se considera que una dieta equilibrada es la mejor fuente de vitamina C. Entre los alimentos ricos en vitamina C se encuentran frutas como las naranjas, los pomelos, las fresas y los kiwis, así como verduras como **los pimientos, el brécol, las espinacas, el cebollino y el chucrut a base de col blanca con bacterias lácticas.** Si es necesario, también se pueden tomar suplementos de vitamina C para garantizar un aporte adecuado de este importante nutriente. Sin embargo, las dosis elevadas también pueden provocar efectos secundarios como la formación de cálculos renales (debido a un aumento del **ácido oxálico**) o el desarrollo de hemólisis (disolución de los **glóbulos rojos**).[157]

Zinc

El zinc es un oligoelemento esencial que actúa como antioxidante en el organismo. Protege las células del estrés oxidativo neutralizando los radicales libres y reduciendo así la inflamación y el daño celular. El zinc desempeña un papel importante en diversos procesos fisiológicos del organismo, como el sistema inmunitario, la cicatrización de heridas, el metabolismo de la glucosa y el crecimiento celular.[158] Las carnes rojas como **la ternera, el cordero y el cerdo,** así como las aves como el pollo y el pavo, pero también **el pescado y el marisco** son ricos en zinc. **Las legumbres** (alubias, lentejas, garbanzos, guisantes), los frutos secos (anacardos, almendras, nueces), **las semillas** (pipas de calabaza y sésamo) y **los productos integrales** (avena, pan integral y arroz integral) también son buenas fuentes de zinc. **La leche, el queso y el yogur** también contienen zinc, además de calcio. La fruta no es una fuente especialmente buena de zinc, mientras que algunas verduras como las espinacas, la col rizada, el brécol y los espárragos contienen zinc, aunque en menor cantidad que otras fuentes. El zinc tiene diversos efectos positivos en el cuerpo humano.

A continuación se enumeran algunos de los efectos más importantes:

Función inmunitaria: El zinc es un importante apoyo del sistema inmunitario. El zinc contribuye a la regulación de las células inmunitarias y a la producción de anticuerpos, lo que ayuda a combatir las infecciones y a mejorar la resistencia a las enfermedades.[159]

Cicatrización de heridas: El zinc es esencial para la cicatrización normal de las heridas. Favorece la formación de nuevas células y tejidos, fomenta la producción de colágeno y acelera el proceso de cicatrización de lesiones y heridas.[160]

Efecto antioxidante: Al igual que la vitamina C, el zinc tiene un fuerte efecto antioxidante al proteger las células de los efectos dañinos de los radicales libres. Esto puede ayudar a reducir la inflamación y ralentizar el proceso de envejecimiento.[158]

Regulación hormonal: El zinc interviene en la regulación de muchas hormonas, como la insulina, que controla los niveles de azúcar en sangre, y hormonas sexuales como la testosterona y el estrógeno.[161]

Piel sana: El zinc puede ayudar a regular la producción de sebo y aliviar problemas cutáneos como el acné. El zinc desempeña un papel importante en el mantenimiento de la salud y la integridad de la piel.[162]

Función neurológica: El zinc es esencial para la función neurológica normal. Interviene en la transmisión de señales entre las células nerviosas, puede estabilizar la función cognitiva y el estado de ánimo y frena el envejecimiento prematuro.[163]

Síntesis del ADN: El zinc sirve de cofactor para un gran número de enzimas que intervienen en la síntesis del ADN (duplicación de moléculas de ácido nucleico como portadoras de la información genética de una célula). Las enzimas son **proteínas que catalizan** ("alimentan") las reacciones químicas del organismo. Sin un aporte suficiente de zinc, estas enzimas no pueden funcionar correctamente, lo que **perjudica la síntesis del ADN.** El zinc que interviene en la síntesis del ADN es importante para el crecimiento, la reparación y la función celular.[164]

Precaución:

Una ingesta excesiva de zinc puede provocar molestias gastrointestinales como náuseas, vómitos y calambres estomacales. A largo plazo, la absorción de cobre y hierro puede verse afectada, lo que puede provocar otros problemas de salud, como anemia ferropénica.[165] Por este motivo, debe consultarse a un médico antes de planificar un consumo regular de zinc.

Vitamina E

La vitamina E es un compuesto liposoluble y un potente antioxidante que se encuentra en diversos alimentos. Desempeña un papel importante en la salud y tiene beneficios potenciales para la longevidad. Entre los aspectos de cómo la vitamina E puede afectar a la longevidad se incluyen

Efecto antioxidante: La vitamina E es uno de los antioxidantes liposolubles más importantes del organismo. Neutraliza los radicales libres y reduce el estrés oxidativo, lo que ayuda a prevenir el daño celular y ralentizar el proceso de envejecimiento.[166]

Efecto cardioprotector: La vitamina E puede contribuir a la salud del sistema cardiovascular reduciendo la formación de placas en las arterias, mejorando el flujo sanguíneo y favoreciendo la función de los vasos sanguíneos. Esto puede ayudar a reducir el riesgo de cardiopatías (comprobado en mujeres obesas) y aumentar la esperanza de vida.[167]

Función inmunitaria: La vitamina E contribuye al sistema inmunitario y ayuda a reforzar las defensas del organismo frente a infecciones y enfermedades. Una ingesta adecuada de vitamina E puede ayudar a promover la salud y favorecer la longevidad.[168]

Efecto antiinflamatorio: La vitamina E tiene propiedades antiinflamatorias que pueden ayudar a contrarrestar la inflamación crónica del organismo. La inflamación crónica puede causar diversas enfermedades relacionadas con la edad, por lo que algunos estudios sugieren que los nutrientes antiinflamatorios como la vitamina E pueden ayudar a promover la salud y favorecer la longevidad.[169]

Salud de la piel: La vitamina E también es importante para la salud de la piel y puede **protegerla de los daños causados por la radiación UV** y las toxinas ambientales. Una ingesta adecuada de vitamina E puede ayudar a mejorar la textura de la piel y reducir la aparición de síntomas de envejecimiento cutáneo como arrugas y líneas de expresión.[170]

Precaución:

Al igual que ocurre con la vitamina C, se considera que una dieta equilibrada es la mejor fuente de vitamina E. Los alimentos ricos en vitamina E son los frutos secos, las semillas, los aceites vegetales, los aguacates, las verduras de hoja verde y los productos integrales.

A pesar de los prometedores resultados de estudios individuales, la US Preventive Services Task Force (USPSTF) 2022 ha desaconsejado la vitamina E como suplemento dietético para la prevención de enfermedades cardiovasculares y cáncer porque los datos de los estudios sobre los efectos positivos o negativos no son consistentes.[171] El USPSTF es un grupo independiente de profesionales sanitarios creado por el Gobierno de EE.UU. para elaborar recomendaciones basadas en pruebas científicas sobre prevención clínica con el fin de mejorar la salud de la población estadounidense.

Betacaroteno

El betacaroteno es un precursor de la vitamina A y un carotenoide presente en varias verduras y frutas de color naranja y verde oscuro. Es un potente antioxidante y tiene beneficios potenciales para la salud y la longevidad. Los puntos de partida sobre cómo podría influir el betacaroteno en la longevidad son:

Efecto antioxidante: el betacaroteno es un potente antioxidante que neutraliza los radicales libres y reduce el daño oxidativo de las células y los tejidos. Al reducir el estrés oxidativo, el betacaroteno puede ayudar a ralentizar el proceso de envejecimiento y reducir la probabilidad de padecer enfermedades relacionadas con la edad.[172]

Efecto cardioprotector: A pesar de su efecto antioxidante, el betacaroteno no parece favorecer la salud del sistema cardiovascular, contrariamente a lo que se suponía hasta ahora, sino que incluso parece contribuir al desarrollo de enfermedades cardiovasculares.[173]

Salud de la piel: El betacaroteno se utiliza a menudo como suplemento dietético para mejorar la salud de la piel, ya que puede ayudar a protegerla de influencias nocivas como la radiación UV y las toxinas ambientales. Una ingesta adecuada de betacaroteno puede ayudar a mejorar la textura de la piel y reducir la aparición de síntomas de envejecimiento cutáneo como arrugas y líneas de expresión.[174]

Salud ocular: El betacaroteno es importante para la función visual y puede contribuir a la salud ocular. Se convierte en vitamina A, que desempeña un papel importante en las células visuales y la adaptación a diferentes condiciones de luz.[175]

Precaución:

Entre los alimentos ricos en betacaroteno se encuentran las zanahorias, los boniatos, la calabaza, las espinacas, los mangos y los albaricoques. Sin embargo, la ingesta de betacaroteno como suplemento dietético también debe considerarse críticamente. Un estudio a gran escala, el denominado "Beta-Carotene and Retinol Efficacy Trial" (CARET), descubrió que los fumadores que tomaban suplementos de betacaroteno y vitamina A tenían un mayor riesgo de cáncer de pulmón, por lo que este estudio se interrumpió prematuramente cuando se descubrió que tomar los suplementos **aumentaba el riesgo de cáncer de pulmón.**[176] Al igual que en el caso de la vitamina E, la US Preventive Services Task Force (USPSTF) 2022 también ha desaconsejado tomar un suplemento de betacaroteno para prevenir las enfermedades cardiovasculares y el cáncer, sobre todo porque en caso de duda estas enfermedades podrían incluso fomentarse.[169] Históricamente, **los exploradores polares del Ártico** consumían a menudo **hígado de oso polar** rico en vitamina A para cubrir sus necesidades de vitamina C, lo que provocaba una sobredosis de vitamina A que, entre otras cosas, **provocaba la caída del cabello y de los dientes.**

Luteína

La luteína también es un antioxidante y pertenece al grupo de los carotenoides, que son pigmentos naturales. La luteína se encuentra en las yemas de huevo y en muchos tipos de frutas y verduras, especialmente en las verduras de hoja verde como las espinacas, la col rizada, las acelgas y la rúcula, así como en alimentos de **color naranja (con el carotenoide betacaroteno)** y **amarillo (con el carotenoide zeaxantina) como las zanahorias y el maíz.**

Efecto antioxidante: la luteína ayuda a proteger el organismo de los efectos nocivos de los radicales libres neutralizándolos. Los radicales libres son moléculas inestables que pueden causar daños celulares y están asociados a diversos problemas de salud, como la inflamación, el envejecimiento prematuro y el desarrollo de enfermedades crónicas. Se ha demostrado que la luteína inhibe el crecimiento celular del cáncer de mama.[177]

Salud ocular: La luteína es especialmente conocida por su papel en la protección de la salud ocular. Se acumula en la mácula del ojo, una zona de la retina responsable de la agudeza visual central. Allí, la luteína actúa como **filtro de la luz azul-violeta nociva** y **protege las células sensibles del estrés oxidativo,** ayudando a prevenir enfermedades oculares relacionadas con la edad, como la degeneración macular.[175]

Precaución:

Al igual que con otros antioxidantes, es aconsejable tomar la luteína preferentemente en su forma natural, por ejemplo a través de los huevos, en lugar de a través de complementos alimenticios, ya que los huevos tienen una **mejor biodisponibilidad,** es decir, la cantidad del principio activo luteína se absorbe y procesa mejor en el organismo para su efecto biológico.[73]

De forma similar al estudio CARET con suplementos de betacaroteno y vitamina A, el "**VITamins And Lifestyle (VITAL) Cohort Study**" demostró que la ingesta a largo plazo de luteína como suplemento dietético conlleva un **mayor riesgo de cáncer de pulmón en fumadores.**[178]

Licopeno

El licopeno es un pigmento natural y un carotenoide que se encuentra en diversas plantas, principalmente en los tomates, pero también en otros frutos rojos como **las sandías, los pomelos rosas, los pimientos rojos y las papayas.** Es conocido por sus propiedades antioxidantes y tiene beneficios potenciales para la salud. Algunos de los efectos biológicos del licopeno son:

Acción antioxidante: El licopeno es un potente antioxidante que ayuda a neutralizar los radicales libres que dañan las células. Gracias a este efecto antioxidante, el licopeno puede ayudar a reducir el daño celular y prevenir así enfermedades crónicas como las cardiovasculares y ciertos tipos de cáncer.[179]

Efecto anticancerígeno: Algunos estudios sugieren que el licopeno tiene un efecto positivo contra ciertos tipos de cáncer, en particular el de próstata, pulmón y estómago. Se cree que sus propiedades antioxidantes y su capacidad para modular el crecimiento celular y la inflamación pueden contribuir a reducir el riesgo de cáncer.[179]

Efecto cardioprotector: El licopeno también puede ser beneficioso para las enfermedades cardiovasculares, ya que favorece la salud de los vasos sanguíneos y ayuda a regular la presión arterial. Se cree que sus propiedades antioxidantes pueden ayudar a prevenir el desarrollo de enfermedades cardiacas.[180]

Efecto antiinflamatorio: El licopeno también tiene propiedades antiinflamatorias. La inflamación crónica se considera la causa subyacente de muchas enfermedades, incluidas las metabólicas, como la diabetes mellitus de tipo 2.[181]

Precaución:

Una vez más, suele ser mejor dar prioridad a la forma natural que al preparado. Dado que la cocción y el procesado de los tomates facilitan la liberación y absorción del licopeno de las células, la ingesta de licopeno procedente de productos de tomate cocinados o procesados puede ser mayor que la de tomates crudos.

Como en el caso de la luteína, el **"VITamins And Lifestyle (VITAL) Cohort Study"** también reveló con el licopeno que existe un mayor riesgo de cáncer de pulmón en los fumadores que toman este suplemento dietético a largo plazo.[178]

Selenio

El selenio es un oligoelemento esencial y vital para el organismo. Se encuentra en muchos alimentos como **las nueces de Brasil, el pescado, el marisco, los productos integrales y la carne,** y desempeña un papel importante en diversos procesos fisiológicos.

Algunas funciones importantes del selenio son:

Función antioxidante: el selenio actúa como cofactor de varias enzimas, especialmente las glutatión peroxidasas, que ayudan a neutralizar los radicales libres del organismo.[182] De este modo, el selenio contribuye a reducir el daño celular causado por el estrés oxidativo y a mantener la salud celular y mejorar la esperanza de vida.[183]

De este modo, el selenio contribuye a reducir el daño celular causado por el estrés oxidativo y a mantener la salud celular y mejorar la esperanza de vida.[184]

Enfermedades cardiovasculares: Un metaanálisis ha descubierto que unos niveles bajos de selenio provocan un aumento de las enfermedades cardiovasculares y de la mortalidad general y, por el contrario, unos niveles más altos pueden mejorar el pronóstico.[185]

Función inmunitaria: El selenio es importante en la regulación del sistema inmunitario y la respuesta inmunitaria. Favorece la función de las células inmunitarias y ayuda a mantener las defensas inmunitarias contra infecciones y enfermedades.[186]

Efecto antiinflamatorio: El selenio tiene propiedades antiinflamatorias y puede ayudar a reducir la inflamación del organismo. Esto puede ser especialmente beneficioso en afecciones inflamatorias crónicas como la artritis o la enfermedad inflamatoria intestinal.[187]

Efecto anticancerígeno: Algunos estudios sugieren que una ingesta adecuada de selenio puede estar asociada a un menor riesgo de padecer ciertos tipos de cáncer, en particular cánceres como el de próstata, pulmón y colorrectal. Sin embargo, aún no se conocen con exactitud los mecanismos por los que el selenio puede prevenir el cáncer.[188,189]

Precaución:

La intoxicación por selenio, selenosis, se produce cuando la cantidad de selenio ingerida supera el nivel máximo de ingesta tolerable (≥200 µg al día); en casos graves, la intoxicación por selenio puede provocar complicaciones potencialmente mortales, como insuficiencia hepática o insuficiencia renal.[190]

Flavonoides

Los flavonoides son una gran clase de antioxidantes que se encuentran en diversos alimentos, como las bayas (arándanos, fresas, frambuesas), los cítricos, las manzanas, las cebollas, el té y el chocolate negro. Los flavonoides pertenecen al grupo superior de los polifenoles. Consumir alimentos ricos en flavonoides puede ayudar a garantizar una ingesta adecuada de estos importantes nutrientes sin necesidad de tomar suplementos adicionales para promover la salud y favorecer la longevidad. Los flavonoides que se enumeran a continuación sólo ofrecen una visión general de algunos de los antioxidantes más comunes y de los alimentos en los que se encuentran principalmente.

Quercetina

La quercetina es un flavonoide antioxidante y antiinflamatorio. Se encuentra en muchos tipos de frutas y verduras, como manzanas, cebollas, ajos, bayas, uvas, coles y col rizada. Tiene diversos efectos demostrados:

Efecto antioxidante: Como antioxidante, la quercetina ayuda a reducir el daño celular causado por los radicales libres. Protege las células del estrés oxidativo, reduce el riesgo de enfermedades relacionadas con la edad y, por tanto, posiblemente prolonga la vida.[191]

Efecto antiinflamatorio: La quercetina tiene propiedades antiinflamatorias que pueden ayudar a reducir la inflamación en el cuerpo. Esto puede ayudar a aliviar la inflamación en afecciones como la artritis.[192]

Función inmunitaria: La quercetina puede modular el sistema inmunitario y mejorar la respuesta inmunitaria del organismo a las infecciones. A menudo se utiliza como suplemento dietético para reforzar el sistema inmunitario.[193]

Efecto cardioprotector: La quercetina puede ayudar a mejorar la salud del sistema cardiovascular reduciendo los niveles de colesterol en la sangre, mejorando el funcionamiento de los vasos sanguíneos y previniendo la formación de coágulos.[194,195]

Efecto anticancerígeno: Existen pruebas de que la quercetina puede tener propiedades anticancerígenas al inhibir el crecimiento de células cancerígenas, prevenir la formación de tumores y suprimir la propagación de células cancerígenas en el organismo.[196]

Efecto neuroprotector: La quercetina muestra potencial en el apoyo a la salud del cerebro y el sistema nervioso mediante la protección contra enfermedades neurodegenerativas como el Alzheimer y la enfermedad de Parkinson.[194,197]

Enfermedades metabólicas: La quercetina también parece tener enfoques terapéuticos para la diabetes mellitus de tipo 2, lo que es especialmente importante para el pronóstico de las enfermedades cardiovasculares.[197]

Precaución:

Cabe mencionar tres problemas de la quercetina para su uso como suplemento dietético: 1) una "baja solubilidad", 2) la "baja biodisponibilidad", es decir, la cantidad de principio activo ingerida y su efecto biológico son débiles, y 3) puede inhibir la coagulación de la sangre y aumentar el efecto de los medicamentos anticoagulantes como la warfarina o el fen-procumón.[198,199] Las personas que toman medicamentos anticoagulantes o padecen otras enfermedades crónicas deben consultar a un médico antes de tomar suplementos de quercetina. Así pues, según el estado actual de la ciencia, deben moderarse las expectativas de que la quercetina sea un firme candidato para la longevidad.

Kaempferol

El kaempferol es un flavonoide que se encuentra en muchas plantas, como las espinacas, **la col rizada, el brécol, los tomates, la rúcula, el té** y ciertas frutas como **las manzanas y las fresas. Tiene** una serie de efectos biológicos, entre ellos:

Efecto antioxidante: El kaempferol es un antioxidante que puede proteger las células del estrés oxidativo neutralizando los radicales libres.[200] Esto puede ayudar a ralentizar el proceso de envejecimiento y reducir la probabilidad de padecer diversas enfermedades, como cardiopatías, cáncer y enfermedades neurodegenerativas (Alzheimer o Parkinson).

Efecto antiinflamatorio: El kaempferol puede reducir la inflamación del organismo inhibiendo la producción de moléculas proinflamatorias y activando las vías de señalización antiinflamatorias.[201] Esto puede ayudar a reducir la inflamación asociada a diversas enfermedades como la artritis, la diabetes mellitus y las cardiopatías.

Efecto anticancerígeno: Los alimentos ricos en kaempferol pueden tener propiedades anticancerígenas al inhibir el crecimiento de células cancerígenas, prevenir la formación de tumores y suprimir la propagación de células cancerígenas en el organismo. El kaempferol también puede favorecer la apoptosis (muerte celular programada) de las células cancerosas.[202] En concreto, puede reducir el riesgo de desarrollar **cánceres como el de piel, hígado y colon.**[203]

Efecto cardioprotector: Los estudios han demostrado que el kaempferol puede ayudar a mejorar la salud cardiovascular reduciendo los niveles de colesterol, regulando la presión sanguínea, inhibiendo la coagulación de la sangre y mejorando la función de los vasos sanguíneos.[195] Esto puede ayudar a reducir el riesgo de cardiopatías y accidentes cerebrovasculares.

Efecto neuroprotector: El kaempferol puede ayudar a proteger la salud del cerebro y del sistema nervioso, protegiéndolos contra enfermedades neurodegenerativas como el Alzheimer y el Parkinson. También puede mejorar la función cerebral y reducir la formación de placas de amiloide-β, asociadas a la enfermedad de Alzheimer.[204]

Precaución:

Como ya se ha mencionado con la quercetina, el kaempferol como suplemento dietético también tiene el problema de la baja biodisponibilidad, es decir, la cantidad de principio activo absorbido y su efecto biológico son débiles porque el kaempferol se absorbe en menor medida debido a su "mayor tamaño de partícula y escasa solubilidad en agua".[205]

Luteolina

La luteolina es un flavonoide con propiedades antiinflamatorias y anticancerígenas, que ya era conocido y utilizado en la medicina tradicional china (MTC).[206] La luteolina se encuentra en alimentos como **el pimiento, el apio, la zanahoria, la alcachofa, el romero y el tomillo.**

Efecto antioxidante: La luteolina es un antioxidante y protege a las células del estrés oxidativo. Como resultado, desarrolla propiedades antiinflamatorias, cardioprotectoras, anticancerígenas y protectoras de las células nerviosas.[207]

Efecto antiinflamatorio: La luteolina puede reducir la inflamación del organismo inhibiendo la producción de moléculas proinflamatorias y activando vías de señalización antiinflamatorias.[201]

Efecto anticancerígeno: Se ha demostrado que la luteolina tiene propiedades anticancerígenas en los siguientes tipos de cáncer: **Tumor cerebral (glioblastoma), cáncer de pulmón, mama, próstata, colon y**

páncreas.[208] Además, la luteolina puede suprimir la propagación de metástasis **(tumores secundarios).**[209]

Efecto neuroprotector: La luteolina puede mejorar la función cerebral, proteger contra la enfermedad de Parkinson y reducir la formación de placas de amiloide-β, asociadas a la enfermedad de Alzheimer.[210]

Precaución:

En principio, se cree que la luteolina tiene propiedades beneficiosas, incluida su función neuroprotectora. Sin embargo, un estudio observó que, contrariamente a lo esperado, la luteolina inhibe la diferenciación neuronal de las células madre embrionarias.[211] Por lo tanto, es necesario seguir investigando para poder hacer una afirmación clara sobre su uso seguro.

Catequinas

Las catequinas son flavonoides presentes en alimentos como el té verde, el vino tinto, el chocolate negro, las manzanas y las bayas. Tienen potentes propiedades antioxidantes y pueden ayudar a promover la salud y favorecer la longevidad.

Acción antioxidante: una de las propiedades más destacadas de las catequinas es su capacidad para actuar como antioxidantes. Como potentes antioxidantes, las catequinas eliminan los radicales libres.[212] Los radicales libres son compuestos químicos no estables que se producen en los procesos metabólicos del organismo y pueden dañar las células, provocando diversas enfermedades y el envejecimiento prematuro.

Efecto antiinflamatorio: la inflamación del organismo es un factor subyacente en muchas enfermedades crónicas. Las catequinas tienen propiedades antiinflamatorias que pueden ayudar a minimizar el desarrollo y el impacto de las infecciones.[213] Esto puede reducir la probabilidad de padecer enfermedades relacionadas con la inflamación, como la artritis y ciertos tipos de cáncer.[213]

Efecto cardioprotector: Numerosos estudios han demostrado que el consumo de catequinas, por ejemplo a través del consumo de chocolate negro, puede reducir el riesgo de enfermedades cardiovasculares.[214,215] El cacao contenido en el chocolate puede reducir la presión arterial, relajar los vasos sanguíneos y mejorar el flujo sanguíneo, lo que conduce a un funcionamiento más saludable del corazón en general.[216] Sin embargo, los resultados recientemente publicados del **estudio COSMOS** mostraron que, a pesar de la administración diaria de 50**0 mg de flavonoides del cacao** (incluidos 80 mg de epicatequina), **no se puede reducir el riesgo de enfermedad cardiovascular.**[217,218]

Efecto estimulante del metabolismo: Algunos estudios sugieren que las catequinas pueden estimular el metabolismo y aumentar la quema de grasas. Esto puede ayudar a controlar el peso corporal y reducir el riesgo de obesidad y enfermedades asociadas.[216]

Efectos anticancerígenos: Las catequinas pueden tener propiedades anticancerígenas al inhibir la formación, el crecimiento y la propagación de tumores.[215] Las catequinas derivadas del té verde pueden prevenir los siguientes tipos de cáncer: Cáncer de pulmón, mama, esófago, estómago, hígado y próstata.[212] Sin embargo, el estudio COSMOS **no mostró una reducción del riesgo de cáncer** en relación con la administración de flavoinoides del cacao.[218]

Efecto neuroprotector: Las catequinas también muestran propiedades neuroprotectoras, es decir, efectos protectores de las células nerviosas, mejorando el rendimiento de la memoria y reduciendo el riesgo de enfermedades neurodegenerativas como el Alzheimer y el Parkinson.[219] Un análisis de subgrupos del **estudio COSMOS** mostró que las personas mayores se benefician de la ingesta diaria de **flavonoides del cacao aumentando su rendimiento de memoria.**[220]

Precaución:

Como ocurre con todos los suplementos dietéticos y compuestos bioactivos, es importante tener en cuenta las posibles interacciones de los medicamentos en el metabolismo hepático. Algunos estudios han indicado que las concentraciones más elevadas de catequinas del té verde pueden influir en los efectos de ciertos medicamentos, en particular los que **afectan a la presión arterial o a la coagulación de la sangre.**[221] Por lo tanto, las personas que toman regularmente medicamentos deben vigilar su consumo de catequinas y consultar a su médico.

Antocianinas

Las antocianinas son flavonoides que confieren a los alimentos su color rojo, morado o azul. Se encuentran en alimentos como las bayas (arándanos, moras, grosellas negras, arándanos, frambuesas, fresas), las cerezas, las uvas rojas, la remolacha, la lombarda y las berenjenas. Las antocianinas tienen potentes propiedades antioxidantes y se asocian a diversos beneficios para la salud, como el apoyo a la salud cardiovascular y la mejora de la memoria. Las antocianinas tienen las siguientes propiedades específicas:

Actividad antioxidante: Las antocianinas son potentes antioxidantes que reducen el daño celular causado por los radicales libres. Estas propiedades antioxidantes pueden reducir el riesgo de enfermedades crónicas como las enfermedades vasculares, el cáncer y los trastornos nerviosos.[222]

Efecto antiinflamatorio: Las antocianinas pueden reducir la inflamación del organismo al inhibir ciertas enzimas proinflamatorias. Esto puede ayudar a aliviar los síntomas inflamatorios y reducir el riesgo de enfermedades relacionadas con la inflamación, como la enfermedad inflamatoria intestinal crónica (**enfermedad de Crohn o colitis ulcerosa**).[223]

Efecto cardioprotector: Los estudios han demostrado que el consumo regular de alimentos ricos en antocianinas, como los arándanos, puede reducir el riesgo de enfermedades cardiovasculares al disminuir los niveles de colesterol, reducir la presión arterial y mejorar el funcionamiento de los vasos sanguíneos.[224]

Efecto neuroprotector: Algunos estudios sugieren que las antocianinas pueden ayudar a mejorar el rendimiento de la memoria y reducir el riesgo de enfermedades neurodegenerativas como el Alzheimer y la demencia.[225] También pueden ayudar a mejorar el estado de ánimo y reducir el riesgo de depresión.

Salud ocular: Algunos estudios sugieren que las antocianinas pueden ayudar a proteger la salud ocular al proteger contra enfermedades oculares relacionadas con la edad, como **la degeneración macular y las cataratas** (opacidad del cristalino).[226]

Enfermedades metabólicas: Las antocianinas parecen tener un efecto contra el desarrollo de la enfermedad del hígado graso no alcohólico.[222] **La enfermedad del hígado graso no alcohólico** es una afección frecuente causada por la acumulación de grasa en el hígado en personas que consumen poco o nada de alcohol. Esta enfermedad suele asociarse a la obesidad, **la diabetes mellitus de tipo 2,** la resistencia a la insulina y otros trastornos metabólicos. Así pues, las antocianinas parecen ayudar a regular los niveles de azúcar en sangre y mejorar la sensibilidad a la insulina, lo que reduce el riesgo de diabetes mellitus y sus complicaciones (enfermedades cardiovasculares, nerviosas, renales, retinianas oculares).

Precaución:

Las antocianinas pueden influir en el efecto de diversos fármacos a través de las mismas vías de degradación enzimática del hígado. Se han descrito interacciones con fármacos como **los antihipertensivos, los anticoagulantes, los tranquilizantes, los inmunosupresores** (medicamentos que suprimen el sistema inmunitario y que necesitan los pacientes con órganos trasplantados) y **los antiepilépticos** (medicamentos para la prevención y el tratamiento de las crisis epilépticas).[227] Por ello, las personas que toman este tipo de medicamentos, por ejemplo, deben vigilar su ingesta de antocianinas y consultar a su médico.

Polifenoles

Los polifenoles son un grupo superior de antioxidantes que forman parte de muchos alimentos vegetales como **las bayas** (arándanos, frambuesas, fresas, moras), **las uvas rojas, las manzanas, las peras, los cítricos** (naranjas, pomelos, limones), **el té verde y negro, los frutos secos** (nueces, almendras, avellanas), **las verduras de hoja verde como las espinacas y la col rizada,** y otras verduras como **las alcachofas, el brécol y las cebollas.**

Además del subgrupo mencionado, los flavonoides, cabe mencionar los siguientes representantes de los polifenoles por sus potenciales beneficios para la salud con posible ralentización del proceso de envejecimiento.

Taninos

Los taninos (nombre derivado de la palabra francesa que significa "curtido") desempeñan un papel importante como agentes curtientes vegetales en la producción de cuero.[228] El proceso de curtido transforma la piel animal en cuero estabilizándola químicamente para hacerla duradera, flexible y resistente.

En las ciencias de la vida y la medicina, los taninos tienen diversas aplicaciones y se estudian intensamente debido a sus diversas actividades biológicas. Los taninos se encuentran en diversos alimentos vegetales, como **las hojas de té,** especialmente **el té negro y el té verde, en el vino tinto** a partir de los hollejos y las semillas de la uva que entran en el vino durante el proceso de fermentación, **en los frutos secos** (nueces, almendras, avellanas, pacanas), **en las legumbres** (alubias, lentejas, garbanzos), **en las bayas** (arándanos, frambuesas, arándanos rojos), **en los caquis, las granadas, las manzanas, las peras** y en las especias **(clavo, canela, tomillo).** [228]

Desde el punto de vista de la salud, los taninos son interesantes por sus propiedades antioxidantes y su capacidad para reducir la inflamación, incluida la protección contra las enfermedades cardiacas y el cáncer. Se han descrito los siguientes efectos:

Efecto antioxidante: Algunos taninos tienen propiedades antioxidantes que ayudan a atrapar los radicales libres que pueden causar daño celular. Esto puede ayudar a reducir la inflamación y disminuir el riesgo de cáncer y enfermedades cardiovasculares. [229]

Efecto antiinflamatorio: Algunos taninos tienen propiedades antiinflamatorias que pueden ayudar a reducir la inflamación del organismo. Por ejemplo, se ha descubierto una fuerte actividad antibacteriana contra los patógenos muy comunes Escherichia coli y Staphylococcus aureus. [230]

Efecto hipotensor: Algunos estudios sugieren que los taninos, especialmente los del té, pueden tener un efecto hipotensor. Esto puede ayudar a regular la tensión arterial y reducir el riesgo de enfermedades cardiovasculares. [231]

Efecto modificador de los lípidos: Algunos estudios sugieren que los taninos, especialmente los del vino tinto y el té, son modificadores de los lípidos, es decir, tienen un efecto favorable sobre los niveles de colesterol en sangre, como se ha descrito, por ejemplo, con **la fruta del caqui.** [232]

Efecto anticancerígeno: Algunos estudios han demostrado que los taninos pueden inhibir el crecimiento y la propagación de tumores. Esto podría indicar que los taninos podrían desempeñar un papel en la ralentización de la progresión tumoral. Algunas investigaciones sugieren que los taninos pueden desencadenar la apoptosis (muerte celular programada) en las células cancerosas, ayudando a eliminar las células anormales, lo que se está investigando como enfoque terapéutico para **el cáncer de pulmón,** por ejemplo.[233]

Por cierto, **las secuoyas californianas,** que crecen hasta 90 metros de altura, tienen un diámetro de hasta 7 metros y pueden vivir **hasta 3.000 años,** también contienen taninos. Los taninos se encuentran en la corteza, las agujas y otras partes de las secuoyas. Estos compuestos sirven para **proteger a la planta de los depredadores, las enfermedades y la radiación ultravioleta.**[234] Los taninos también son responsables del característico color rojizo de muchas cortezas de secuoya.

Precaución:

Sin embargo, consumidos en grandes cantidades, los taninos también pueden tener efectos negativos. Por eso, los taninos se consideran a veces antinutrientes, que son moléculas naturales que pueden dificultar la absorción de nutrientes en el organismo. **Los antinutrientes** no son necesariamente perjudiciales, pero pueden reducir la biodisponibilidad de los nutrientes o causar problemas digestivos. Un consumo excesivo de taninos puede provocar molestias gastrointestinales como calambres de estómago, náuseas y diarrea.[235] Además, los alimentos que contienen taninos pueden **unirse al hierro** e interferir en su absorción en el intestino, sobre todo si se consumen al mismo tiempo que **alimentos ricos en hierro como la carne, las alubias rojas o los suplementos de hierro.**[236]

Lignanos

La palabra "lignano" procede del latín "lignum", que significa "madera". El descubrimiento de los lignanos como componentes de las plantas se remonta a la investigación sobre la lignina, otro grupo de compuestos vegetales que también se encuentran en la madera y en las paredes celulares de las plantas. Los científicos empezaron a estudiar con más detalle los distintos componentes de los materiales vegetales y descubrieron que los lignanos tienen una gran variedad de estructuras y actividades biológicas. Los lignanos se encuentran en diversos alimentos vegetales. Las principales fuentes de lignanos son **las semillas de lino y calabaza,** pero también **las semillas de sésamo, las fresas, las aceitunas y las nueces.**

Entre los beneficios potenciales de los lignanos para la salud se incluyen:

Acción antioxidante: Los lignanos pueden actuar como antioxidantes y ayudar a combatir el daño celular causado por los radicales libres.[237]

Efecto antiinflamatorio: Algunos estudios sugieren que los lignanos pueden tener propiedades antiinflamatorias que reducen la inflamación en el organismo.[237]

Efecto anticancerígeno: Los lignanos pueden tener un efecto hormonal e influir en la actividad de los estrógenos en el organismo. Esto puede tener efectos positivos en la salud de la mujer, sobre todo en términos de equilibrio hormonal y de riesgo de enfermedades hormonodependientes como el cáncer de mama.[238]

Efecto cardioprotector: Algunos estudios sugieren que los lignanos pueden ayudar a reducir la probabilidad de padecer enfermedades cardiovasculares al reducir los niveles de colesterol y favorecer la salud vascular.[239]

Salud intestinal: Los lignanos también pueden desempeñar un papel en la promoción de la salud intestinal, fomentando el crecimiento de bacterias intestinales sanas y reduciendo la inflamación del tracto digestivo.[240]

Precaución:

Aunque el consumo de lignanos procedentes de alimentos naturales suele ser inocuo, el consumo excesivo de suplementos de lignanos o de lignanos aislados puede tener efectos secundarios indeseables. Los lignanos se metabolizan en el hígado y pueden debilitar el efecto de otros medicamentos, como el paracetamol para el dolor y la fiebre.[241]

Ácido elágico

El ácido elágico es un compuesto polifenólico que se encuentra en alimentos como **las bayas** (frambuesas, moras, fresas), **las granadas, las nueces y las uvas.** Es conocido por sus propiedades antioxidantes y antiinflamatorias y se asocia a diversos beneficios para la salud, entre ellos:

Acción antioxidante: El ácido elágico actúa como un potente antioxidante, ayudando a proteger las células del estrés oxidativo como eliminador de radicales libres. Esto puede ayudar a ralentizar el proceso de envejecimiento y reducir el riesgo de cáncer, enfermedades vasculares y hepáticas.[242]

Efecto antiinflamatorio: El ácido elágico puede combatir las infecciones del organismo y proteger el sistema inmunitario. El ácido elágico muestra una buena eficacia antibacteriana contra la Escherichia coli (bacteria coli), así como una buena eficacia antifúngica contra el hongo Candida auris.[243,244]

Efecto anticancerígeno: Existen pruebas de que el ácido elágico tiene propiedades anticancerígenas. Puede inhibir el crecimiento de células cancerosas, prevenir la formación de tumores y suprimir la propagación de células cancerosas en el organismo. El ácido elágico también puede promover la apoptosis (muerte celular programada) de las células cancerosas e inhibir la formación de nuevos vasos sanguíneos necesarios para el crecimiento tumoral. Se han demostrado sus efectos anticancerígenos en **el cáncer de hígado y de colon,** por ejemplo.[242,243]

Efecto cardioprotector: Los estudios han demostrado que el ácido elágico puede ayudar a mejorar la salud cardiovascular reduciendo los niveles de colesterol, impulsando el metabolismo y favoreciendo la quema de grasas.[245]

Efecto neuroprotector: El ácido elágico también puede mitigar los daños causados por enfermedades neurológicas como el Alzheimer, el Parkinson y los accidentes cerebrovasculares.[246]

Precaución:

Aunque la ingesta moderada de ácido elágico suele ser segura e incluso puede aportar beneficios para la salud, no existe un límite máximo específico para su ingesta. Sin embargo, una ingesta excesiva podría provocar molestias gastrointestinales.

Como ya se ha mencionado para la quercetina y el kaempferol, el ácido elágico como suplemento dietético también tiene una baja **biodisponibilidad,** es decir, la cantidad de principio activo absorbido y su efecto biológico son débiles, lo que en el caso del ácido elágico se debe principalmente a la "escasa capacidad de absorción y rápida excreción corporal" en comparación con la quercetina y el kaempferol.[205]

Ácido cafeico

El ácido cafeico es un polifenol que en la naturaleza es un componente antimicrobiano, antiinflamatorio y antioxidante de la **resina de las abejas melíferas** (propóleo) para proteger la colmena de las enfermedades.[247] El ácido cafeico también se encuentra en los **granos de café, las alcachofas, las patatas, las manzanas y algunas hierbas.**

Los efectos biológicos importantes del ácido cafeico son

Efecto antioxidante: El ácido cafeico es un potente antioxidante y protege las células del estrés oxidativo como eliminador de radicales.[248] Esto significa que, junto con otros antioxidantes, el ácido cafeico también puede contribuir a la salud y la longevidad.

Efecto antiinflamatorio: El ácido cafeico puede reducir diversas inflamaciones en el organismo. El efecto antiinflamatorio se ha demostrado para varias clases de patógenos como microbios, bacterias, hongos y virus.[249]

Efecto anticancerígeno: Explicado por sus propiedades antioxidantes, el ácido cafeico puede tener un efecto anticancerígeno en los siguientes tipos de cáncer: **cáncer de hígado, piel, pulmón, oral y de cuello de útero.**[250]

Efecto cardioprotector: Los estudios han demostrado que el ácido cafeico ayuda a conseguir un nivel equilibrado de colesterol y a contrarrestar el síndrome metabólico (combinación de obesidad, hipertensión arterial, trastornos del metabolismo del azúcar y de las grasas).[251,252] Esto reduce el riesgo de enfermedades cardiovasculares y accidentes cerebrovasculares.

Efecto neuroprotector: Al mejorar la utilización de la glucosa, el ácido cafeico puede ayudar a proteger el cerebro y el sistema nervioso para contrarrestar el desarrollo de enfermedades como el Alzheimer y la enfermedad de Parkinson.[253]

Precaución:

El ácido cafeico puede estimular las células G del estómago (células productoras de gastrina).[247] Las células G, que se encuentran en el revestimiento del estómago, producen la hormona gastrina, que a su vez promueve la producción y secreción de ácido gástrico. Además del ácido cafeico, el alcohol o la cafeína contenidos en el café, por ejemplo, también pueden estimular la producción de ácido gástrico a través de las células G. Por lo tanto, el consumo de bebidas con cafeína como el café puede provocar una producción excesiva de ácido estomacal en algunas personas, causando molestias estomacales como la acidez (reflujo gastroesofágico).

Curcumina

La curcumina es un polifenol que se encuentra en la cúrcuma, una especia utilizada en la cocina india. La mostaza también contiene pequeñas cantidades de curcumina, que contribuye a darle su color amarillo.

La curcumina se asocia a diversos beneficios para la salud y puede favorecer la longevidad. A la curcumina se le atribuyen las siguientes propiedades biológicas:

Efecto antioxidante: La curcumina actúa como un antioxidante que neutraliza los radicales libres y reduce el daño celular causado por el estrés oxidativo. Al combatir el estrés oxidativo, la curcumina contribuye a un "proceso de envejecimiento saludable" y a la longevidad de los "humanos".[254]

Efecto antiinflamatorio: La curcumina es conocida por sus potentes propiedades antiinflamatorias.[255] La inflamación crónica del organismo se asocia a diversas enfermedades relacionadas con la edad, como cardiopatías, diabetes, cáncer y enfermedades neurodegenerativas. Al reducir la inflamación, la curcumina puede ayudar a reducir el riesgo de estas enfermedades y prolongar la esperanza de vida.

Efecto anticancerígeno: La curcumina puede tener un efecto anticancerígeno mediante **mecanismos epigenéticos,** es decir, procesos biológicos que influyen en la expresión génica y, por tanto, en la actividad de los genes sin cambiar la secuencia de ADN subyacente.[256] Los mecanismos epigenéticos implican el control de la activación o desactivación de los genes mediante la alteración de la estructura accesible del ADN y su interacción con las proteínas.

Efecto cardioprotector: La curcumina contribuye a proteger la salud cardiovascular al interactuar con la **enzima proteína quinasa activada por AMP** (AMPK) a través de la vía de **señalización mTOR** (véase el capítulo "Cambiar la medicina nutricional"; subcapítulo "Vía de señalización mTOR - clave de la longevidad").[257] Esto parece ayudar a reducir el riesgo de cardiopatías y aumentar la esperanza de vida.

Efecto neuroprotector: Algunos estudios sugieren que la curcumina contrarresta el desarrollo de enfermedades nerviosas como el Alzheimer y el Parkinson al reducir el daño celular neuronal y favorecer la función cerebral, aunque la curcumina tendría que administrarse en forma de nanopartículas para poder atravesar la barrera hematoencefálica.[258] **La barrera hematoencefálica** es una barrera fisiológica entre el torrente sanguíneo y el cerebro y la médula espinal para proteger al cerebro de sustancias potencialmente nocivas presentes en el torrente sanguíneo. Sin embargo, muchas moléculas, incluidas las proteínas de gran tamaño y ciertos fármacos, quedan excluidas activamente de la barrera o necesitan mecanismos de transporte especiales para atravesarla.

Precaución:

Se pueden utilizar dosis muy elevadas de curcumina en los suplementos, muy superiores a la cantidad que se ingiere normalmente consumiendo cúrcuma en los alimentos. En raras ocasiones, dosis muy elevadas de curcumina pueden provocar síntomas gastrointestinales como náuseas, diarrea o malestar estomacal en personas sensibles.

También existe cierta preocupación por la interacción de la curcumina con determinados medicamentos. La curcumina, como ya se ha descrito con la quercetina, puede inhibir la coagulación de la sangre y potenciar los efectos de medicamentos **anticoagulantes como la warfarina o el fenprocumón.**[199] Las personas que estén tomando medicamentos anticoagulantes o padezcan otras enfermedades crónicas deben consultar a un médico antes de tomar suplementos de curcumina.

También hay que tener en cuenta que, hasta la fecha, la mayoría de los estudios sobre la curcumina se han realizado en células y animales, por lo que se necesitan más investigaciones en humanos para confirmar sus posibles beneficios para la longevidad. No obstante, un número creciente de estudios sugiere que la curcumina puede ser una molécula prometedora para ayudar a promover la salud y prolongar la esperanza de vida.

Resveratrol

El resveratrol es un compuesto polifenólico que se encuentra en **las uvas rojas, el vino tinto, el chocolate negro y los cacahuetes,** y se ha relacionado con diversos beneficios para la salud. En los últimos años ha recibido mucha atención como posible agente para promover la longevidad y prevenir las enfermedades relacionadas con la edad. A continuación se exponen algunas formas en que el resveratrol podría influir en la longevidad:

Propiedades antioxidantes: Como antioxidante, el resveratrol protege a las células de los daños causados por los radicales libres en los procesos oxidativos del organismo. Al neutralizar los radicales libres, el resveratrol puede ayudar a prevenir enfermedades causadas por el estrés oxidativo, como las cardiopatías, el cáncer y el envejecimiento prematuro.[259]

Efecto antiinflamatorio: El resveratrol tiene propiedades antiinflamatorias para prevenir la inflamación crónica del organismo. Esto podría detener el proceso de envejecimiento prematuro y prevenir el desarrollo de enfermedades relacionadas con la edad.[257]

Efecto anticancerígeno: La investigación médica es optimista sobre el resveratrol como agente anticancerígeno, ya que puede reducir la incidencia de cáncer en diversos tipos de cáncer, concretamente en **"mama, cuello uterino, útero, sangre, riñón, hígado, ojo, vesícula biliar, tiroides, esófago, próstata, cerebro, pulmón, piel, estómago, colon, cabeza y cuello y huesos".**[260]

Efecto cardioprotector: Se atribuye al resveratrol un efecto protector sobre el corazón y los vasos sanguíneos, debido sobre todo a sus propiedades modificadoras de los lípidos, es decir, a su efecto reductor del colesterol. También se suele citar al resveratrol como responsable de la "paradoja francesa" (véase el capítulo anterior "Cambiar la medicina nutricional"; subcapítulo "Dieta mediterránea").[83] Sin embargo, los metaanálisis más recientes frenan la euforia inicial sobre los supuestos efectos terapéuticos del resveratrol en el sistema cardiovascular, ya que todavía no se ha demostrado claramente en el organismo humano.[261]

Efecto neuroprotector: Existen enfoques terapéuticos para enfermedades neurodegenerativas como el Alzheimer, pero es evidente que se necesitan más investigaciones para corroborar estos aspectos.[262]

Precaución:

El efecto del resveratrol sobre la longevidad y la salud aún no se conoce del todo, por lo que es necesario seguir investigando para confirmar sus efectos a largo plazo. Además, los efectos del resveratrol pueden depender de factores individuales como la dosis, la biodisponibilidad y las diferencias genéticas.

La biodisponibilidad del resveratrol es limitada, ya que se metaboliza rápidamente y tiene una baja absorción oral.[263] Una gran parte del resveratrol se degrada en el intestino y no entra en el torrente sanguíneo. La combinación de resveratrol con otros compuestos como **la piperina** (un componente de la pimienta negra), **la quercetina o los ácidos grasos** puede mejorar la biodisponibilidad al aumentar la absorción o ralentizar la degradación.[264]

A pesar de su limitada biodisponibilidad, existen pruebas de que el resveratrol, como activador no específico de la sirtuina, puede promover la longevidad a través de la vía de **señalización mTOR** (véase el capítulo "Cambiar la medicina nutricional"; subcapítulo "Vía de señalización mTOR - clave para la longevidad").[265]

Las personas interesadas en utilizar resveratrol deben consultarlo con un médico para asegurarse de que es adecuado para sus necesidades individuales y su estado de salud. El resveratrol está presente en alimentos naturales como **las uvas rojas, los cacahuetes y el chocolate negro, y una dieta equilibrada rica** en estos alimentos puede ser una buena fuente de resveratrol.

Saponinas

Las saponinas son un gran grupo de fitoquímicos que tienen una amplia gama de actividades biológicas. Su nombre deriva del latín ("jabón") debido a su estructura espumosa, que presenta propiedades jabonosas en contacto con el agua. Las saponinas tienen propiedades químicas **anfófilas,** es decir, pueden ser tanto **hidrófilas** (amantes del agua) como **lipofílicas** (amantes de la grasa), lo que las hace interesantes para diversas aplicaciones en medicina, industria alimentaria y agricultura.[266]

En el mundo vegetal, las saponinas sirven como mecanismo de defensa contra plagas y enfermedades. Las propiedades de sabor y olor acre de algunas saponinas las hacen poco atractivas para los insectos y otros herbívoros y protegen a la planta de ellos. Además, las saponinas pueden **inhibir el crecimiento de microorganismos patógenos** y contribuir así a mantener la salud de las plantas.

Además de su papel como sustancias de defensa en las plantas, las saponinas también tienen una amplia gama de beneficios para la salud humana. En la medicina tradicional (especialmente **en la medicina tradicional china**) se han utilizado durante siglos para tratar diversas dolencias. Algunas saponinas tienen propiedades antiinflamatorias, antioxidantes e inmunoestimulantes, que pueden ayudar a aliviar la inflamación, reforzar el sistema inmunitario y proteger contra el estrés oxidativo. [266] Además, algunas saponinas también muestran actividades antitumorales potenciales y se están investigando como candidatos prometedores para la terapia del cáncer.

Otro aspecto importante de las saponinas es su importancia en la industria alimentaria. Algunas saponinas, como las de la soja, se utilizan para producir emulsionantes y espumantes. Ayudan a estabilizar los alimentos y mejoran su vida útil. También se utilizan como agentes amargantes naturales y espumantes en bebidas como la cerveza y el vino espumoso.

A continuación encontrará una selección de plantas que contienen saponinas y sus usos.

Habas de soja

La soja pertenece a la familia de las leguminosas. Las habas de soja y los productos derivados, como el tofu y la leche de soja, contienen saponinas, denominadas saponinas de soja. La palabra "soja" procede originalmente del japonés y se derivó de la palabra 醤油 Shōyu, que significa "aceite o salsa de soja".[267] Soja ist dafür bekannt, verschiedene gesundheitliche Vorteile zu haben:

Fuente de proteínas: La soja es rica en fibra y proteínas, lo que puede ayudar a aumentar la saciedad y controlar el apetito. Esto puede ayudar a las personas a controlar su peso o a adelgazar reduciendo la sobrealimentación y el picoteo (comer a intervalos incontrolados entre las comidas principales previstas). La soja contiene **los 9 aminoácidos esenciales** y puede ayudar a cubrir las necesidades proteicas, especialmente en el caso de las personas que siguen **una dieta vegetariana o vegana.**[268]

Efecto anticancerígeno: El efecto anticancerígeno se atribuye a las isoflavonas de la soja, que tienen propiedades antioxidantes y antiinflamatorias. Algunos estudios sugieren que el consumo regular de productos de soja puede reducir el riesgo de ciertos tipos de cáncer, como el de estómago, ovarios, mama, colon, útero y pulmón, y la mortalidad asociada.[269] La soja parece ser especialmente útil para prevenir el cáncer de mama.[270] En pacientes con cáncer, la soja parece sensibilizar las células cancerosas a la quimioterapia y/o la radiación y proteger las células sanas de los tratamientos.[271]

Efecto cardioprotector: La soja contiene ácidos grasos insaturados y no contiene grasas saturadas ni colesterol. El consumo regular de productos de soja puede ayudar a reducir los niveles de colesterol y disminuir el riesgo de cardiopatías.[272] Además, las proteínas de la soja, como la curcumina antes mencionada, interactúan **con la enzima proteína quinasa activada por AMP** (AMPK), lo que conduce a una mejora de la regulación de la glucosa y de la sensibilidad a la insulina (capacidad de respuesta de las células a la insulina) y reduce así el riesgo de diabetes mellitus de tipo 2 y de cardiopatías.[273] En personas sin cardiopatías preexistentes, consumir soja ≥4 días a la semana puede reducir significativamente la mortalidad.[274]

Prevención de la osteoporosis: Los productos de soja pueden ayudar a mejorar la salud ósea, ya que son ricos en calcio y vitamina D, ambos importantes para unos huesos fuertes.[275]

Menopausia: Las isoflavonas de la soja pueden ayudar a las mujeres que atraviesan la menopausia, ya que tienen cierta similitud con los estrógenos y, por tanto, pueden aliviar algunos de los síntomas, como los sofocos y la sequedad vaginal.[276]

Precaución:

Un consumo moderado de soja es generalmente seguro y puede proporcionar beneficios para la salud, en particular para la salud del corazón. Sin embargo, un consumo excesivo podría causar problemas digestivos y desencadenar reacciones alérgicas en algunas personas alérgicas a la soja.[277]

Quinoa

La quinoa es un cereal procedente de la región andina que también contiene saponinas en su cáscara exterior.[278] En torno a 40 mg/g de peso seco, las saponinas de la quinoa tienen un sabor dulce, pero en concentraciones más elevadas tienen un sabor bastante amargo, por lo que la cáscara exterior de la quinoa debe enjuagarse bien o retirarse antes de comerla.[279]

La quinoa no contiene gluten por naturaleza, lo que la convierte en una alternativa importante para las personas celíacas o con intolerancia al gluten.[280] Además de saponinas, la quinoa contiene diversos micronutrientes, como hierro, magnesio, potasio, zinc, cobre y manganeso. Estos minerales son importantes para diversas funciones corporales, incluido el apoyo al sistema inmunitario.

Fuente de proteínas: la quinoa es una excelente fuente de proteínas de origen vegetal y, al igual que la soja, contiene los 9 aminoácidos esenciales.[279] Debido a su alto contenido en fibra y proteínas, la quinoa puede ayudar a promover la sensación de saciedad y favorecer la pérdida de peso.

Efecto antioxidante: La quinoa contiene diversas moléculas antioxidantes, como flavonoides, polifenoles y vitamina E.[281] Estos compuestos pueden ayudar a combatir el daño celular causado por los radicales libres y reducir el riesgo de enfermedades como el cáncer, las enfermedades cardiovasculares y el envejecimiento prematuro.

Efecto antiinflamatorio: La quinoa tiene propiedades antiinflamatorias demostradas con la ayuda de saponinas mono-desmosídicas (unidas a una sola cadena de azúcar), que podrían ayudar en diversas enfermedades crónicas.[279]

Efecto anticancerígeno: Los experimentos con animales han demostrado que la quinoa parece aliviar los síntomas del cáncer de colon/rectal y restablecer el microbioma intestinal (flora intestinal natural).[282]

Efecto cardioprotector: Las propiedades antioxidantes de la quinoa tienen un efecto potencialmente positivo en la salud del corazón y pueden ayudar a reducir los marcadores de riesgo de enfermedades cardiovasculares, aunque los mecanismos terapéuticos exactos deben investigarse más a fondo.[278]

Precaución:

Aunque es poco frecuente, algunas personas pueden tener una reacción alérgica a la quinoa.[283] Las reacciones alérgicas a la quinoa pueden incluir erupciones cutáneas, picor, hinchazón facial o dificultades respiratorias.284 Las personas con alergias alimentarias conocidas deben ser precavidas y evitar la quinoa si es necesario.

Amaranto

El nombre amaranto **Αμάραντος** procede del griego y significa "imperecedero". El amaranto, cuyos orígenes se remontan a antiguas civilizaciones de América Central y del Sur, fue una fuente de alimento fundamental para pueblos precolombinos como los **aztecas, los mayas y los incas.**[285] Se veneraba como planta sagrada y se utilizaba en ceremonias religiosas. Su capacidad para crecer en condiciones adversas y producir abundantes cosechas la convertían en símbolo de inmortalidad y abundancia. Los conquistadores españoles redujeron considerablemente el cultivo del amaranto, ya que reconocían su importancia cultural en América y lo asociaban con rituales paganos.[286] No obstante, el amaranto sobrevivió como cultivo tradicional en algunas regiones y ahora está experimentando un renacimiento en la dieta moderna.

El amaranto es rico en proteínas, fibra, hierro, magnesio, calcio y tiene una menor proporción de saponinas en comparación con la quinoa, pero además no contiene gluten, por lo que también es una opción para las personas celíacas o con intolerancia al gluten.[280,287]

Efecto antioxidante: El amaranto contiene antioxidantes como la vitamina E, que pueden ayudar a combatir el daño celular causado por los radicales libres y reducir así la probabilidad de cáncer y envejecimiento prematuro.[287]

Efecto antiinflamatorio: Algunos estudios sugieren que el amaranto puede tener propiedades antiinflamatorias que podrían ayudar en la prevención y el tratamiento de enfermedades inflamatorias.[280]

Efecto cardioprotector: La fibra, el calcio, el potasio y otros nutrientes del amaranto pueden ayudar a reducir los niveles de colesterol y, por tanto, el riesgo de enfermedades cardiacas.[288] El perfil de riesgo cardiovascular también puede reducirse porque la fibra del amaranto ayuda a estabilizar los niveles de azúcar en sangre, lo que puede ser especialmente beneficioso para las personas con diabetes mellitus.[288] El amaranto también puede reducir la presión arterial al inhibir la hormona renina en el sistema renina-angiotensina-aldosterona.[289]

Precaución:

El amaranto contiene ácido oxálico que, consumido en grandes cantidades, puede favorecer la formación de cálculos renales.[290] Las personas propensas a los cálculos renales o que ya los padecen deberían posiblemente limitar el consumo de amaranto en combinación con otros alimentos que contengan ácido oxálico (por ejemplo, espinacas, ruibarbo, soja, remolacha, cacao o chocolate negro) y consultar a su médico.

Ginseng

Ginseng, el nombre deriva del chino 人参 rénshēn "raíz parecida a la del hombre", el término "Panax ginseng" utilizado en botánica se remonta a la antigua palabra griega Πανάκεια "panacea".[291] El ginseng se utiliza como planta medicinal en la **Medicina Tradicional China (MTC)** desde hace más de 5000 años.[292] El ginseng contiene saponinas llamadas ginsenósidos, apreciadas por mejorar el rendimiento físico y mental, reducir el estrés y favorecer el bienestar general.[292]

Se han demostrado científicamente los siguientes efectos biológicos del ginseng:

Efecto antioxidante: Uno de los efectos biológicos destacados del ginseng es su actividad antioxidante. El ginseng contiene diversos compuestos bioactivos, como ginsenósidos, flavonoides y polisacáridos, que pueden aumentar la actividad de las enzimas antioxidantes y contribuir a la reducción del estrés oxidativo.[291]

Efecto reductor del estrés: El ginseng puede ayudar al organismo a adaptarse al estrés y aliviar la respuesta al mismo. Se ha demostrado que el ginseng influye favorablemente en la liberación de hormonas del estrés como la serotonina y el cortisol, lo que contribuye a mejorar el bienestar general.[293]

Efecto potenciador del rendimiento: El ginseng suele considerarse un estimulante natural y puede mejorar el rendimiento mental y físico. El ginseng puede potenciar la energía, aumentar la resistencia y reducir la fatiga, por ejemplo "ayudando a los músculos a regenerarse y renovarse" después del ejercicio.[294]

Efecto antiinflamatorio: El ginseng también tiene propiedades antiinflamatorias que contribuyen a reforzar el sistema inmunitario y a mejorar los mecanismos de defensa del propio organismo contra las infecciones. Por ejemplo, se ha demostrado que los extractos de raíz de ginseng atenúan los efectos de las lesiones y la producción de sustancias mensajeras proinflamatorias (citoquinas).[295] Esto mejora la respuesta del organismo a las infecciones y **aumenta la resistencia a las enfermedades.**

Efecto anticancerígeno: Un gran número de estudios han encontrado propiedades anticancerígenas en el ginseng, especialmente en el cáncer de colon.[296] Pero los ginsenósidos también ofrecen esperanzas de que puedan encontrarse enfoques terapéuticos para otros tipos de cáncer, como el de hígado, esófago, ovarios, cuello de útero, mama y pulmón.[297]

Efecto cardioprotector: Algunos estudios sugieren que el ginseng puede tener efectos positivos sobre la salud del corazón al reducir los niveles de colesterol, regular la presión arterial y mejorar el flujo sanguíneo.[298] Esto podría ayudar a reducir el riesgo de enfermedades cardiovasculares y prolongar la vida.

Efecto neuroprotector: Los efectos neuroprotectores del ginseng también se están investigando intensamente. Los extractos de ginseng pueden desarrollar propiedades neuroprotectoras que ayudan a proteger el cerebro de los cambios relacionados con la edad y las enfermedades neurodegenerativas.[299] **Los ginsenósidos, principales principios activos del ginseng, han demostrado que** pueden favorecer la neurogénesis (formación de nuevas células nerviosas), la sinaptogénesis (formación de nuevas células nerviosas entre dos células nerviosas) y la neuroplasticidad (cambios en la estructura y función de las células nerviosas), lo que puede conducir a una mejora del aprendizaje y las funciones cognitivas, por lo que el ginseng también se conoce como **nootrópico** ("droga inteligente").[300] Además, las propiedades antioxidantes del ginseng pueden ayudar a reducir el estrés oxidativo en el cerebro y reducir el daño a las células nerviosas.

Precauciones:

El ginseng puede interactuar con ciertos medicamentos, en particular los anticoagulantes y algunos antidiabéticos como la metformina, por lo que debe consultar con su médico antes de tomar ginseng.[301,302]

Jiaogulan

El jiaogulan, también conocido como Xiāncǎo 仙草 "hierba de la inmortalidad", pertenece a la familia de las calabazas. Su nombre botánico es Gynostemma pentaphyllum. El jiaogulan se utiliza en la **medicina tradicional china (MTC)** y también se está investigando en la medicina occidental por sus posibles beneficios para la salud al ralentizar el proceso de envejecimiento, ya que contiene una proporción notablemente alta de **ginsenósidos** (saponinas del ginseng), la mayor proporción de ginsenósidos se extrae (arranca) mejor antes de la floración.[303]

Algunos de los efectos biológicos investigados del Jiaogulan son:

Efecto antioxidante: El Jiaogulan contiene diversos compuestos bioactivos, como flavonoides, saponinas y polisacáridos, que tienen fuertes propiedades antioxidantes y también antidiabéticas (es decir, dirigidas contra la diabetes mellitus).[304]

Efecto antiinflamatorio: La inflamación puede desempeñar un papel en el desarrollo del cáncer, y algunos estudios sugieren que el jiaogulan tiene propiedades antiinflamatorias.[304] Al reducir la inflamación del organismo, el jiaogulan podría ayudar a reducir el riesgo de cáncer.

Efecto anticancerígeno: Algunos estudios han arrojado resultados prometedores que indican que los extractos de jiaogulan pueden matar células cancerosas o inhibir su crecimiento. Por ejemplo, las saponinas fueron capaces de desencadenar la muerte celular programada (apoptosis) de las células tumorales de células renales mediante la participación de la vía de **señalización mTOR** (véase el capítulo "Cambiar la medicina nutricional"; subcapítulo "Vía de señalización mTOR - clave para una larga vida").[305] En general, la investigación del cáncer con jiaogulan ha avanzado en los últimos años, observándose también efectos positivos en **el cáncer de mama, pulmón, estómago y piel.**[306] Sin embargo, los prometedores resultados aún deben ser corroborados en estudios posteriores.

Efecto reductor del estrés: Al igual que el ginseng, el jiaogulan también puede ayudar al organismo a adaptarse al estrés y mitigar sus reacciones, como demuestra la determinación de las **hormonas del estrés, como el cortisol.**[307]

Efecto cardioprotector: Algunas investigaciones sugieren que el jiaogulan puede tener efectos positivos sobre la salud del corazón al reducir los niveles de colesterol, mejorar el flujo sanguíneo y favorecer la función arterial.[308,309] Sin embargo, aún faltan datos clínicos que demuestren claramente los beneficios terapéuticos para las enfermedades cardiovasculares.[310]

Efecto neuroprotector: El jiaogulan también está catalogado como candidato para enfermedades neurodegenerativas como el Alzheimer, con potencial para mejorar la enfermedad, aunque hasta ahora sólo se ha demostrado en experimentos con animales.[311]

Precauciones:

El jiaogulan puede interaccionar con ciertos medicamentos, en particular con medicamentos **anticoagulantes** (por ejemplo, con antiagregantes plaquetarios) y también con **antidepresivos** (por ejemplo, con el inhibidor de la recaptación de serotonina-norepinefrina duloxetina).[312,313] Por ello, las personas que tomen estos medicamentos deben hablar con su médico para evitar posibles interacciones.

En el momento de imprimir este libro, existe un problema legal en **la Unión Europea,** ya que **está prohibida la venta de jiaogulan como alimento o complemento alimenticio,** al tratarse de un "nuevo alimento sujeto a autorización en el sentido del artículo 3, apartado 2, del Reglamento (UE) 2015/2283".[314]

Ginkgo

"Esta hoja de árbol, que desde el este
Confiada a mi jardín
Da un significado secreto al sabor,
Cómo edifica el saber".[315]

Este es el primer verso del poema "Ginkgo biloba" del "Diván" de **Johann Wolfgang von Goethe** y una especie de homenaje a una de las especies arbóreas más antiguas del mundo, utilizada desde hace mucho tiempo **en la medicina tradicional china (MTC).**[315] El nombre ginkgo deriva del japonés 銀杏 Ginkyō ("albaricoque plateado").[316] Los efectos del ginkgo han sido objeto de numerosos estudios científicos y, aunque no todos los efectos han quedado claramente demostrados, existen algunos beneficios potenciales para la salud asociados a la ingesta de ginkgo:

Efecto antioxidante: El ginkgo contiene compuestos con propiedades antioxidantes para eliminar los radicales libres del organismo y prevenir así el daño celular.[317]

Efecto antiinflamatorio: Al igual que otros representantes de este grupo con propiedades antioxidantes, el ginkgo también tiene un efecto antiinflamatorio, que se utiliza como enfoque terapéutico para la artritis reumatoide, por ejemplo.[318]

Efecto anticancerígeno: El Ginkgo ejerce efectos anticancerígenos a través de sus propiedades antioxidantes y antiinflamatorias: mediante "la muerte celular programada (apoptosis), la inhibición de la formación de células tumorales y la invasión de células cancerosas" y parece ser eficaz en los siguientes tipos de cáncer: "cáncer de pulmón, hígado, estómago, mama, colon y cuello de útero".[319]

Efecto cardioprotector: El ginkgo puede mejorar el flujo sanguíneo periférico, lo que puede ayudar a aliviar los síntomas de **la enfermedad arterial periférica (EAP),** como el dolor al caminar.[320] Un estudio reciente ha descubierto que los efectos dirigidos **contra la calcificación vascular** (aterosclerosis) se deben a los ginkgólidos B contenidos en el ginkgo.[321] A pesar del aparente efecto vasoprotector, las revisiones y metaanálisis sólo han mostrado un beneficio terapéutico limitado en las enfermedades cardiovasculares.[322] Como ya se ha mencionado para el jiaogulan, aún faltan datos clínicos para el ginkgo que demuestren claramente los beneficios terapéuticos para las enfermedades cardiovasculares y la supervivencia.[320]

Efecto neuroprotector: Algunos estudios sugieren que el ginkgo puede mejorar la función cognitiva, especialmente en adultos mayores que sufren problemas de memoria. Algunas investigaciones sugieren que el ginkgo puede ayudar a prevenir o tratar enfermedades relacionadas con la edad, como el Alzheimer y la degeneración macular ocular, aunque es necesario seguir investigando.[323]

Precaución:

Aunque el ginkgo se considera seguro, aún pueden producirse efectos secundarios e interacciones con otros medicamentos. Algunos posibles efectos secundarios de sobredosis atribuidos a la neurotoxina (veneno nervioso) 4'-O-metilpiridoxina (MPN) o ginkgotoxina contenida en el ginkgo son náuseas, vómitos, convulsiones y reacciones alérgicas.[324] También puede haber interacciones con medicamentos anticoagulantes, por lo que los afectados deben consultar a su médico.[325]

Q10

La coenzima Q10, también conocida como **ubiquinona-10,** es una molécula liposoluble que se encuentra en todas las células del cuerpo humano y desempeña un papel crucial en el metabolismo energético. Se obtiene, por una parte, a través de la alimentación y, por otra, mediante la síntesis del propio organismo, cuya producción endógena puede disminuir con la edad. En los últimos años, la Q10 ha despertado un interés creciente como suplemento dietético, ya que ofrece numerosos beneficios potenciales para la salud. En la actualidad, la Q10 es el tercer suplemento dietético más utilizado en el mundo, después de **la vitamina D y la vitamina C.**[326]

Uno de los principales beneficios de la Q10 como suplemento dietético es su papel en la producción de energía en las células. La Q10 es un componente clave de la cadena respiratoria mitocondrial, responsable de convertir los nutrientes en trifosfato de adenosina (ATP), la principal fuente de energía de las células.[327] Por lo tanto, un aporte adecuado de Q10 puede ayudar a mantener la función celular y el metabolismo energético, lo que es especialmente importante para los órganos con grandes necesidades energéticas, como el corazón.

Efecto antioxidante: la Q10 tiene propiedades antioxidantes que protegen a las células del estrés oxidativo. Al neutralizar los radicales libres, la Q10 puede ayudar a reducir el riesgo de enfermedades asociadas al estrés oxidativo.[328]

Efecto cardioprotector: En términos de salud cardiaca, la Q10 ha cobrado especial importancia como suplemento dietético. Numerosos estudios sugieren que la Q10 puede mejorar la función cardiaca y aliviar los síntomas de la insuficiencia cardiaca (insuficiencia cardiaca).[327] Favorece el suministro energético del músculo cardiaco y puede ayudar a reducir el daño oxidativo del tejido del músculo cardiaco, reduciendo así la probabilidad de enfermedad cardiovascular y muerte cardiovascular.[329]

Efecto anticancerígeno: Se atribuye a la Q10 un efecto anticancerígeno. Aunque la mayoría de los estudios mostraron un pronóstico favorable, **"en general los resultados no son consistentes".**[330] Por lo tanto, no deben depositarse demasiadas expectativas en el suplemento dietético para el tratamiento del cáncer en este momento.

Función inmunitaria: Otro beneficio potencial de la Q10 como suplemento dietético es su función de apoyo al sistema inmunitario. La Q10 puede mejorar la función de las células inmunitarias y reforzar las defensas inmunitarias, lo que puede ayudar a combatir las infecciones y, por tanto, a mantener la salud general.[331]

Salud de la piel: La Q10 también se utiliza en muchos productos para el cuidado de la piel, ya que tiene propiedades antioxidantes y puede ayudar a proteger la piel del envejecimiento prematuro causado por los rayos UV y la contaminación ambiental.[332]

Precaución:

Además de estos beneficios potenciales, sin embargo, también hay importantes

importantes a la hora de tomar Q10 como suplemento dietético. Aunque en general la Q10 se considera segura, pueden producirse efectos secundarios si se toma en exceso, sobre todo en personas que toman medicamentos anticoagulantes o padecen ciertas afecciones médicas.[333] Además, la biodisponibilidad de la Q10 varía en función de la forma de dosificación, y no todos los productos del mercado son de alta calidad.

Vitamina D

El suplemento dietético más utilizado en el mundo es la vitamina D. Esta vitamina desempeña un papel importante en la salud ósea, el sistema inmunitario y la regulación de la inflamación. La carencia de vitamina D se ha relacionado con diversos problemas de salud, y tomar suplementos de vitamina D puede ayudar a mejorar la salud y potencialmente prolongar la vida, especialmente en personas con niveles bajos de vitamina D.

La vitamina D, a menudo conocida como la **"vitamina del sol",** es una vitamina liposoluble que desempeña un papel crucial en la salud del organismo y puede contribuir a la longevidad.[334] En un mundo cada vez más dominado por la tecnología y las actividades de interior, es importante reconocer la importancia del sol en relación con la prevención del **raquitismo.** Históricamente, el raquitismo, también conocido como "enfermedad inglesa", era un trastorno de salud común entre los niños y adolescentes en edad de crecimiento.[335] El sol es la principal fuente de producción de vitamina D del propio organismo. Cuando los rayos UVB inciden en la piel, el cuerpo empieza a producir vitamina D, que a su vez es necesaria para la absorción del calcio y el fósforo de los alimentos y, por tanto, es crucial para la mineralización ósea y el crecimiento normal de los huesos.[335]

He aquí algunos ejemplos de cómo la vitamina D podría afectar a la longevidad:

Prevención de la osteoporosis: La vitamina D es importante para mantener la salud ósea al aumentar la absorción de calcio y fósforo en el intestino y regular el metabolismo óseo. Unos niveles adecuados de vitamina D pueden ayudar a reducir el riesgo de osteoporosis (pérdida ósea) y fracturas en la vejez.[336]

Función inmunitaria: Unos niveles adecuados de vitamina D pueden ayudar a reducir el riesgo de infecciones y mejorar la función inmunitaria. Esto se debe a que unos niveles bajos de vitamina D aumentan el riesgo de enfermedades autoinmunes como **la psoriasis, la diabetes mellitus de tipo 1 y la esclerosis múltiple (EM).**[337] Según **el estudio de extensión VITAL,** publicado recientemente, una ingesta prolongada de vitamina D puede prevenir aparentemente las enfermedades autoinmunes a largo plazo.[338]

Efecto cardioprotector: Según los resultados de estudios observacionales, la vitamina D puede **reducir el riesgo de hipertensión arterial, calcificación vascular** (aterosclerosis) **e insuficiencia cardiaca** y, por tanto, mejorar la salud del corazón y aumentar la esperanza de vida, mientras que estudios de intervención más recientes ya no ven estas conexiones.[339]

Regulación del estado de ánimo: Algunos estudios sugieren que la vitamina D desempeña un papel importante en la regulación del estado de ánimo y que unos niveles bajos de vitamina D se asocian a un mayor riesgo de trastornos psiquiátricos como los trastornos de ansiedad, la depresión y la esquizofrenia.[340,341] Unos niveles adecuados de vitamina D pueden contribuir a mejorar el bienestar emocional y fomentar la calidad de vida.

Hay que tener en cuenta que la vitamina D se sintetiza principalmente en el organismo a través de la luz solar sobre la piel, pero también puede obtenerse a través de la dieta a partir de alimentos como el pescado graso y la yema de huevo. En algunos casos, puede ser necesario tomar suplementos de vitamina D, sobre todo en regiones con poca luz solar o en personas con un mayor riesgo de deficiencia de vitamina D. Sin embargo, antes de tomar suplementos, debe consultarse a un médico o nutricionista, ya que la hipervitaminosis de vitamina D también es problemática.

Precaución:

La hipervitaminosis por vitamina D se produce cuando el organismo absorbe demasiada vitamina D, lo que conduce a una acumulación de vitamina D en la sangre. Esto puede deberse a una suplementación excesiva (ingesta de complementos alimenticios). En casos graves, la hipervitaminosis por vitamina D puede provocar hipercalcemia, un trastorno en el que el nivel de calcio en la sangre es demasiado alto, lo que puede dar lugar a complicaciones graves como cálculos renales, insuficiencia renal y arritmia cardiaca.[342] A largo plazo, la hipercalcemia no tratada puede provocar la pérdida de masa ósea (osteoporosis), lo que aumenta el riesgo de fracturas óseas, es decir, incluso invierte el efecto originalmente deseado de la vitamina D para la profilaxis de la osteoporosis por una ingesta excesiva.

Niacina

La niacina, también conocida como vitamina B3, es un nutriente esencial que desempeña un papel importante en numerosos procesos biológicos del cuerpo humano. Su importancia va mucho más allá de su papel como vitamina, e influye en diversos aspectos de la salud, como la regulación metabólica, la función celular y la producción de energía.

Una carencia de niacina puede provocar una enfermedad conocida como **pelagra**. La pelagra se caracteriza por síntomas como inflamación de la piel, demencia, diarrea y depresión, y puede ser mortal si no se trata. Históricamente, la pelagra era común en las poblaciones más pobres con una dieta rica en maíz, ya que éste tiene niveles relativamente bajos de niacina y la forma biodisponible de niacina en el maíz (niacinamida) se absorbe mal.[343]

Las principales fuentes de niacina en la dieta son alimentos como **la carne, el pescado, las aves, las legumbres, los frutos secos y los productos integrales.** Además, el organismo puede producir niacina a partir del aminoácido triptófano, que se encuentra en los alimentos ricos en proteínas.[344]

A continuación se enumeran los efectos de la niacina sobre la salud y sus aplicaciones terapéuticas:

Metabolismo energético: La niacina es un componente esencial de la coenzima nicotinamida adenina dinucleótido (NAD+), que desempeña un papel clave en el metabolismo energético (véase el capítulo "Suplementos de estilo de vida y superalimentos para una larga vida"; subcapítulo "Nicotinamida adenina dinucleótido").[345]

Efecto modificador de los lípidos: La niacina influye en el metabolismo de los lípidos, en particular por su capacidad para estimular la descomposición de los ácidos grasos y aumentar la liberación de grasas del tejido adiposo. Además, la niacina puede inhibir la degradación de los triglicéridos en el hígado y reducir la liberación de grasas en el torrente sanguíneo, lo que conduce a una reducción del colesterol LDL ("colesterol malo") y de los triglicéridos, al tiempo que aumenta el colesterol HDL ("colesterol bueno").[346]

Efecto antiinflamatorio: La niacina tiene propiedades antiinflamatorias que pueden reducir la probabilidad de inflamación en el organismo.[347]

Efecto vasodilatador: La niacina también tiene un efecto vasodilatador, lo que significa que favorece la dilatación de los vasos sanguíneos. Esto podría ser útil en el tratamiento de trastornos circulatorios como la enfermedad oclusiva arterial periférica.[348]

Reparación del ADN: La niacina interviene en la reparación del ADN y puede ayudar a reparar los daños causados en el ADN por el estrés oxidativo, lo que pone de relieve su papel potencial en la prevención del cáncer y la lucha contra el envejecimiento.[349]

Efecto neuroprotector: La niacina interviene en la síntesis de neurotransmisores y en la función neurológica. La falta de niacina puede provocar síntomas neurológicos como depresión, deterioro de la memoria y dolores de cabeza.[350]

Salud de la piel: La niacina puede promover la salud de la piel aumentando la producción de lípidos cutáneos, reforzando la barrera cutánea y mejorando la hidratación de la piel. Esto puede ayudar a aliviar afecciones cutáneas como el eccema y el acné.[351]

Precaución:

El potencial terapéutico de la niacina, especialmente para el tratamiento de la hiperlipidemia (trastorno del metabolismo de los lípidos), está aceptado desde hace décadas. Aunque en general la niacina se considera segura, dosis elevadas pueden provocar efectos secundarios como síntomas de rubor (enrojecimiento de la piel, picor, sensación de calor).[352] Estos efectos secundarios y también los resultados de dos grandes estudios de 2011 y 2014 no mostraron ninguna ventaja sobre la monoterapia clásica para reducir el colesterol con estatinas (véase el capítulo "Suplementos de estilo de vida y superalimentos para una larga vida"; subcapítulo "Estatinas"), por lo que el uso de la niacina como hipolipemiante es ahora limitado.[346]

Además, un estudio publicado recientemente muestra que, aparentemente de forma **paradójica,** un exceso de vitamina B3 aumenta incluso el riesgo de enfermedad cardiovascular debido al aumento de **las reacciones inflamatorias en los vasos sanguíneos.**[353]

Por lo tanto, hay que subrayar que las "vitaminas" no siempre tienen por qué ser buenas para el organismo. Como también ocurre con la vitamina D, todo depende de la dosis adecuada.

Ácidos grasos omega-3

Los pescados grasos como el salmón, la caballa y las sardinas son una fuente importante de ácidos grasos omega-3, pero las fuentes vegetarianas y veganas como **las semillas de lino, las semillas de chía, las nueces y el aceite de algas** también pueden aportar estos ácidos grasos. En los estudios se han investigado las siguientes propiedades biológicas:

Efecto antiinflamatorio: Los ácidos grasos omega-3 tienen propiedades antiinflamatorias que pueden reducir la aparición de enfermedades inflamatorias en el organismo. Esto puede ayudar a reducir el riesgo de diversas enfermedades como la artritis reumatoide, el asma bronquial y la enfermedad inflamatoria intestinal crónica (enfermedad de Crohn y colitis ulcerosa).[354,355,356] En particular, **una cantidad desproporcionada de ácidos grasos omega-6 en comparación con los ácidos grasos omega-3** en la dieta (por ejemplo, en el aceite de cártamo) aumenta significativamente la probabilidad de padecer una enfermedad inflamatoria intestinal crónica.[356]

Función inmunitaria: Además de la vitamina D, **el estudio de extensión VITAL,** publicado recientemente, también investigó los ácidos grasos omega-3 y descubrió que incluso dos años después de finalizar la terapia sigue existiendo un efecto profiláctico **contra las enfermedades autoinmunitarias.**[338]

Efecto cardioprotector: Los ácidos grasos omega-3 tienen propiedades antiinflamatorias y durante décadas se les ha atribuido (y aún se les atribuye, según la fuente del estudio) la reducción significativa del riesgo de enfermedades cardiacas, cáncer y mortalidad en general, lo que favorece la salud y posiblemente alarga la vida.[357,358] Por el contrario, una revisión de 79 estudios aleatorizados en 2018 arrojó resultados aleccionadores, y un metaanálisis de 2022 tampoco encontró efectos positivos sobre la salud cardiaca o la mortalidad general, ni siquiera de forma dependiente de la dosis, lo que significa que tomar ácidos grasos omega-3 como suplemento dietético no parece tener un beneficio para la supervivencia.359,360

Regulación del estado de ánimo: Existen pruebas de que los ácidos grasos omega-3 pueden ayudar a mejorar el estado de ánimo y reducir el riesgo de enfermedades mentales como la depresión y la ansiedad. Una posible explicación de la mejora del estado de ánimo parece ser que los ácidos grasos omega-3 mejoran la comunicación de las células nerviosas al **aumentar la síntesis de neurotransmisores** (sustancias mensajeras en las sinapsis).[361]

Salud de la piel: Los ácidos grasos omega-3 pueden ayudar a mejorar la salud de la piel aumentando su hidratación, reduciendo la inflamación y reforzando la barrera cutánea.[362] Esto puede ayudar a aliviar afecciones cutáneas como el acné, el eczema y la pso-riasis (psoriasis).

Salud ocular: los ácidos grasos omega-3 son un componente importante de la retina del ojo. Pueden ayudar a mantener la salud ocular y reducir el riesgo de enfermedades oculares relacionadas con la edad, como la degeneración macular.[363]

Precaución:

La leyenda de **los inuit ("esquimales"),** que gozaban de mejor salud cardiaca gracias al consumo intensivo de pescado, parece haber queda-do literalmente congelada al menos desde los ensayos Diet And Rein-farction Trials **(DART-1 y DART-2),** ya que las personas con cardiopatías preexistentes que tomaban regularmente cápsulas de aceite de pesca-do o comían pescado de forma intensiva como profilaxis secundaria incluso morían con más frecuencia.[364] **La medicina basada en la eviden-cia sigue siendo contradictoria** con respecto a los ácidos grasos omega-3. Aún se está a la espera de un resultado claro y concluyente.

Ácidos grasos omega-9

Los ácidos grasos omega-9 son ácidos grasos esenciales que el organismo necesita para funcionar correctamente, pero que no necesita obtener completamente de los alimentos, ya que el cuerpo puede sintetizarlos por sí mismo, por lo que se describen como "parcialmente esenciales".[365]

Los ácidos grasos omega-9, como el ácido oleico y el ácido nervónico, se encuentran en diversos aceites vegetales como **el de oliva, colza, macadamia y aguacate, mostaza, así como en fuentes animales como el salmón.**[365,366]

Los ácidos grasos omega-9 desempeñan un papel importante en diversos procesos del organismo:

Efecto antiinflamatorio: La inflamación crónica está asociada a muchas enfermedades, y una dieta rica en ácidos grasos omega-9 parece ayudar a reducir el riesgo de enfermedades inflamatorias.[365]

Efecto anticancerígeno: En relación con el efecto antiinflamatorio, se han descrito posibles propiedades anticancerígenas, por ejemplo cáncer de mama, esófago, lengua y colon.[365]

Efecto modificador de los lípidos: Los ácidos grasos omega-9, especialmente el ácido oleico, pueden ayudar a reducir los niveles de colesterol, sobre todo el colesterol LDL ("colesterol malo").[366] El ácido nervioso es importante para la producción de células nerviosas y podría reducir el riesgo de enfermedades cardiovasculares.[366]

Efecto neuroprotector: Los ácidos grasos omega-9 son importantes para la salud cerebral y pueden ayudar a mantener la función cognitiva y reducir el riesgo de enfermedades neurodegenerativas.[367]

Salud de la piel: Los ácidos grasos omega-9 pueden ayudar a mantener la salud de la piel al conservar su humedad y reforzar la barrera cutánea. Esto puede ayudar a aliviar la piel seca y mantener la piel flexible y sana, lo que también es importante para afecciones como la psoriasis.[368]

Precaución:

A pesar de los prometedores beneficios para la salud de los ácidos grasos omega-9 como el ácido oleico y el ácido nervónico en términos de niveles de colesterol y salud cardiaca, un estudio de pronóstico cardiaco de Ludwigshafen contradice los estudios anteriores al encontrar efectos negativos dependientes de la concentración sobre el riesgo cardiovascular y la muerte.[369]

También hay opiniones controvertidas sobre el ácido erúcico, un ácido graso monoinsaturado omega-9 que se encuentra en las semillas ricas en aceite de plantas como la mostaza y la colza.[370] Un consumo excesivo de ácido erúcico podría tener efectos negativos para la salud, sobre todo en relación con el sistema cardiovascular.[368] Una vez más: "La dosis hace el veneno", en palabras del médico suizo del siglo XVI **Paracelso.**[371]

Nicotinamida adenina dinucleótido

La nicotinamida adenina dinucleótido (NAD+) es una **coenzima de la niacina (vitamina B3),** que se encuentra en todas las células vivas y desempeña un papel importante en el metabolismo. En los últimos años, el NAD+ ha recibido mucha atención como posible medio de promover la longevidad y prevenir las enfermedades relacionadas con la edad, sobre todo gracias a la cobertura mediática y las numerosas publicaciones del **Prof. David Andrew Sinclair** y su grupo de investigación en **Harvard.**[372]

A continuación se indica cómo podría influir el NAD+ en la longevidad:

Metabolismo energético: El NAD+ es fundamental para la conversión de nutrientes como hidratos de carbono, grasas y proteínas en la energía necesaria para la función y el metabolismo celular. Un suministro adecuado de NAD+ puede ayudar a mantener la producción de energía en las células y apoyar el metabolismo.[373]

Reparación del ADN: El NAD+ desempeña un papel importante en la reparación de los daños causados en el ADN por las toxinas ambientales, la radiación UV y otras influencias nocivas.[374] Un aporte adecuado de NAD+ puede contribuir a mantener la integridad del ADN y ralentizar el envejecimiento celular.

Activación de las sirtuinas: El NAD+ es un cofactor esencial para las sirtuinas, un grupo de proteínas que desempeñan un papel clave en la regulación del metabolismo, la función celular y la longevidad.[375] Se necesita un suministro suficiente de NAD+ para mantener la actividad de las sirtuinas y maximizar sus beneficios para la salud.[376]

Efecto antiinflamatorio: El NAD+ tiene propiedades antiinflamatorias, por lo que puede ayudar a reducir la inflamación crónica del organismo.[377] La inflamación crónica se considera uno de los principales factores que contribuyen al proceso de envejecimiento y al desarrollo de enfermedades relacionadas con la edad.

Procesos de envejecimiento: El NAD+ puede ralentizar o invertir el proceso de senescencia celular (fin de la división celular) favoreciendo la activación de las sirtuinas y mejorando la función de las mitocondrias ("centrales energéticas" de las células).[375,376] La senescencia es una condición en la que las células ya no son capaces de dividirse, lo que permite el desarrollo de enfermedades relacionadas con la edad.

Precaución:

A pesar del "marketing agresivo" a escala mundial del NAD+ como una especie de panacea contra el envejecimiento, en la actualidad hay que moderar las expectativas exageradas, ya que "la seguridad a largo plazo y la eficacia clínica de los efectos antienvejecimiento en el ser humano son prácticamente inexistentes".[378]

La investigación sobre el NAD+ y su papel en la longevidad está aún en sus inicios. Se necesitan más estudios para comprender mejor sus efectos a largo plazo y sus posibles beneficios para la salud. Además, los efectos del NAD+ pueden depender de factores individuales como la dosis, la biodisponibilidad y las diferencias genéticas. Se carece de información fiable sobre la concentración objetivo de NAD+ circulante en el organismo y el uso de productos comerciales para el cuidado de la piel parece limitado, ya que el NAD+ no puede atravesar la barrera cutánea debido a su alta solubilidad en agua.[377]

Las personas interesadas en utilizar el NAD+ para promover la longevidad deberían consultarlo con un médico para ver si se adapta a sus necesidades. Por último, cabe señalar que el NAD+ se encuentra en alimentos naturales como la carne, el pescado, los productos lácteos, las legumbres y las verduras, y una dieta equilibrada de estos alimentos puede ser una buena fuente de NAD+.

Metformina

La metformina es un fármaco derivado de la planta lila francesa que se utiliza habitualmente **para tratar la diabetes mellitus de tipo 2.** Sin embargo, en los últimos años ha despertado un creciente interés como posible agente **para promover la longevidad y prevenir las enfermedades relacionadas con el envejecimiento.** Este interés se basa en una serie de estudios de investigación y observaciones que sugieren que la metformina puede tener algunos efectos beneficiosos para la salud más allá del tratamiento de la diabetes mellitus. He aquí algunos posibles mecanismos por los que la metformina podría afectar a la longevidad:

Mejora de la sensibilidad a la insulina: la metformina actúa mejorando la sensibilidad a la insulina y aumentando la captación de glucosa en las células.[379] Esto puede ayudar a reducir los niveles de glucosa en sangre y disminuir el riesgo de diabetes mellitus de tipo 2, lo que a su vez se ha relacionado con una mayor longevidad.

Efecto antiinflamatorio: La metformina se ha asociado con propiedades antiinflamatorias que ayudan a reducir la incidencia de la inflamación, lo que también puede ser un factor clave para una vida más larga.[380]

Efecto anticancerígeno: En los últimos años, se ha demostrado que la metformina inhibe tanto el crecimiento y la supervivencia de las células tumorales malignas como el desarrollo de metástasis.[381] Los mecanismos exactos de acción aún deben investigarse más; en el cáncer de colon, por ejemplo, influir en la función de las células T asesinas parece desempeñar un papel importante.[382] Se han demostrado efectos positivos en el cáncer de colon, mama, hueso, endometrio y piel (melanoma).[381,382,383]

Procesos de envejecimiento: Algunos estudios sugieren que la metformina puede tener efectos preventivos de la senescencia al ralentizar o invertir el proceso de senescencia celular (fin de la división celular). La metformina activa una enzima denominada proteína cinasa activada por AMP (AMPK), que desempeña un papel importante en la regulación del metabolismo energético y la función celular.[384] La activación de la AMPK se asocia a diversos beneficios para la salud, como la mejora de la salud metabólica y un posible aumento de la esperanza de vida.

Mejora o prevención de diversas enfermedades: Se ha demostrado que la administración de metformina tiene efectos favorables sobre las enfermedades cardiovasculares, la obesidad y las enfermedades hepáticas y renales, por lo que también puede contrarrestar significativamente el proceso de envejecimiento.[381]

Precaución:

Aunque existen pruebas prometedoras de los posibles efectos antienvejecimiento de la metformina, es importante señalar que se necesitan más investigaciones para comprender mejor sus efectos a largo plazo sobre la longevidad y la salud.

La metformina es un fármaco que puede tener efectos secundarios, interacciones y contraindicaciones, por lo que puede no ser adecuado para todo el mundo. El tratamiento a largo plazo con metformina también puede provocar, por ejemplo, un déficit de vitamina 12.[385]

Las personas interesadas en utilizar metformina para promover la longevidad deben consultarlo con un médico para ver si es adecuado para su estado de salud individual. Este medicamento para la diabetes sólo puede adquirirse con receta y no debe administrarse a mujeres embarazadas o en periodo de lactancia.

Semaglutida

La obesidad es una enfermedad frecuente y compleja que se asocia a diversos riesgos para la salud, como **las cardiopatías, la diabetes mellitus de tipo 2, los accidentes cerebrovasculares y determinados tipos de cáncer.** A pesar de los numerosos esfuerzos por reducir peso, muchas personas se enfrentan a dificultades para controlar su peso. En este contexto, los semaglutidos **para el tratamiento de la obesidad** han atraído la atención en los últimos años.

Los fármacos de la clase de la semaglutida, que actualmente se administran en forma de inyecciones hipodérmicas, imitan la acción de la hormona natural GLP-1 (péptido 1 similar al glucagón), que estimula la liberación de insulina, reduce los niveles de glucosa en sangre y aumenta la sensación de saciedad.[386] La semaglutida tiene el potencial de reducir el apetito, disminuir la ingesta de alimentos y favorecer la pérdida de peso.[386]

La eficacia de la semaglutida se ha estudiado ampliamente en ensayos clínicos. Un estudio, conocido como **el programa STEP,** investigó el efecto de la semaglutida en participantes con sobrepeso u obesidad con o sin diabetes mellitus.[386,387] Los resultados fueron impresionantes: los participantes que recibieron semaglutida perdieron significativamente más peso en comparación con el grupo placebo; algunos participantes incluso lograron una pérdida de peso superior al 15% de su peso inicial.[387]

Un estudio posterior en pacientes obesos sin diabetes mellitus descubrió que el uso de semaglutida puede reducir la incidencia de muerte cardiovascular, infarto de miocardio o ictus.[388]

Precaución:

Con el uso regular de semaglutidas, se ha informado de un aumento de la diarrea, que puede provocar un cambio en los electrolitos ("sales en sangre").[389]

Además, existen informes contradictorios sobre la aparición de pensamientos **suicidas** debido al uso de semaglutidas.[390,391] En general, parece existir un riesgo del 1,2% de sufrir acontecimientos psiquiátricos como depresión, ansiedad y pensamientos suicidas.[392] Por lo tanto, es necesario seguir investigando sobre esta clase de medicamentos, ya que no sólo el peso corporal y la salud cardiaca, sino también la salud mental es un factor decisivo para una larga vida (véase el capítulo "Eliminación de sustancias nocivas"; subcapítulo "Salud mental").

Ácido acetilsalicílico

El ácido acetilsalicílico (AAS), más conocido como Aspirina®, es un fármaco ampliamente utilizado y bien estudiado que tiene una serie de efectos sobre el cuerpo humano.

Es común el dicho "An aspirin a day keeps the doctor away!" (¡Una aspirina al día mantiene alejado al médico!), que es una variación del conocido proverbio inglés: "An apple a day keeps the doctor away!" (¡Una manzana al día mantiene alejado al médico!). ("¡Una manzana al día mantiene alejado al médico!").[393]

En términos de historia médica, el ASA va mucho más allá de su descubrimiento original en 1897, cuando "**hace más de 3500 años,** la corteza de sauce era utilizada por sumerios y egipcios" y más tarde por "médicos de **la antigua Grecia y Roma** para r**educir el dolor y la fiebre**".[394]

He aquí algunos de los efectos positivos más importantes del AAS:

Efecto analgésico: El AAS es un antiinflamatorio no esteroideo (AINE) eficaz para aliviar el dolor de intensidad variable. Se utiliza a menudo para tratar dolores de cabeza, dolores de muelas, dolores menstruales y dolores musculares.[395]

Efecto antiinflamatorio: El AAS tiene un efecto antiinflamatorio al inhibir la producción de sustancias mensajeras inflamatorias como las prostaglandinas. Esto lo ha convertido en un tratamiento eficaz para enfermedades inflamatorias como la artritis reumatoide durante décadas.[396]

Efecto antipirético: El AAS tiene propiedades antipiréticas, lo que significa que puede reducir la fiebre regulando la temperatura corporal. Se utiliza a menudo para tratar fiebres como la gripe y los resfriados.[397]

Efecto cardioprotector: El AAS inhibe la formación de coágulos sanguíneos bloqueando la acción de la prostaglandina tromboxano A2, una molécula implicada en la coagulación de la sangre.[398] Por este motivo, el AAS se utiliza a menudo para prevenir infartos de miocardio y accidentes cerebrovasculares en personas con alto riesgo de padecer estas enfermedades.

Efectos anticancerígenos: Existen pruebas de que el uso regular de AAS puede reducir el riesgo de ciertos tipos de cáncer, en particular el cáncer de colon y posiblemente otros tipos de cáncer.[398] Se cree que esto se debe a las propiedades antiinflamatorias y antiproliferativas (que detienen el crecimiento celular incontrolado) del AAS.

Precaución:

Aunque el uso regular de AAS es indiscutiblemente una terapia pronóstica importante en la profilaxis secundaria, es decir, después de un infarto de miocardio o un ictus, todavía no se ha establecido en la profilaxis primaria, es decir, cuando no hay enfermedad cardiovascular.[399] Aunque el riesgo de infarto de miocardio e ictus se reduce en la profilaxis primaria, el riesgo general de hemorragia (desde hemorragias estomacales a cerebrales) es demasiado elevado.[400] Debe prestarse especial atención al mayor riesgo de hemorragia cuando se toman al mismo tiempo **otros medicamentos anticoagulantes,** ya que el AAS tiene un efecto inhibidor plaquetario irreversible. Este efecto puede durar hasta una semana, por lo que los cirujanos suspenden el AAS antes de las operaciones programadas.[401] El AAS puede irritar la mucosa del estómago y **provocar úlceras,** hemorragias o dolor de estómago.[402] Esto se debe a la inhibición de la producción de prostaglandinas, que tienen una función protectora de la mucosa gástrica. Además, el AAS puede desencadenar ataques de asma bronquial en personas asmáticas.[403] El AAS puede aumentar el riesgo de **síndrome de Reye,** una enfermedad poco frecuente pero potencialmente mortal que provoca disfunción hepática y cerebral, en niños y adolescentes con infecciones víricas, en particular gripe o varicela.[404]

Estatinas

Las estatinas son una clase de fármacos que se utilizan para reducir los niveles de colesterol en sangre. Se dice que las estatinas tienen **efectos pleiotrópicos,** es decir, que además de reducir el colesterol tienen toda una serie de efectos biológicos.[405]

He aquí algunos de los efectos más importantes de las estatinas:

Reducción del colesterol LDL: Las estatinas inhiben una enzima llamada HMG-CoA reductasa, que desempeña un papel clave en la producción de colesterol en el hígado. Al reducir la síntesis de colesterol, las estatinas disminuyen eficazmente el nivel de **colesterol "malo" LDL** en la sangre, lo que reduce el riesgo de arteriosclerosis y enfermedades cardiovasculares.[406]

Aumento del colesterol HDL: Las estatinas también pueden ayudar a aumentar ligeramente el nivel de **colesterol "bueno" HDL** en sangre.[406] El colesterol HDL puede ayudar a eliminar el exceso de colesterol de las paredes arteriales y transportarlo al hígado, donde se descompone, proporcionando una protección adicional contra las enfermedades cardiovasculares.

Efecto cardioprotector: Al reducir los niveles de colesterol LDL, las estatinas pueden disminuir **el riesgo de infarto de miocardio, ictus y muerte cardiovascular en un 22%,** según un metaanálisis de 170.000 individuos de 26 estudios.[407]

Estabilización de las placas: Las estatinas pueden ayudar a estabilizar las placas ateroscleróticas de las arterias, lo que puede reducir el riesgo de roturas peligrosas de las placas y las complicaciones asociadas, como infartos de miocardio y accidentes cerebrovasculares.[408]

Efecto antiinflamatorio: Aparte de sus efectos reductores del colesterol, las estatinas también tienen propiedades antiinflamatorias. Pueden reducir la inflamación de las paredes arteriales, que interviene en el desarrollo de la arteriosclerosis, y ayudar a frenar la progresión de las enfermedades cardiovasculares.[409]

Efecto anticancerígeno: Al parecer, las estatinas también pueden tener un efecto anticancerígeno, como se ha demostrado en estudios sobre el cáncer de páncreas y de hígado.[410,411]

Precaución:

En general, las estatinas se consideran medicamentos importantes para reducir el colesterol y prevenir las enfermedades cardiovasculares. Su efecto positivo sobre la salud suele compensar los posibles riesgos y efectos secundarios, sobre todo en personas con alto riesgo de enfermedad cardiovascular.[406] Sin embargo, las estatinas pueden tener algunos efectos secundarios negativos y riesgos. Es importante conocerlos y tenerlos en cuenta, sobre todo cuando se utilizan a largo plazo o en determinadas personas con problemas de salud específicos.

He aquí algunos de los efectos negativos más frecuentes de las estatinas:

Molestias musculares y debilidad muscular: Uno de los efectos secundarios más conocidos de las estatinas es el dolor muscular, la debilidad muscular y las lesiones musculares, lo que puede denominarse miopatía.[412] En casos poco frecuentes, las estatinas pueden provocar trastornos musculares graves como la rabdomiólisis, que puede dar lugar a complicaciones potencialmente mortales, lo que llevó a un fabricante a retirar su medicamento del mercado mundial en 2001 ante la atención de los medios de comunicación.[413]

Disfunción hepática: Aunque los problemas hepáticos debidos a las estatinas son raros, ocasionalmente pueden dar lugar a pruebas de función hepática anormales con aumentos de las transaminasas (enzimas hepáticas).[412] En raras ocasiones, pueden producirse lesiones hepáticas graves, por lo que es necesario controlar la función hepática durante el tratamiento.[414]

Aumento del riesgo de diabetes: Los metanálisis de ensayos controlados aleatorizados muestran que las estatinas aumentan el riesgo de diabetes mellitus de nueva aparición entre un 9 y un 13%.[415] En los diabéticos, el tratamiento con estatinas puede favorecer desfavorablemente la progresión de la diabetes.[416]

Efectos secundarios neurológicos: Algunos estudios han sugerido una relación entre el uso de estatinas y los efectos secundarios neurológicos, como alteraciones de la memoria, confusión, trastornos del sueño y neuropatías periféricas, aunque esta relación no está clara y requiere más investigación.[417]

Aunque la mayoría de la gente tolera bien las estatinas, las personas que las toman o se plantean tomarlas deben hacerlo bajo supervisión médica. Un control cuidadoso y revisiones periódicas pueden ayudar a reconocer a tiempo posibles efectos secundarios y, en caso necesario, cambiar a alternativas como ezetemib (inhibición de la absorción de colesterol en el intestino), ácido bempidoico (inhibición de la enzima ATP citrato liasa en la producción de colesterol del organismo) y/o inhibidores de PCSK9 (inhibición de dicha enzima que reduce el número de receptores de colesterol LDL en la envoltura de las células hepáticas). Las estatinas sólo se dispensan con receta médica y no deben administrarse a mujeres embarazadas o en periodo de lactancia.

Metilxantinas

La cafeína y la teobromina son metilxantinas que se encuentran en muchos alimentos y bebidas, especialmente en el café, el té, el chocolate y el cacao. Ambas metilxantinas tienen efectos biológicos similares, pero también algunos diferentes. La cafeína del té también se denomina teína, pero químicamente hablando, la cafeína y la teína son la misma molécula, a saber, 1,3,7-trimetilxantina.[418]

Cafeína

La cafeína es el estimulante más conocido y se consume en diversos alimentos y bebidas, como el café, el té, las bebidas energéticas, los refrescos de cola y algunos medicamentos.

Los efectos de la cafeína son relativamente rápidos y pueden provocar un aumento del estado de alerta, de la atención, de la energía y de la función cognitiva. Los efectos biológicos detallados son

Efecto estimulante: la cafeína es conocida por su efecto estimulante sobre el sistema nervioso central. Bloquea los receptores de adenosina en el cerebro, lo que provoca un aumento de la liberación de neurotransmisores como la dopamina y la noradrenalina.[419] Esto puede aumentar el estado de alerta, mejorar la atención, aumentar la energía y reducir la sensación de fatiga.

Aumento del metabolismo: La cafeína también se conoce como "quemagrasas", ya que estimula el metabolismo y aumenta la quema de grasas, lo que mejora el rendimiento físico y ayuda a perder peso.[420]

Memoria: La cafeína puede mejorar la función cognitiva, incluida la memoria, el tiempo de reacción y la concentración, lo que a su vez mejora el rendimiento físico, según el último documento de posición de la Sociedad Internacional del Deporte y la Nutrición (ISSN).[421]

Enfermedades cardiovasculares: La cafeína puede aumentar temporalmente la frecuencia cardiaca y elevar la presión arterial, especialmente en personas sensibles o en dosis elevadas.[422]

Precaución:

El consumo excesivo de cafeína puede provocar arritmias cardiacas como la fibrilación auricular, aumento de la tensión arterial, insomnio, ansiedad y molestias gastrointestinales.[422] Sin embargo, la cafeína tiene una semivida relativamente corta en el organismo, lo que significa que sus efectos desaparecen con relativa rapidez.[423]

Teobromina

La teobromina es un estimulante que se encuentra principalmente en el cacao y en los productos de la chocolatería, pero en menor cantidad que la cafeína.[424] El efecto de la teobromina suele ser menos fuerte que el de la cafeína y más lento. Puede provocar una leve estimulación, una mejora del humor y una sensación de relajación. Los efectos biológicos detallados son:

Estimulación leve: La teobromina tiene un efecto estimulante más leve que la cafeína, pero, al igual que ésta, también bloquea los receptores de adenosina en el cerebro y puede aumentar el estado de alerta y mejorar la concentración.[425]

Dilatación de los vasos sanguíneos: La teobromina puede dilatar los vasos sanguíneos y mejorar el flujo sanguíneo, lo que puede mejorar la oxigenación de los tejidos y reducir la presión arterial.[426]

Efecto diurético: La teobromina actúa como un diurético débil y puede aumentar la diuresis.[427]

Efecto cardioprotector: Se ha demostrado que la teobromina tiene un efecto favorable sobre los factores de riesgo de enfermedades cardiovasculares en pacientes con síndrome metabólico (combinación de obesidad, hipertensión arterial, trastornos del metabolismo del azúcar y de las grasas).[428]

Efecto neuroprotector: En caso de trastornos circulatorios en el cerebro, la teobromina puede contribuir aparentemente a compensar los déficits neurológicos y los trastornos motores y de la memoria, como han demostrado experimentos con animales en ratas.[429]

Precauciones:

El consumo excesivo de teobromina también puede provocar arritmias cardiacas (como fibrilación auricular), náuseas, vómitos, temblores y otros síntomas desagradables, aunque suelen ser menos pronunciados que con la cafeína.[430] La teobromina tiene una semivida más larga que la cafeína, lo que significa que sus efectos pueden durar más tiempo en el organismo.[423]

Taurina

La taurina es un aminoácido azufrado que se encuentra en muchos productos de origen animal, como la carne y el pescado, y "está presente en los tejidos en concentraciones más elevadas que cualquier otro aminoácido ".[431]

La biosíntesis de la taurina tiene lugar principalmente en el hígado e implica una serie de reacciones enzimáticas que parten de la metionina. La metionina se convierte primero en cistationina y después en cisteína, la cisteína a su vez se convierte en glutatión y taurina.[431]

Recientemente, cada vez hay más pruebas de que la taurina ofrece algunos beneficios para la salud que pueden estar asociados a la longevidad.[432]

Efectos cardioprotectores: La taurina se ha asociado a la mejora de la salud cardiovascular, incluida la disminución de la presión arterial, la reducción del riesgo de enfermedades cardiacas y la protección contra el estrés oxidativo en el músculo cardiaco.[433,434]

Efecto antioxidante: La taurina actúa como antioxidante en el organismo, lo que significa que puede neutralizar los radicales libres y reducir el daño celular.[435] Esto podría ayudar a ralentizar el proceso de envejecimiento y promover la longevidad.

Efecto neuroprotector: La taurina también puede tener propiedades neuroprotectoras, lo que significa que protege el cerebro de los daños y reduce la probabilidad de padecer enfermedades neurodegenerativas como el Alzheimer y el Parkinson.[436]

Efecto antiinflamatorio: La taurina tiene propiedades antiinflamatorias que pueden reducir la inflamación en el organismo. El efecto positivo de la taurina sobre la inflamación podría utilizarse para combatir el envejecimiento prematuro y diversos problemas de salud.[434]

Efecto anticancerígeno: La taurina puede aliviar los efectos secundarios de la quimioterapia y también tiene un efecto anticancerígeno, por ejemplo en **el cáncer de mama, riñón y colon.**[437]

Precaución:

La eficacia de las pequeñas cantidades de taurina que contienen las bebidas energéticas es objeto de debate y controversia científica.[438] Algunos fabricantes de bebidas energéticas anuncian que la adición de taurina a sus productos ayuda a mejorar el rendimiento, la resistencia y la memoria y a reducir la fatiga, pero es más probable que esto se deba a los altísimos niveles de cafeína, que han contribuido a provocar arritmias cardiacas y, en algunos casos, paradas cardiacas súbitas.[438] En concreto, la combinación de dosis elevadas de taurina y cafeína parece tener un efecto negativo.[439] Además, el consumo de taurina en combinación con alcohol, especialmente popular entre los jóvenes, puede ser tóxico porque la taurina imita al neurotransmisor GABA (ácido γ-aminobutírico) y el alcohol favorece la excreción de GABA en los receptores nerviosos, lo que provoca un deterioro de la función motora (control muscular en el organismo).[440]

Aliina

La aliina se produce cuando la enzima aliinasa se encuentra con la cisteína. Esto ocurre cuando el ajo fresco se corta o se tritura. La aliina se convierte enzimáticamente en alicina, responsable del olor y sabor característicos del ajo.[441] El uso de extractos de ajo para tratar el dolor y las infecciones parasitarias se describió en escritura cuneiforme sobre **tablillas de arcilla** en **Mesopotamia ya en el año 2600 a.C.** y se documentó en jeroglíficos sobre **papiro** en **el Antiguo Egipto** en el **"Códice Ebers".**[441] Aunque la aliína es un compuesto derivado de un aminoácido, no es en sí un aminoácido y no tiene las propiedades características de los aminoácidos, como la capacidad de formar proteínas.[441]

Aunque la aliína es un compuesto derivado de un aminoácido, no es en sí un aminoácido y no tiene las propiedades características de los aminoácidos, como la capacidad de formar proteínas.[442,443] Se supone que la alicina daña las membranas celulares de los microorganismos y, por tanto, merma su capacidad para multiplicarse.

Efecto antioxidante: La alicina y otros compuestos azufrados producidos a partir de la aliina tienen propiedades antioxidantes que reducen el daño celular causado por los radicales libres. Esto puede ayudar a reducir la inflamación y disminuir el riesgo de enfermedades cardiovasculares y síndrome metabólico (una combinación de obesidad, hipertensión arterial, trastornos del metabolismo del azúcar y de las grasas).[444]

Efecto cardioprotector: La aliína y sus productos de transformación pueden tener un efecto protector sobre el sistema cardiovascular. Pueden reducir la presión arterial, mejorar los niveles de lípidos en sangre, inhibir la coagulación sanguínea y mejorar la función vascular, lo que podría reducir el riesgo general de enfermedad cardiovascular.[445]

Precauciones:

Debido a la inhibición de la actividad de las enzimas hepáticas, la alicina y otros compuestos azufrados formados a partir de la aliina pueden interactuar con otros medicamentos; los anticoagulantes en particular deben utilizarse entonces con mayor precaución.[446]

Muérdago

El muérdago (Viscum album), con su característico follaje verde y sus bayas blancas, ha sido durante mucho tiempo un símbolo fascinante en numerosas culturas y tradiciones. Ya en la antigüedad, el escritor romano de historia natural Plinio el Viejo relataba que **los druidas de la cultura celta recolectaban muérdago de los robles** en el solsticio de invierno, lo veneraban como planta sagrada y lo utilizaban en sus rituales, pues creían que el muérdago tenía poderes mágicos y servía como agente protector contra los malos espíritus y las enfermedades.[447]

Con el tiempo, el muérdago conservó su significado simbólico y se asoció a diversas fiestas y costumbres. En Europa, el muérdago forma parte de la decoración navideña y suele considerarse **un símbolo de amor, felicidad y amistad.**[447]

El muérdago es apreciado no sólo por su significado simbólico, sino también por sus posibles aplicaciones medicinales. En la medicina tradicional, el muérdago se utiliza desde hace siglos para tratar diversas dolencias.

Se han demostrado los siguientes efectos biológicos

Función inmunológica: Las preparaciones de Muérdago tuvieron interesantes puntos de partida para fortalecer el sistema inmunológico y evitar enfermedades, lo que se realiza a través de la mediación de **células asesinas naturales, células T auxiliares (CD4+) y células T asesinas (CD8+).**[448]

Efectos antiinflamatorios: Algunas pruebas de laboratorio y estudios en animales han demostrado que varios componentes del muérdago pueden tener efectos antiinflamatorios, entre ellos la viscotoxina, las lectinas y los polisacáridos.[449] Estas sustancias pueden influir en las respuestas antiinflamatorias del organismo inhibiendo la liberación de moléculas proinflamatorias o modulando la actividad de las células inflamatorias.

Efectos anticancerígenos: Algunos estudios sugieren que el muérdago puede ayudar en el tratamiento del cáncer, en particular cánceres como el de mama y el de colon.[450,451] Se cree que esto ocurre a través de la estimulación del sistema inmunológico mediante células T y efectos citotóxicos directos contra las células cancerosas.[452]

Efecto cardioprotector: El muérdago también puede tener un ligero efecto antihipertensivo y mejorar la circulación.[453]

Precaución:

"La mayoría de los consumidores consideran que los productos de medicina complementaria y alternativa son fundamentalmente seguros" porque estas sustancias son de origen "natural".[454,455] **Pero es un engaño creer que los productos vegetales "naturales" no tienen efectos farmacológicos ni efectos secundarios.** Por ejemplo, algunos componentes del muérdago, como las viscotoxinas y las foratoxinas, pueden provocar náuseas, vómitos, diarrea, dolores de cabeza, mareos, erupciones cutáneas, picores, bradicardia (ralentización de los latidos del corazón) e inotropía negativa (disminución de la potencia de bombeo del corazón) en dosis elevadas.[455,456]

Las mujeres embarazadas, las madres lactantes, los niños y las personas con ciertas afecciones médicas deben consultar con un médico el uso de preparados de muérdago, ya que su seguridad y eficacia pueden no haber sido estudiadas adecuadamente.

Espino blanco

El espino blanco o majuelo (nombre botánico Crataegus), con sus delicadas flores y bayas rojas, ha sido durante mucho tiempo una planta fascinante valorada en la medicina popular y tradicional. Su historia se caracteriza por una multitud de aplicaciones culturales y medicinales.

Así se dice en el "Crepúsculo de los Dioses" de la tetralogía de **Richard Wagner** "El Anillo del Nibelungo":
> "Gran felicidad y salvación ríe ahora el Rin,
> ya que Hagen, el lúgubre, puede estar tan alegre.
> El espino ya no pica;
> Ha sido nombrado pregonero de bodas".[457]

Simbólicamente, "Espino blanco" significa aquí "el signo mítico de la muerte".[457]

Como se ha descrito anteriormente para el muérdago, los productos naturales no siempre son inocuos para la salud, sino que pueden tener algunos efectos beneficiosos.

Los posibles beneficios del espino blanco para la salud son:

Efecto antioxidante: El espino blanco es rico en antioxidantes, que pueden ayudar a reducir el daño celular causado por los radicales libres y fortalecer el sistema inmunológico y, al parecer, también tienen un efecto prolongador de la vida, como se ha demostrado en experimentos con moscas de la fruta (Drosophila melanogaster).[458] Por ejemplo, el espino blanco también tiene potencial terapéutico para diversas enfermedades hepáticas.[459]

Efecto cardioprotector: El espino puede ayudar a reducir la presión arterial y prevenir la aterosclerosis (calcificación vascular).[460,4601] Además, numerosos estudios han demostrado que el espino apoya el tratamiento de la insuficiencia cardiaca (insuficiencia cardiaca).[462,463,464]

Efecto relajante: El espino blanco tiene un efecto calmante que ayuda a reducir el estrés, la depresión y la ansiedad y a mejorar el bienestar general.[465]

Mejora de la calidad del sueño: El espino blanco puede ayudar a mejorar la calidad del sueño y aliviar los trastornos del sueño, lo que puede conducir a un sueño más reparador.[466]

Precaución:

Aunque se ha notificado en contadas ocasiones, tomar demasiado espino blanco puede provocar efectos secundarios no deseados como molestias gastrointestinales, náuseas, dolores de cabeza, **palpitaciones** (taquicardia) y **reacciones alérgicas cutáneas** (erupción cutánea).[467] Es importante respetar las dosis recomendadas y no abusar del espino blanco.

Existe poca información sobre la seguridad del espino durante el embarazo y la lactancia. Las mujeres embarazadas o en periodo de lactancia deben consultar a su médico antes de tomar espino blanco para evitar posibles riesgos para ellas mismas y para el bebé.

Manzanilla

La palabra latina "chamomilla" procede del griego y se remonta al vocablo palabra χαμαίμηλον, que significa literalmente "manzana molida o de tierra".[468] Este nombre podría hacer referencia al olor característico de la planta, que recuerda al de las manzanas. La manzanilla es una de las plantas medicinales más utilizadas en el mundo y ya era apreciada en el mundo antiguo **("Egipto, Grecia, Roma")** para el tratamiento de "afecciones estomacales, calambres, inflamaciones cutáneas e infecciones menores".[469]

He aquí algunos de los efectos biológicos más importantes de la manzanilla:

Efecto antiinflamatorio: La manzanilla contiene compuestos como flavonoides y terpenos que tienen propiedades antiinflamatorias.[470] Pueden ayudar a reducir la inflamación en el cuerpo y aliviar los síntomas de enfermedades inflamatorias como la artritis reumatoide y la irritación de la piel.[469,471]

Efecto digestivo: La manzanilla tiene propiedades antiespasmódicas que pueden ayudar a aliviar molestias digestivas como flatulencias, calambres y molestias gastrointestinales.[469] La infusión de manzanilla se toma a menudo para las molestias gastrointestinales y también puede ayudar a la digestión.[472]

Efecto antioxidante: Los ingredientes antioxidantes de la manzanilla, como los flavonoides, pueden neutralizar los radicales libres del organismo. Esto puede ayudar a reducir el riesgo de enfermedades crónicas y tener un efecto anticancerígeno en el cáncer de estómago, colon, hígado y cuello de útero.[469,473]

Efecto relajante: La manzanilla tiene propiedades calmantes y relajantes que pueden ayudar a reducir el estrés y la ansiedad.[468] La infusión de manzanilla se utiliza a menudo como sedante natural y puede ayudar a combatir el insomnio y mejorar la calidad del sueño.[474]

Precauciones:

Las personas alérgicas a las plantas de la familia de las margaritas deben evitar deben evitar la manzanilla, ya que pueden producirse reacciones alérgicas como erupciones cutáneas, fiebre del heno, asma bronquial o shock anafiláctico.[475] Además, las mujeres embarazadas y las personas que toman medicamentos anticoagulantes deben consultar a un médico antes de consumir manzanilla.[476]

Bayas de Goji

Las bayas de Goji, también conocidas como bayas de lobo, han ganado popularidad en todo el mundo en los últimos años gracias a su rica composición nutricional y sus múltiples beneficios para la salud, hasta el punto de que también se valoran como la **"fruta de la longevidad".**[477] Las bayas de Goji (derivadas del nombre chino 枸杞 gǒuqǐ) se cultivan tradicionalmente en las regiones montañosas de China y el Himalaya.[477,478] Utilizadas originalmente en **la Medicina Tradicional China (MTC),** las bayas de goji se han convertido en codiciados "superalimentos" que se consumen en diversas formas, desde bayas frescas hasta frutos secos, zumos y suplementos.[477,478]

Se han descrito los siguientes beneficios para la salud del consumo regular de bayas de goji:

Efecto antioxidante: Las bayas de Goji contienen una alta concentración de vitamina C, betacaroteno y otros antioxidantes que pueden reforzar el sistema inmunitario y mejorar las defensas del organismo frente a infecciones y enfermedades.[479]

Efecto anticancerígeno: Gracias a sus propiedades antioxidantes, las bayas de goji son capaces de actuar contra la maduración de tumores y cánceres como el de **mama, cuello de útero, colon, boca y próstata.**[480,481,482,483,484]

Salud ocular: Las bayas de Goji son ricas en betacaroteno, que se convierte en vitamina A en el organismo y desempeña un papel **importante en la mejora de la visión.**[479]

Efecto cardioprotector: Las propiedades antioxidantes del betacaroteno contenido en las bayas de goji son responsables de reducir la inflamación, disminuir los niveles de colesterol y estabilizar los niveles de azúcar en sangre, lo que puede reducir el riesgo de enfermedades cardiovasculares.[485]

Salud de la piel: Las propiedades antioxidantes de las bayas de goji pueden favorecer la salud de la piel protegiéndola de los daños causados por los radicales libres y minimizando la aparición de signos de envejecimiento cutáneo con arrugas.[486] Además, el alto contenido en vitamina B1 puede **contribuir a la producción de colágeno,** lo que se traduce en una piel más firme y joven.[479]

Precaución:

Algunas personas pueden ser alérgicas a las bayas de goji, especialmente si ya tienen alergias a otras bayas o plantas.[487] Los síntomas de una reacción alérgica pueden incluir **erupciones cutáneas, picor, hinchazón o dificultad para respirar.** Por lo tanto, las personas con alergias conocidas deben tener cuidado al comer bayas de goji.

Además, la ingesta excesiva de betacaroteno es problemática cuando se consumen grandes cantidades de bayas de goji (véase el capítulo "Suplementos de estilo de vida y superalimentos para una larga vida"; subcapítulo "Betacaroteno").

Jengibre

El jengibre ya se cultivaba hace unos "5000 años en la India y la antigua China como raíz tónica para todas las dolencias".[488] El jengibre es conocido por su raíz bulbosa y se utiliza de diversas formas tanto en la cocina como en la medicina tradicional. El nombre jengibre procede de la lengua clásica india, el sánscrito, de la palabra शृङ्गवेर "sringavera (sring-am=cuerno+vera=cuerpo)".[489]

El jengibre se utiliza en **la medicina tradicional china (MTC)** para tratar problemas digestivos, náuseas e inflamaciones.[490] En la medicina ayurvédica, el jengibre se considera una **"medicina universal"** y se recomienda para fortalecer el sistema inmunitario, aliviar los dolores de cabeza y favorecer la digestión.[488] A lo largo de la histórica **Ruta de la Seda** no sólo se intercambiaban productos comerciales, sino también conocimientos médicos. Por eso, el jengibre también se utilizaba para tratar trastornos digestivos en **la antigua medicina persa.**[491]

Los estudios científicos modernos han confirmado algunos de los usos tradicionales del jengibre y han investigado más a fondo sus posibles beneficios para la salud.

He aquí algunos de los efectos más importantes del jengibre:

Efecto antiinflamatorio: El jengibre fresco contiene compuestos bioactivos como **los gingeroles,** mientras que las raíces secas de jengibre contienen **shoagoles,** que pueden tener propiedades antiinflamatorias.[491] Esto puede ayudar a reducir la inflamación del organismo, lo que puede ser especialmente beneficioso para afecciones como la artritis reumatoide y otras enfermedades inflamatorias.[492]

Beneficios digestivos: El jengibre se utiliza tradicionalmente para facilitar la digestión y aliviar molestias estomacales como náuseas, vómitos, gases e indigestión.[493] También puede ayudar a acelerar el movimiento del estómago, lo que puede favorecer el vaciado del contenido estomacal.[494]

Efecto antiemético: El jengibre puede aliviar las náuseas y los vómitos, ya sean provocados por los viajes, las náuseas matutinas o los efectos secundarios de la quimioterapia.[495,496]

Efecto analgésico: Debido a sus propiedades antiinflamatorias, el jengibre también puede ayudar a aliviar el dolor, ya sea de artritis, dolor muscular o dolores menstruales.[497,498]

Función inmunitaria: El jengibre puede ayudar al sistema inmunitario estimulando la producción de células inmunitarias y teniendo efectos antiinflamatorios que ayudan a prevenir enfermedades.[498]

Efecto cardioprotector: El jengibre también parece reducir el riesgo de enfermedades cardiovasculares al disminuir los niveles de colesterol, reducir la presión arterial y favorecer la inhibición plaquetaria.[499]

Efecto antioxidante: se dice que el jengibre tiene fuertes propiedades antioxidantes y puede tanto atenuar como prevenir la formación de radicales libres que causan daño celular.[500]

Efecto anticancerígeno: Debido a las propiedades antiinflamatorias y antioxidantes del jengibre, el efecto anticancerígeno es plausible y se ha encontrado, por ejemplo, en el cáncer de colon o de mama.[490,501]

Precauciones:

Aunque en general se considera seguro tomar jengibre, en raras ocasiones puede provocar reacciones alérgicas, sobre todo en personas que ya son alérgicas a otras plantas de la familia del jengibre **(Zingiberaceae).**[502]

Aunque el jengibre se utiliza a menudo para aliviar las molestias estomacales, en algunos casos puede provocar irritación estomacal o ardor de estómago, especialmente si se toman ≥2 g de jengibre en polvo al día o si alguien ya sufre problemas estomacales.[490]

La ingesta de grandes cantidades de jengibre podría aumentar el riesgo de hemorragias debido a su efecto inhibidor de las plaquetas, especialmente en personas que ya estén tomando medicación anticoagulante.[499] Si se toman ≤4 g de jengibre en polvo, no cabe esperar una inhibición plaquetaria significativa.[490]

Aunque en general se considera que pequeñas cantidades de jengibre son seguras, no hay datos suficientes para confirmar la seguridad del jengibre en grandes cantidades durante el embarazo y la lactancia. Se recomienda que las mujeres embarazadas o en período de lactancia consulten a su médico antes de tomar jengibre.

Almidón resistente

El almidón resistente se refiere a la propiedad del almidón (hidratos de carbono) que es resistente (resiliente) a la digestión, especialmente a la digestión en el intestino humano. Este tipo de almidón no es completamente descompuesto y absorbido por las enzimas en el intestino delgado, sino que llega sin cambios al intestino grueso.[503]

El almidón resistente se encuentra de forma natural en algunos alimentos, como los productos integrales no procesados, los plátanos verdes y las legumbres. Sin embargo, también puede producirse artificialmente sometiendo alimentos como las patatas o el arroz a determinados procedimientos de elaboración, cocinándolos, enfriándolos y recalentándolos.[503]

El almidón resistente tiene diversos efectos positivos sobre la salud, entre ellos

Mejora de la salud intestinal: El almidón resistente actúa como prebiótico, lo que significa que mejora las condiciones de crecimiento de las bacterias sanas del intestino. Favorece el crecimiento de bacterias beneficiosas como las bifidobacterias y los lactobacilos, lo que conduce a una flora intestinal más sana y favorece la salud digestiva.[504]

Regulación del azúcar en sangre: El consumo regular de almidón resistente puede mejorar la sensibilidad a la insulina, lo que significa que las células responden mejor a la insulina y el organismo puede procesar la glucosa de forma más eficaz, lo que podría ser especialmente beneficioso para los pacientes diabéticos.[505]

Control del peso: Gracias a su capacidad para aumentar la sensación de saciedad y regular los niveles de glucosa en sangre, el almidón resistente puede ayudar a reducir el hambre y controlar la ingesta de calorías. Esto puede ayudar a controlar el peso, por ejemplo para conseguir la reducción deseada del peso corporal.[504]

Efecto anticancerígeno: Una ingesta adecuada de almidón resistente puede reducir el riesgo de cáncer colorrectal al mejorar la salud intestinal y reducir la inflamación.[506]

Precaución:

Aunque el almidón resistente tiene muchos beneficios para la salud, también existen riesgos potenciales y efectos secundarios, especialmente cuando se consume en grandes cantidades.

Un aumento repentino de la ingesta de almidón resistente puede provocar molestias digestivas como hinchazón, gases y diarrea, especialmente en personas cuyo sistema digestivo no esté acostumbrado.507 Las personas con ciertas afecciones del tracto digestivo, como el **síndrome del intestino irritable o la enfermedad de Crohn,** pueden ser sensibles a la ingesta de almidón resistente y experimentar un empeoramiento de los síntomas. Aunque el almidón resistente puede ayudar a estabilizar los niveles de glucosa en sangre, las personas con diabetes mellitus o resistencia a la insulina deben vigilar cuidadosamente sus niveles de glucosa en sangre, ya que pueden producirse efectos inesperados.[505]

Vainillina

La vainilla, especialmente la vainillina, que se extrae de las vainas de vainilla, es conocida por su típico aroma y sabor dulce y picante. Su nombre deriva del español vainilla, que significa "vaina" o "vaina pequeña".[508] Tiene una serie de beneficios para la salud:

Efecto antioxidante: La vainillina, el principal componente de la vainilla, puede eliminar los radicales libres y reducir el estrés oxidativo.509

Efecto antiinflamatorio: La vainillina tiene un efecto antiinflamatorio a través de la regulación a la baja de la expresión de citoquinas (formación reducida de sustancias mensajeras proinflamatorias).509

Efecto neuroprotector: La vainillina parece proteger contra las enfermedades neurodegenerativas al reducir el daño celular y la inflamación, y parece aliviar el dolor.[510]

Precaución:

El consumo excesivo de vainillina puede provocar náuseas, vómitos y dolores de cabeza.[510] Algunos productos contienen vainillina producida sintéticamente a partir de derivados del petróleo, que se considera segura pero suscita preocupación entre los consumidores por su origen.

Capsaicina

La capsaicina es un vanilloide, estructuralmente similar a la vainillina, es un compuesto natural que se encuentra en muchos pimientos picantes, especialmente en las guindillas. La capsaicina es responsable del picante de los pimientos y puede ofrecer algunos beneficios para la salud:

Pérdida de peso: la capsaicina, que también se anuncia como **"cápsula adelgazante",** puede mejorar la salud intestinal con el microbioma (los microorganismos propios del cuerpo) y funcionar como **"quemagrasas"**, lo que puede ayudar a la pérdida de peso deseada.[512]

Efecto cardioprotector: la capsaicina puede disminuir los niveles de colesterol y reducir el riesgo de enfermedades cardiovasculares.[512]

Efecto antioxidante: la capsaicina también es un antioxidante que puede proteger las células de los daños causados por los radicales libres.[513]

Efecto neuroprotector: la capsaicina puede aliviar el dolor nervioso por vía tópica (es decir, mediante la aplicación tópica de cremas) (como la vainillina) o mejorar las enfermedades neurogenerativas mediante cápsulas.[514,515]

Precaución:

El consumo excesivo de capsaicina en forma de complementos alimenticios muy concentrados o salsas picantes puede provocar irritación estomacal, ardor de estómago o diarrea. Incluso se ha descrito un caso de muerte súbita cardiaca en una persona de 41 años sin enfermedades previas que consumió "píldoras de pimienta de cayena".[512]

Conclusión

- Los complementos del estilo de vida son prometedores para una vida larga y sana
- No todos los suplementos dietéticos, vitaminas y superalimentos son útiles e incluso podrían ser peligrosos en algunos casos
- Mejor una dosis de nutrición a partir de alimentos regionales que suplementos de estilo de vida y productos vegetales exóticos

Capítulo 5: Eliminación de sustancias nocivas

La eliminación nociva hace referencia al proceso de eliminación o neutralización de sustancias nocivas o estímulos potencialmente perjudiciales para el organismo. "Nocivo" es un término que hace referencia a cualquier sustancia o estímulo tóxico o perjudicial que pueda afectar al organismo. He aquí algunos ejemplos de medidas para eliminar sustancias nocivas:

Desintoxicación: implica el proceso de eliminación de sustancias nocivas del organismo, ya sea mediante la eliminación natural a través de órganos como el hígado y los riñones o mediante intervenciones médicas específicas como la administración de fármacos para la desintoxicación.

Evitar: Un paso importante en la eliminación de sustancias nocivas es evitar la exposición a sustancias nocivas. Esto puede significar evitar sustancias químicas nocivas en el entorno como el humo, los contaminantes o los vapores tóxicos, así como evitar el consumo de alimentos o bebidas contaminados.

Tratamiento de enfermedades e infecciones: Algunas enfermedades o infecciones pueden considerarse agentes nocivos porque pueden dañar el organismo. Por lo tanto, el tratamiento de estas enfermedades e infecciones es crucial para eliminar los agentes nocivos y restablecer la salud.

Eliminar sustancias nocivas de la dieta: Ciertos alimentos o ingredientes pueden ser perjudiciales para el organismo. Eliminar sustancias nocivas de la dieta puede significar reducir el consumo de alimentos procesados con alto contenido en aditivos, azúcar o grasas trans y, en su lugar, promover una dieta sana y equilibrada.

Reducir el estrés: El estrés crónico y la falta de higiene del sueño también pueden considerarse sustancias nocivas, ya que sobrecargan el organismo y pueden debilitar el sistema inmunitario. (véase el capítulo

"Sueño, relajación y música: pilares infravalorados de la salud"). Introducir estrategias de gestión del estrés como la meditación, el yoga o el ejercicio regular puede ayudar a eliminar sustancias nocivas y mejorar la salud en general (véase el capítulo "Actividades físicas"; subcapítulos "Calistenia" y "Yoga").

Solanina

Como ya se ha mencionado en varias ocasiones, las sustancias vegetales pueden tener efectos potencialmente beneficiosos para la salud, pero también pueden servir como sustancias de defensa contra los depredadores de la planta y, por lo tanto, también ser perjudiciales para la salud humana (véase el capítulo "Suplementos de estilo de vida y superalimentos para una larga vida"; subcapítulo "Saponinas").

La solanina es una toxina natural que se encuentra en algunas plantas de la familia de las **solanáceas,** como **las patatas, las berenjenas, los tomates y los pimientos.** Es especialmente alta en las partes verdes o inmaduras de estas plantas, como las patatas verdes o los tomates verdes. El filósofo griego **Sócrates** fue condenado a muerte con la cicuta (planta que contiene **el veneno coniína**).[516]

En pequeñas cantidades, la solanina no suele ser peligrosa para el ser humano, ya que el organismo es capaz de procesarla y excretarla. Sin embargo, grandes cantidades de solanina pueden provocar síntomas de intoxicación, como náuseas, vómitos, diarrea, dolores de cabeza, mareos y, en casos graves, incluso convulsiones o pérdida del conocimiento.[516]

Para minimizar el riesgo de intoxicación por solanina, deben evitarse las partes verdes o inmaduras de las solanáceas.[515] Se recomienda eliminar estas partes y consumir únicamente productos maduros y bien procesados.

Setas

Las setas pueden ser tanto saludables como perjudiciales, dependiendo del tipo de seta y de cómo se prepare o consuma.

Las setas saludables, como las de botón, las shiitake, los rebozuelos y muchas otras, contienen nutrientes importantes como **proteínas, fibra, vitaminas y minerales.**[517] También suelen ser una buena fuente de antioxidantes, que pueden ayudar a combatir el daño celular y reforzar el sistema inmunitario.[517]

Sin embargo, también hay muchos tipos de setas que son venenosas y pueden causar graves problemas de salud, como insuficiencia hepática y renal o incluso la muerte, si se ingieren. En un periodo de observación de 19 años de datos hospitalarios de Alemania, más del 90% de las infecciones mortales por setas fueron causadas por **intoxicación por el hongo de la hoja del tubérculo,** una seta de **aspecto muy similar al champiñón.**[518] Es ist daher äußerst wichtig, Pilze nur von sicheren Quellen zu beziehen oder von erfahrenen Personen sammeln zu lassen, die sich mit der Identifizierung essbarer Pilze auskennen.

Además, aunque poco frecuente, **la intoxicación por moho** puede ser perjudicial, sobre todo para las personas alérgicas o con enfermedades respiratorias, y también puede tener un efecto **potencialmente cancerígeno.**[519]

Sin embargo, el consumo cada vez más popular de **setas de psilocibina** ("setas mágicas"), que se consumen como drogas alucinógenas debido a sus sustancias psicoactivas, también se ha vuelto problemático para la salud pública en los últimos años.[518] El consumo puede desencadenar trastornos de ansiedad, ataques de pánico y delirios (paranoia), que también pueden degenerar en los llamados **"viajes del terror"(horror trips).**[520]

Además de un debate socialmente crítico sobre las causas del consumo de drogas, los afectados suelen necesitar asesoramiento y terapia en materia de drogas.

El abuso con fines de intoxicación, así como el tráfico, la importación, la venta y la distribución, también están contemplados en el derecho penal en Alemania (§ 1 BtMG y § 29 BtMG) y en muchos otros países.

Cannabis

El cannabis (cáñamo) tiene una larga historia como planta útil, medicina y sustancia psicoactiva.

Hace miles de años, se utilizaba en diversas civilizaciones (China, Egipto, Grecia, Roma) con fines religiosos, medicinales y artesanales.[521] En algunas sociedades antiguas, el cannabis se consideraba una planta sagrada, mientras que en otras se utilizaba como materia prima versátil para fabricar tejidos, cuerdas e incluso como remedio.[521]

Hoy en día, el cannabis se utiliza en todo el mundo con diversos fines. El cannabis medicinal (cannabidiol) se utiliza para aliviar el dolor, las náuseas, los espasmos musculares y los ataques epilépticos.[522] El cannabis recreativo también se utiliza ampliamente como una cuasi "droga de estilo de vida", con personas que disfrutan del cannabis por sus efectos psicoactivos, en particular debido a su principal componente, el **tetrahidrocannabinol (THC),** con más de 100 cannabinoides ahora identificados en la planta.[523]

Los efectos del cannabis pueden ser variados y dependen de una serie de factores, como el tipo de cepa de cannabis, la dosis, el método de consumo y la sensibilidad individual. Los efectos a corto plazo incluyen euforia, relajación, aumento de la cognición y alteración de la percepción del tiempo.

Sin embargo, el consumo excesivo y a largo plazo puede provocar dependencia, deterioro cognitivo y problemas de salud mental.[524] Además, el consumo puede aumentar el riesgo de fibrilación auricular, una arritmia cardiaca que se asocia a un mayor riesgo de ictus.[525] Por otra parte, un estudio reciente realizado en EE.UU. reveló que el consumo regular de cannabis aumenta el riesgo de ictus en un 42% y el de infarto de miocardio en un 25%.[526]

La variante del cannabis **hexahidrocannabinol (HHC, "subidón legal")**, que a diferencia del THC tiene 6 y no 4 átomos H y elude la ley en muchos países, también se puede adquirir libremente en forma de caramelos o gominolas, lo que debe considerarse críticamente desde el punto de vista médico, sobre todo por el fácil acceso de niños y adolescentes, ya que al HHC también se le atribuyen peligrosos "efectos neurológicos, cardiovasculares, gastrointestinales y psiquiátricos".[527]

Las actitudes hacia el cannabis han cambiado significativamente con el tiempo y siguen siendo un tema controvertido en muchas partes del mundo. Mientras que algunos países han legalizado el cannabis o han adoptado políticas más liberales, otros han mantenido una prohibición estricta.[522] El debate sobre la legalización del cannabis gira en torno a cuestiones de salud pública, seguridad vial, delincuencia, libertades personales e impacto económico.

El cannabis sigue siendo un tema volátil que plantea una amplia gama de cuestiones sociales, culturales, médicas, jurídicas y políticas. A medida que avanza la investigación sobre los efectos del cannabis, es importante adoptar una perspectiva equilibrada y considerar los posibles beneficios e inconvenientes. El futuro del cannabis depende de un debate informado, una política basada en pruebas y un consumo responsable.

Fentanilo

El fentanilo, un opioide sintético, ha atraído una atención preocupante en todo el mundo en los últimos años. Es extremadamente peligroso y plantea importantes riesgos para la salud pública.

En primer lugar, la potencia del fentanilo es extremadamente alta. Comparado con otros opioides **como la heroína, el fentanilo es hasta 50 veces más potente.**[528] Incluso en pequeñas cantidades, puede producir un efecto potente y a menudo letal.[528] Esta potencia extrema lo hace especialmente peligroso para las personas que pueden abusar de él o consumirlo accidentalmente.

Otra razón de la peligrosidad del fentanilo es su extendido uso como droga callejera.[528] El fentanilo suele producirse ilegalmente e introducirse en el tráfico de drogas, a menudo en forma de pastillas falsificadas o como aditivo de otras drogas como la heroína o la cocaína para potenciar sus efectos. Los consumidores pueden no darse cuenta de que el producto que están consumiendo contiene fentanilo, lo que puede provocar una sobredosis imprevisible y potencialmente mortal.

Además, el fentanilo también puede recetarse legalmente para tratar el dolor agudo.[529] Aunque puede ser eficaz en este sentido, sigue conllevando un riesgo significativo de dependencia y abuso. Las personas a las que se receta fentanilo pueden sufrir una sobredosis accidental, especialmente si superan la dosis prescrita o utilizan el medicamento de forma no intencionada.

Otra cuestión relacionada con el fentanilo es su papel en la actual **crisis de los opiáceos,** ya que el abuso de fentanilo y otros opiáceos sintéticos ha provocado un aumento espectacular de las muertes por sobredosis.[530] Esta crisis está teniendo un impacto devastador en las familias, las comunidades y la sociedad en su conjunto, ya que no sólo cuesta vidas, sino que también requiere importantes recursos para hacer frente a las consecuencias.[530]

Por último, la dificultad de tratar una sobredosis de fentanilo aumenta el peligro de este opiáceo. Debido a su extrema potencia, una sobredosis de fentanilo suele requerir una intervención médica inmediata con el antagonista opiáceo naloxona. Aunque la naloxona se administre a tiempo como antídoto, puede ser difícil prevenir los efectos potencialmente mortales de una sobredosis de fentanilo, sobre todo si no se reconoce a tiempo.[531]

En general, el fentanilo es una sustancia extremadamente peligrosa que plantea graves riesgos para la salud pública. Su extrema potencia, su prevalencia como droga callejera, su papel en la crisis de los opiáceos y la dificultad para tratar las sobredosis lo convierten en un importante motivo de preocupación para la sociedad. Es vital que los gobiernos, las organizaciones sanitarias y las comunidades colaboren para reducir el abuso y la propagación del fentanilo y apoyar a las personas en situación de riesgo.

Alcohol

El alcohol lleva miles de años presente en la vida humana, ya sea como bebida social o por motivos culturales. Los primeros documentos de la historiografía occidental muestran que "egipcios, babilonios, hebreos, asirios, griegos y romanos preferían la cerveza y el vino, y no el agua, para calmar la sed".[532]

No obstante, es importante reconocer que el alcohol también supone un riesgo considerable para la salud y el bienestar.

En primer lugar, el alcohol es una sustancia psicoactiva que afecta al sistema nervioso central.[533] En pequeñas cantidades, el consumo de alcohol puede ser relajante y disminuir las inhibiciones sociales. Pero incluso en cantidades moderadas, el alcohol puede alterar la función cognitiva, lo que puede provocar alteraciones del juicio, problemas de coordinación y lentitud en los tiempos de reacción.[534] Esto aumenta considerablemente **el riesgo de accidentes y lesiones,** especialmente en carretera cuando se conduce bajo los efectos del alcohol.

Otro grave riesgo para la salud asociado al alcohol es la posibilidad de **adicción.**[533] El alcoholismo es una enfermedad crónica que puede afectar gravemente a la vida de los afectados. Puede provocar una serie de problemas de salud, como daños hepáticos, cardiopatías, trastornos mentales y problemas sociales.[533] Las personas adictas al alcohol tienen dificultades para controlar su consumo y a menudo sufren **graves síntomas de abstinencia** cuando intentan dejarlo.

Otro riesgo para la salud asociado al consumo de alcohol es la posibilidad de sufrir daños físicos graves. El consumo excesivo de alcohol a largo plazo puede provocar enfermedades hepáticas como hígado graso, cirrosis y cáncer de hígado.[535]

Además, el consumo de alcohol aumenta el riesgo de varios tipos de cáncer, como el de mama, páncreas, suelo de la boca, garganta, esófago y colon.[536] El riesgo de enfermedades cardiovasculares, accidentes cerebrovasculares y problemas neurológicos como la demencia también aumenta con el consumo de alcohol.

Además, el alcoholismo también puede tener un impacto considerable en el entorno social y familiar. Los problemas de pareja, las dificultades laborales y los problemas económicos son consecuencias habituales del consumo excesivo de alcohol.[537] Los hijos de padres dependientes del alcohol también pueden sufrir negligencia emocional, abusos u otras formas de trauma que pueden durar toda la vida.[538] El consumo de alcohol por parte de la madre embarazada también puede tener efectos fatales en el "corazón, los riñones, el hígado, el tracto gastrointestinal y el sistema hormonal" del feto.[539]

En los últimos años, el acceso más fácil al alcohol de alta graduación a través de bebidas mezcladas azucaradas como los alcopops ha desempeñado un papel en la medicina de la adicción entre niños y adolescentes y podría frenarse, por ejemplo, mediante el aumento de los precios de venta y la restricción de su disponibilidad.[540]

También es importante señalar que el alcohol puede ser peligroso no sólo para el individuo, sino también para la sociedad en su conjunto. Los costes de los accidentes, enfermedades y comportamientos delictivos relacionados con el alcohol son enormes y suponen una carga para los sistemas sanitarios y las fuerzas del orden de todo el mundo.

El alcohol es una sustancia extremadamente peligrosa que plantea importantes riesgos para la salud, el bienestar y la sociedad en su conjunto. Es importante comprender los riesgos del consumo de alcohol y darse cuenta de cómo puede afectar a la vida de las personas. Las medidas de prevención, las campañas de educación y el apoyo a las personas con problemas de alcohol son cruciales para minimizar los efectos negativos del alcohol y crear comunidades más seguras.

Fumar

El tabaco (Nicotiana), una planta de la familia de las solanáceas, es originario de América.[541] Tras el descubrimiento de América por los exploradores europeos en el siglo XV, el tabaco fue traído a Europa, donde inicialmente se consideró un producto medicinal, y más tarde la gente empezó a fumar tabaco.[541]

En los siglos siguientes, fumar tabaco se extendió por todo el mundo, en parte debido al comercio y la colonización. Se convirtió en un hábito social muy extendido en diferentes culturas y clases sociales.

El tabaquismo es una de las principales causas prevenibles de enfermedad y muerte prematura en todo el mundo. Una de las razones de la generalización del hábito de fumar a lo largo de las décadas fue la mayor presencia de los medios de comunicación en las producciones televisivas y cinematográficas y las campañas publicitarias de gran éxito de

la industria tabaquera, que incluso utilizó a médicos estadounidenses para la publicidad mediática de sus productos en los años 1930-1953.[542]

A pesar de la amplia disponibilidad actual de información sobre los efectos nocivos del tabaco y de las campañas antitabaco de los gobiernos, muchas personas siguen optando por fumar o empezar a fumar. Esto puede deberse a que, en algunos círculos sociales y entornos culturales, fumar se considera un comportamiento normal o incluso se refuerza positivamente. Las personas pueden sucumbir a la presión de grupo o de su entorno social y empezar a fumar para encajar o para identificarse con otros fumadores.[543]

Algunas personas utilizan el tabaco **como medio para hacer frente al estrés,** relajarse o como forma de afrontar la angustia emocional.[544] Pueden considerar el tabaco como una forma de automedicación para encontrar un alivio temporal.

A pesar de las extensas campañas de concienciación, sigue habiendo malentendidos o trivializaciones de los riesgos para la salud derivados del tabaquismo.[545] Algunas personas pueden ignorar o juzgar erróneamente las consecuencias a largo plazo del tabaquismo y creer que no se verán afectadas por los efectos negativos.

Lo cierto es que los riesgos del tabaco para la salud están muy bien documentados y son extremadamente graves. Fumar es una de las principales causas de diversas enfermedades, como la **enfermedad pulmonar obstructiva crónica (EPOC), los infartos de miocardio, los derrames cerebrales y varios tipos de cáncer, como el de pulmón, boca y vejiga.**[546] Las sustancias químicas del humo del tabaco, como la nicotina, el alquitrán y el monóxido de carbono, dañan las vías respiratorias, deterioran la función pulmonar y aumentan el riesgo de enfermedades graves. Los efectos a largo plazo del tabaquismo pueden poner en peligro la vida y mermar considerablemente la calidad de vida.

Otra razón por la que fumar es peligroso es su impacto negativo en la salud pública. **El tabaquismo pasivo,** es decir, la inhalación de humo de tabaco por parte de no fumadores cerca de fumadores, también puede causar graves problemas de salud, especialmente en niños y adultos no fumadores.[546] El tabaquismo pasivo también aumenta el riesgo de enfermedades cardiovasculares, respiratorias y cáncer.[547]

El tabaquismo también tiene **un importante impacto social y económico** en todo el mundo. El tabaquismo supone una carga para los sistemas sanitarios mundiales a través del tratamiento de enfermedades relacionadas con el tabaquismo **(costes médicos directos)** y la pérdida de horas de trabajo productivas **(costes indirectos)** debido a enfermedades o muertes prematuras.[548] También puede suponer una carga económica para los fumadores y sus familias, ya que fumar es caro y puede acarrear importantes gastos a largo plazo en cigarrillos y tratamiento médico.

Otro aspecto de los peligros del tabaquismo es la poderosa adicción que provoca. La nicotina, una sustancia adictiva presente en el tabaco, puede **provocar dependencia física y psicológica,** por lo que a los fumadores les resulta extremadamente difícil dejar de fumar.[549] Muchas personas luchan durante años para dejar de fumar, e incluso después de conseguirlo, la adicción puede volver, especialmente en momentos de estrés u otros retos.

Es importante que los fumadores individuales, la sociedad y los gobiernos trabajen juntos para reducir el consumo de tabaco y ofrecer a los fumadores apoyo para hacer frente a su adicción. **Los programas eficaces de prevención y deshabituación tabáquica** (cursos financiados por empresas o seguros de enfermedad o reembolsos de cotizaciones), **la prohibición general de fumar en espacios públicos** (en edificios públicos, aviones y otros medios de transporte) **y la promoción de estilos de vida saludables** (en Alemania, la Ley de Prevención introducida en 2015 como artículo del Código Social §§ 20 ff SGB V) contribuyen decisivamente a reducir la carga del tabaquismo y a mejorar la salud pública.

Nunca es tarde para dejarlo

Si se deja de fumar, el riesgo de desarrollar "cáncer de pulmón, hígado, estómago e intestino" se reduce al nivel de los no fumadores al cabo de unos 15 años, como demostró un estudio coreano publicado recientemente.[550] Incluso un sistema inmunitario dañado por el tabaco puede volver a tener respuestas celulares inmunitarias normales en los ex fumadores.551 Si se deja de fumar antes de los 40 años, la mortalidad (tasa de mortalidad) puede descender al nivel de los no fumadores tras tres años de abstinencia de nicotina.[552]

Fumar durante el embarazo es peligroso y puede causar graves problemas de salud al feto, por lo que las futuras madres deberían dejar de fumar. Fumar puede provocar bajo peso al nacer o parto prematuro, lo que se asocia a una mayor susceptibilidad a enfermedades y problemas de desarrollo.[553,554] Los hijos de fumadoras tienen un mayor riesgo de "síndrome de muerte súbita del lactante, trastornos neurológicos y del desarrollo conductual, obesidad, hipertensión, diabetes mellitus tipo 2, alteraciones de la función pulmonar y asma".[554]

La campaña publicitaria de **"reducción de daños" (harm reduction)** introducida por la industria tabaquera en los últimos años:

La campaña publicitaria de "reducción de daños" introducida por la industria tabaquera en los últimos años mediante el uso de cigarrillos eléctricos y vaporizadores también debe considerarse de forma crítica, ya que estas alternativas son al menos tan peligrosas como los cigarrillos tradicionales, según un metaanálisis de 2024.[555] Además, de forma análoga a la industria azucarera (véase el capítulo "La medicina nutricional en transición"; subcapítulo "Revelación explosiva de conflictos de intereses"), **los conflictos de intereses con la industria tabaquera** también desempeñan un papel decisivo en la aparición de resultados de investigación, algunos de los cuales afirman haber encontrado supuestos efectos "inocuos".[556]

Es mejor no probar ningún intento poco entusiasta de "reducción de daños", que parecen ser cualquier cosa menos inocuos, sino dejar de fumar por completo... **¡inmediatamente!**

Glutamato

El glutamato es uno de los principales componentes del sabor umami y, por lo tanto, se utiliza a menudo como potenciador del sabor. Junto con el dulce, el ácido, el salado y el amargo, **el umami es el quinto sabor** que se descubrió en Japón en 1908 y se creó como una palabra artificial que significa "delicioso" y "sabor".[557] Describe un sabor que se percibe como **carnoso, sabroso, picante y agradable.**

La cuestión de si el glutamato es saludable o no como potenciador del sabor es un tema controvertido que lleva mucho tiempo debatiéndose e investigándose científicamente. Cabe mencionar tres puntos importantes:

1. Seguridad: el glutamato, especialmente en forma de glutamato monosódico (GMS), ha sido ampliamente estudiado por diversas autoridades reguladoras de los alimentos, incluida la Administración de Alimentos y Medicamentos de Estados Unidos (FDA) en 2012 y la Autoridad Europea de Seguridad Alimentaria (EFSA) en 2017, y ha sido clasificado como seguro para el consumo humano cuando se consume en las cantidades recomendadas (máximo 3,2 g por kilogramo de peso corporal al día).[558,559] La limitación de la cantidad para la seguridad alimentaria surgió porque ha habido estudios en animales que han descrito una conexión entre la ingesta de glutamato y el desarrollo de enfermedades neurodegenerativas.[557] Estudios más recientes también observan neurotoxicidad (daño en las células nerviosas) en los alimentos ricos en glutamato y pueden ver la "aparición y progresión de síntomas psiquiátricos".[560,561]

2. Sensibilidad: Algunas personas pueden ser sensibles al glutamato y experimentar síntomas como dolores de cabeza, náuseas, mareos o rubor (enrojecimiento temporal de la piel de la zona facial debido a la dilatación de los vasos sanguíneos). Esta reacción se conoce a veces como **"síndrome del restaurante chino",** aunque no tiene ninguna relación específica con la comida china.[562] Sin embargo, la sensibilidad individual puede variar y no todas las personas experimentan estos síntomas.

3. Presencia natural: El glutamato es un aminoácido natural que se encuentra en muchos alimentos, como la carne, el queso, los tomates y las setas.[563] El consumo de alimentos que contienen glutamato de forma natural suele ser seguro y no se asocia a efectos secundarios relacionados con el "síndrome del restaurante chino".[563]

El glutamato como potenciador del sabor es seguro para el consumo en la mayoría de los casos, pero las personas sensibles a él deben limitar o evitar el consumo de alimentos con alto contenido en glutamato.[563] También es importante saber que muchos aditivos alimentarios, no sólo el glutamato, pueden desencadenar una reacción de hipersensibilidad.

Toxinas ambientales

El mundo moderno se enfrenta a una amenaza invisible pero devastadora: las toxinas ambientales. Estas sustancias nocivas están presentes en el aire, el agua, el suelo y los alimentos y suponen una grave amenaza para la salud humana y el medio ambiente. Las toxinas ambientales pueden producirse de diversas formas, ya sea a través de procesos industriales, actividades agrícolas, eliminación de residuos o el uso cotidiano de productos químicos. Sus efectos son diversos y pueden ser de gran alcance, desde problemas agudos de salud hasta daños medioambientales a largo plazo.

Contaminación del aire

Una de las mayores amenazas de las toxinas ambientales es la contaminación atmosférica. La quema de combustibles fósiles, las emisiones industriales, los gases de escape de los vehículos y otras fuentes liberan en el aire contaminantes nocivos como óxidos de nitrógeno, dióxido de azufre, monóxido de carbono y partículas.

Partículas en suspensión

Partículas es un término utilizado para describir pequeñas partículas suspendidas en el aire. Las partículas están formadas por diversos materiales, como polvo, hollín, humo, polen y otras sustancias orgánicas o inorgánicas. Las partículas de polvo fino tienen un diámetro inferior a 10 micrómetros (μm) o 0,01 milímetros. Son tan pequeñas que resultan invisibles a simple vista. Estas partículas extremadamente pequeñas pueden penetrar profundamente en los pulmones y causar diversos problemas de salud, como enfermedades respiratorias, cardiovasculares y cáncer.[564] En un estudio de más de 600 ciudades de todo el mundo, se identificó una relación directa entre la contaminación por partículas y la mortalidad.[565]

Precaución: ¡coches eléctricos!

Aunque los vehículos con propulsión eléctrica se comercialicen como "sin emisiones" en comparación con los vehículos con motor de combustión, el aspecto ecológico es limitado, ya que también se genera una **considerable contaminación por partículas** durante la **producción de**

las baterías, la generación de energía y, por último, durante el funcionamiento debido al desgaste de los neumáticos y los frenos (los coches suelen ser más pesados que los motores de combustión debido a las baterías).[566]

Benceno

El benceno es un componente de la gasolina y puede liberarse durante el repostaje de vehículos y otras actividades en las gasolineras, como el llenado de depósitos de gasolina o la manipulación de productos con benceno. Esta exposición puede suponer un riesgo potencial para la salud, especialmente para los empleados de las gasolineras y las personas que repostan con frecuencia. El benceno puede afectar al sistema nervioso central y provocar síntomas neurológicos como mareos, dolores de cabeza, somnolencia y, en casos graves, pérdida del conocimiento.[567] El benceno también es un carcinógeno conocido, lo que significa que puede **provocar cáncer, por ejemplo de pulmón y de vejiga.**[568,569] La exposición prolongada puede aumentar **el riesgo de cáncer de sangre (especialmente leucemia mieloide aguda).**[567]

Plomo

Además de los efectos nocivos del benceno, los humos de la gasolina también han provocado una reducción significativa de la inteligencia (medida mediante pruebas de cociente intelectual - **IQ test**) en más de 170 millones de estadounidenses que tenían altos niveles de plomo en sangre durante la infancia, ya que el plomo en la gasolina no se prohibió hasta 1996.[570]

Contaminación acústica

Ya en 1910, **el Premio Nobel Robert Koch** predijo: "Un día, el hombre tendrá que luchar contra el ruido tan implacablemente como contra el cólera y la peste".[571]

La exposición al ruido también desempeña un papel importante en el desarrollo de enfermedades, sobre todo en entornos urbanos. Se ha demostrado que el ruido urbano está asociado a una mayor incidencia de hipertensión arterial, infartos de miocardio y accidentes cerebrovasculares, porque las emisiones sonoras aumentan los niveles de hormonas del estrés, como la adrenalina, en el organismo y tienen un efecto desfavorable sobre la función vascular.[571]

Contaminación del agua

El agua es otro recurso vital amenazado por las toxinas medioambientales. La contaminación por efluentes industriales, abonos y pesticidas agrícolas y residuos domésticos puede afectar a la calidad del agua y amenazar tanto la salud humana como el medio acuático. Contaminantes como metales pesados, pesticidas, herbicidas y productos químicos orgánicos pueden acumularse en ríos, lagos, océanos y aguas subterráneas y causar daños a los ecosistemas y a la biodiversidad.

Microplásticos

Los microplásticos suponen una amenaza cada vez mayor para el medio marino y la salud humana.

Los microplásticos, diminutas partículas de plástico de menos de cinco milímetros, suponen una amenaza cada vez mayor para el medio marino y la salud humana. Estas partículas entran en el agua de diversas formas, ya sea a través de aportes directos, como **los residuos plásticos,**

o mediante la degradación de piezas de plástico de mayor tamaño, como envases, botellas y redes.

Dado que el pescado y otros mariscos son una importante fuente de proteínas para muchas personas, el consumo de pescado contaminado puede provocar la entrada de partículas microplásticas en la cadena alimentaria humana.

Aunque los efectos exactos de esta exposición aún no se conocen del todo, existe preocupación por los posibles riesgos para la salud, en particular la exposición crónica a largo plazo a los microplásticos. Por ejemplo, la ingestión de microplásticos a través del intestino puede provocar "estrés oxidativo, daño celular y translocación a otros tejidos".[572] Por lo tanto, no es sorprendente que se haya demostrado que los microplásticos tienen un efecto cancerígeno.[573]

Contaminación del suelo

El suelo también es susceptible a las toxinas ambientales causadas por la contaminación industrial, las actividades mineras, la eliminación incontrolada de residuos y el uso de pesticidas y fertilizantes en la agricultura. Estas sustancias pueden perjudicar la fertilidad del suelo, poner en peligro la salud de plantas, animales y seres humanos y causar daños a largo plazo a los ecosistemas agrícolas y a los medios de subsistencia.

Pesticidas

Los pesticidas son sustancias químicas utilizadas para controlar plagas como malas hierbas, insectos, hongos y otros organismos que pueden dañar los cultivos. El glifosato es uno de los herbicidas más utilizados en el mundo.[574]

El glifosato y algunos otros plaguicidas pueden ser tóxicos y causar problemas de salud con una exposición prolongada o excesiva. Los estudios han demostrado que **el glifosato** puede estar relacionado con diversos problemas de salud, como cáncer, daños renales, daños hepáticos, daños nerviosos, alteraciones endocrinas y problemas reproductivos.[574,575]

Rayos UV

Los rayos UV o "ultravioleta" son una forma de radiación electromagnética emitida por el sol. Son invisibles para el ojo humano, ya que sus longitudes de onda se encuentran fuera del espectro de luz visible.

Los rayos UV, especialmente los UVA, pueden favorecer la formación de radicales libres en la piel a través de diversos mecanismos (véase el capítulo "Suplementos de estilo de vida y superalimentos para una larga vida"; subcapítulo "Radicales libres"). A diferencia de los rayos UVA, los rayos UVB no penetran tan profundamente en la piel, sino que afectan principalmente a las capas superiores de la misma.[576] Los rayos UVB desempeñan un papel crucial en la producción de vitamina D en la piel (véase el capítulo "Suplementos de estilo de vida y superalimentos para una larga vida"; subcapítulo "Vitamina D").

Aunque los rayos UVB del sol al aire libre o de los centros de bronceado ayudan a conseguir el bronceado deseado o a tratar médicamente a los pacientes con psoriasis, también pueden ser perjudiciales si la exposición es excesiva. Los rayos UVB son la principal causa de las quemaduras solares, y los UVB, pero sobre todo los UVA, aumentan el riesgo de cáncer de piel y envejecimiento prematuro de la piel.[576] Por este motivo, se recomienda protegerse de la radiación UV excesiva utilizando protección solar (pero cuidado: véase ftalatos), llevando ropa protectora y limitando la exposición al sol en las horas punta del día.

Ftalatos

Los ftalatos son sustancias químicas que pueden encontrarse en muchos productos diferentes, como plásticos, cosméticos, productos de limpieza y otros. A menudo se utilizan como plastificantes para que los plásticos sean más flexibles y duraderos.

En las cremas solares, hay estudios que sugieren que algunas cremas solares pueden contener ftalatos, en particular las que contienen filtros UV químicos.[577] Los estudios han demostrado que los ftalatos pueden detectarse en la orina después de que las personas se hayan aplicado en la piel cremas solares que contienen ftalatos.[577,578] Esto significa que la exposición a los ftalatos a través de las cremas solares puede provocar la absorción de estas sustancias químicas en el organismo. Sin embargo, no todos los protectores solares contienen ftalatos, y muchas marcas ofrecen ahora opciones sin ftalatos.

Los posibles riesgos para la salud de los ftalatos son objeto de intensa investigación. Algunos de los riesgos potenciales asociados a los ftalatos son:

Alteración hormonal: Algunos ftalatos tienen propiedades similares a los estrógenos y pueden actuar como disruptores endocrinos, lo que significa que pueden alterar el equilibrio hormonal del organismo.[579] Esto puede ser especialmente preocupante durante el desarrollo fetal e infantil.[579]

Toxicidad para la reproducción y el desarrollo: Los estudios han demostrado una relación entre la exposición a ciertos ftalatos y la reducción de la fertilidad y los problemas de desarrollo en los niños.[580,581]

Reacciones respiratorias y alérgicas: Algunos ftalatos pueden causar irritación respiratoria (asma bronquial) y desencadenar reacciones alérgicas, especialmente en personas sensibles a determinadas sustancias químicas.[582]

Toxicidad para el hígado y los riñones: Existen pruebas de que algunos ftalatos pueden causar daños hepáticos y renales con una exposición excesiva.[583]

Fosfatos

Los fosfatos son un grupo de compuestos químicos presentes en muchos alimentos. Desempeñan un papel importante en los procesos biológicos y a menudo se utilizan como aditivos alimentarios. Algunos alimentos comunes que pueden contener fosfatos son:

Carne y aves de corral: Las carnes procesadas, como las salchichas y los embutidos, pueden contener fosfatos, que se utilizan como humectantes y para mejorar la textura.[584]

Platos preparados: Muchos platos preparados y productos congelados como **la pizza** contienen fosfatos para mejorar su consistencia y prolongar su vida útil.[584]

Quesos y productos lácteos: Algunos quesos y productos lácteos pueden contener fosfatos, que actúan como emulsionantes y estabilizadores.[584]

Productos de panadería: Los fosfatos pueden utilizarse como agentes leudantes en productos horneados como pan, pasteles y tartas para aflojar la masa y aumentar su volumen.[584]

Refrescos y bebidas procesadas: Los fosfatos se utilizan a veces en refrescos, **bebidas de cola** y otras bebidas procesadas como reguladores de la acidez y potenciadores del sabor.[585]

Sin embargo, el consumo excesivo de fosfatos puede ser problemático, especialmente para las personas con **problemas renales** u otras afecciones de salud.[585] Algunos estudios también han encontrado una relación entre el consumo elevado de fosfatos y problemas de salud como las enfermedades cardiovasculares y la osteoporosis.[584,585,586] Por lo tanto, es aconsejable reducir el consumo de alimentos procesados y aditivos alimentarios o cambiar a una dieta de alimentos frescos y no procesados.

Nitratos y nitritos

Los nitratos y nitritos están presentes de forma natural en muchos alimentos, especialmente en verduras como las espinacas, la rúcula, la remolacha y el apio. En la industria alimentaria, se utilizan como conservantes en forma de sales de curado, sobre todo en carnes procesadas como las salchichas, el beicon y el jamón.[587] Los nitratos y nitritos contrarrestan el deterioro de los alimentos inhibiendo el crecimiento de bacterias, especialmente Clostridium botulinum, que puede crecer y producir toxina botulínica en los alimentos conservados, lo que es extremadamente peligroso y puede provocar enfermedades potencialmente mortales como el botulismo con parálisis grave, trastornos del habla y dificultades respiratorias.[588]

Los nitratos pueden ser convertidos en nitritos por las enzimas del organismo. El peligro potencial de los nitratos y nitritos en el agua potable y los alimentos está relacionado principalmente con su conversión en nitrosaminas carcinógenas, especialmente en determinadas condiciones **como las altas temperaturas** (por ejemplo, durante la cocción o la fritura) **y en condiciones ácidas** (por ejemplo, en el estómago).[587] Los nitritos también pueden favorecer **la conversión de hemoglobina en metahemoglobina en los glóbulos rojos.**[587] En la metahemoglobina, el hierro de la hemoglobina está presente en su forma oxidada en lugar de su forma reducida normal, lo que significa que la hemoglobina ya no es capaz de transportar suficiente oxígeno. Esto puede provocar daños en los tejidos y, en casos graves, condiciones potencialmente mortales como la hipoxia.

Esta metahemoglobinemia puede contrarrestarse, por ejemplo, con azul de metileno como antídoto. **El azul de metileno** es un compuesto químico producido artificialmente que se utiliza en la industria como colorante, pero cuya importancia médica fue reconocida ya en 1891 por **el Premio Nobel Paul Ehrlich.**[589] Además de ser un antídoto, se utiliza como agente antipalúdico y tiene efectos antioxidantes, neuroprotectores y antienvejecimiento (sobre todo en la piel).[590]

Precaución:

Aunque el azul de metileno suele anunciarse como un producto longevo, dosis elevadas pueden provocar náuseas, vómitos, mareos, dificultades respiratorias, caída de la tensión arterial, pérdida de conciencia e incluso fallo orgánico **(intoxicación aguda por azul de metileno).**[591] También puede provocar afecciones potencialmente mortales, como el síndrome serotoninérgico en pacientes que toman antidepresivos o anemia hemolítica, por ejemplo en pacientes con deficiencia de glucosa-6-fosfato deshidrogenasa.[591]

Acrilamida

La acrilamida se forma cuando los alimentos ricos en hidratos de carbono se calientan **(por encima de 120°C),** especialmente cuando los alimentos ricos en almidón como las patatas y los productos a base de cereales se preparan tostándolos (granos de café, frutos secos), horneando pastas hechas a base de cereales (galletas, hojaldre, pan crujiente) o friéndolos (patatas fritas, patatas fritas).[592] Aunque la reacción química inducida por el calor de los azúcares con los aminoácidos **(reacción de Maillard)** es responsable del color marrón dorado ("roux") y del rico sabor de los alimentos, la acrilamida puede formarse en mayor medida a altas temperaturas y baja humedad.[592,593] La acrilamida se considera perjudicial para la salud en cantidades elevadas, ya que es cancerígena, neurotóxica (daña las células nerviosas), hepatotóxica (daña el hígado) y teratogénica (provoca daños en el desarrollo y la reproducción).[592,593,594] Por lo tanto, es importante controlar la temperatura y el tiempo de cocción y horneado, pero los tratamientos de precalentamiento, como el remojo y el escaldado, también pueden reducir la formación de acrilamida.[593] La Unión Europea ya estableció en 2017 requisitos legales para que la industria alimentaria limitara la cantidad de acrilamida en los alimentos producidos industrialmente.[592]

Benzopirenos

Los benzopirenos se forman principalmente durante la combustión incompleta de materiales orgánicos como el carbón, el petróleo, el gas, la madera, el tabaco y otras sustancias orgánicas. También pueden formarse durante la preparación de alimentos cocinándolos, friéndolos, asándolos o asándolos a altas temperaturas, especialmente cuando la grasa o los jugos de la carne gotean sobre una superficie caliente y se produce humo. Al igual que la acrilamida descrita anteriormente, los benzopirenos son cancerígenos, neurotóxicos y teratógenos.[595] Por lo tanto, hay que tener cuidado al utilizar barbacoas y fuegos abiertos y evitar el consumo de alimentos muy asados o carbonizados.

Infecciones

Las enfermedades infecciosas siempre han sido un reto para la humanidad. Históricamente, han diezmado poblaciones enteras y modificado el tejido social. La importancia de las enfermedades infecciosas se hizo especialmente patente durante la conquista del Nuevo Mundo por los conquistadores españoles y su impacto en la población indígena de las Américas como un capítulo trágico de la historia.[596] Cuando los europeos llegaron a América en los siglos XV y XVI, trajeron consigo diversas enfermedades infecciosas contra las que la población nativa no tenía inmunidad. Entre las enfermedades más devastadoras figuraban **la viruela, el sarampión, la gripe, el tifus y la tuberculosis.**[596] Sin embargo, según una nueva hipótesis, en la infección mortal también estaban implicadas las leptospiras **(enfermedad de Weil),** bacterias que se encuentran en muchos animales diferentes, como roedores, perros, ganado vacuno y cerdos.[595] La enfermedad suele transmitirse por contacto con agua o tierra contaminada con orina de animales infectados.

Las enfermedades infecciosas se propagaban con rapidez, provocando brotes epidémicos que arrasaban comunidades enteras. Las tasas de mortalidad eran extremadamente altas, estimándose que hasta el 90% de la población indígena de las Américas moría de enfermedad a las pocas décadas de la llegada de los europeos.[597]

Con el tiempo, la humanidad ha aprendido a comprender, combatir y controlar muchas de estas enfermedades, por ejemplo mediante medidas higiénicas. Sin embargo, a pesar de los avances de la medicina y la salud pública, las enfermedades infecciosas siguen siendo una grave amenaza para la salud mundial.

Peste

La peste, también conocida como "la muerte negra", es una de las enfermedades infecciosas más devastadoras de la historia de la humanidad. Causada por la bacteria Yersinia pestis, hizo estragos en Europa durante la Edad Media y se calcula que mató a un tercio de la población europea.[598] La enfermedad se transmitía principalmente a los humanos a través de **las pulgas de roedores como las ratas.**[598] Aunque la peste es rara hoy en día, sigue habiendo brotes en algunas partes del mundo, sobre todo en zonas de África, Asia y América.[598,599]

Aspergilosis

Otra enfermedad infecciosa, la aspergilosis, está causada por hongos del género Aspergillus. Los sistemas de aire acondicionado pueden servir como fuente de esporas de Aspergillus y contribuir a la propagación de estas esporas, aumentando el riesgo de infección, especialmente para las personas con sistemas inmunitarios debilitados.[600] La aspergilosis puede adoptar diversas formas, desde una reacción alérgica inofensiva hasta una neumonía potencialmente mortal.[601] Para minimizar el riesgo de aspergilosis por los **sistemas de aire acondicionado,** es esencial un mantenimiento y limpieza adecuados de los sistemas. Esto incluye inspecciones periódicas, limpieza de los filtros de aire y eliminación de la humedad del sistema para evitar la formación de moho y hongos. Además, se pueden instalar purificadores de aire y sistemas de luz ultravioleta en los sistemas de aire acondicionado para reducir la carga de esporas en el aire.

Legionelosis

Enfermedad del legionario, causada por la bacteria Legionella pneumophila, es una enfermedad infecciosa potencialmente mortal que se transmite **por la inhalación de gotas de agua o aerosoles** que contienen la bacteria.[602] La enfermedad puede causar neumonía grave, que afecta principalmente a los ancianos y a las personas con sistemas inmunitarios debilitados.[603] La prevención de la legionelosis se centra en el control y la eliminación de la bacteria Legionella en el medio ambiente, especialmente en los sistemas de agua artificiales. Esto incluye la limpieza y desinfección periódicas de los sistemas de aire acondicionado, cabezales de ducha, bañeras de hidromasaje y otras fuentes de agua, el mantenimiento de temperaturas adecuadas del agua (al menos 60 °C en los sistemas de agua caliente) y el uso de biocidas para la desinfección del agua.[604]

Hepatitis

Otro tema importante en el campo de las enfermedades infecciosas es la hepatitis, una inflamación del hígado que puede estar causada por diversos virus. Las hepatitis B y C se encuentran entre las formas más comunes de hepatitis vírica y representan un grave problema sanitario en todo el mundo.[605] Estos virus se transmiten principalmente a través del contacto con sangre o fluidos corporales infectados, por ejemplo, mediante procedimientos médicos poco seguros, compartiendo agujas de inyección o relaciones sexuales sin protección.[605] Aunque las hepatitis B y C pueden ser a menudo asintomáticas, pueden causar complicaciones a largo plazo como cirrosis hepática y cáncer de hígado. Afortunadamente, en la actualidad se dispone de vacunas eficaces para prevenir la hepatitis B y de medicamentos antivirales para tratar la hepatitis C.605 No obstante, la prevención y el tratamiento de estas enfermedades sigue siendo un reto, especialmente en países con recursos limitados y una atención sanitaria inadecuada.[606]

VIH/SIDA

El VIH/SIDA es una de las enfermedades infecciosas más conocidas de los tiempos modernos. El VIH, virus de la inmunodeficiencia humana, debilita el sistema inmunitario del organismo y lo hace susceptible a diversas infecciones y enfermedades. El virus se transmite principalmente a través de las relaciones sexuales sin protección, el intercambio de agujas infectadas y de madre a hijo durante el embarazo, el parto o la lactancia.[607] Desde el descubrimiento del SIDA (Síndrome de Inmunodeficiencia Adquirida) en los años 1980, la investigación médica se ha desarrollado considerablemente, lo que ha permitido mejorar la prevención y el tratamiento de la enfermedad. La introducción de los medicamentos antirretrovirales ha mejorado significativamente la esperanza de vida de las personas con VIH y ha reducido el riesgo de transmisión del virus a otras personas.[608] Además, las campañas de sensibilización y las medidas para promover un comportamiento sexual seguro han contribuido a frenar la propagación del VIH.[608]

Gripe

La gripe, también conocida como influenza, es una enfermedad vírica muy contagiosa que provoca graves brotes todos los años, tiene una **elevada tasa de mortalidad y afecta a alrededor del 10% de la población mundial.**[609] La gripe se transmite fácilmente de persona a persona, principalmente a través de las gotitas que quedan en el aire cuando las personas infectadas tosen, estornudan o hablan y son inhaladas por otras. Los síntomas incluyen fiebre, escalofríos, tos, dolor de garganta, dolores musculares, dolores de cabeza, fatiga y malestar general.[609] En algunas personas, en particular los ancianos, las mujeres embarazadas, los niños pequeños o aquellos con sistemas inmunes debilitados, la gripe puede causar complicaciones graves como neumonía (inflamación pulmonar) e incluso puede ser potencialmente mortal.[609] Además del impacto directo en la salud, también hay un impacto económico significativo debido a los días de enfermedad, hospitalización y pérdida de productividad. A pesar de la disponibilidad de vacunas, la gripe no está completamente erradicada, ya que el virus cambia constantemente (muta) y pueden aparecer nuevas cepas.[610]

COVID-19

La COVID-19, causada por el virus SARS-CoV-2, que se identificó por primera vez en la ciudad china de Wuhan a finales de 2019, es la pandemia global (enfermedad de propagación mundial) más reciente.[611] Desde su descubrimiento, la enfermedad por coronavirus se ha extendido rápidamente por todo el mundo y ha provocado millones de muertes.[612] Como consecuencia, la esperanza de vida mundial se ha resentido **por el exceso de mortalidad** causado por las infecciones, es decir, con la pandemia, el número de muertes superó el número habitual de muertes naturales esperadas.[613]

La COVID-19 se caracteriza por síntomas como fiebre, tos, dificultades respiratorias y fatiga, y puede provocar neumonía y la muerte en los casos graves.[614] Para contener la propagación de la COVID-19, los gobiernos de todo el mundo han tomado medidas como cierres patronales, distanciamiento social, mascarillas obligatorias y campañas de vacunación.

Un problema actual es el síndrome de fatiga posterior a la COVID-19, o long-COVID, que se caracteriza por síntomas persistentes y a menudo graves que experimentan las personas después de una enfermedad aguda por COVID-19.[615] Estos síntomas pueden persistir durante varias semanas o meses tras la recuperación de la infección aguda y afectar gravemente a la calidad de vida de los afectados: fatiga persistente, dificultad para respirar, dolor torácico, debilidad muscular, dolor articular, cefaleas, problemas de memoria, problemas de concentración, trastornos del sueño, depresión, pérdida persistente del sentido del gusto y del olfato y molestias gastrointestinales.[615] Las causas exactas del síndrome de fatiga postCOVID-19 aún no se conocen del todo, no existen pruebas diagnósticas específicas y el tratamiento se centra principalmente en aliviar los síntomas y mejorar la calidad de vida de los afectados. Esto puede implicar una combinación de terapias médicas, fisioterapia, apoyo psicológico y asesoramiento nutricional.

Infecciones por garrapatas

Las infecciones transmitidas por garrapatas son una grave amenaza para la salud que ha aumentado considerablemente en los últimos años.[616] Estos minúsculos parásitos parecidos a las arañas, que a menudo pasan desapercibidos, pueden transmitir enfermedades graves, como la enfermedad de Lyme y la encefalitis transmitida por garrapatas (ETG), que pueden afectar tanto a personas como a animales.

La borreliosis de Lyme, enfermedad multisistémica, está causada por la bacteria Borrelia burgdorferi y se transmite por la picadura de garrapatas infectadas. Aunque la enfermedad es tratable con antibióticos en la mayoría de los casos, los casos no tratados pueden provocar complicaciones de salud graves y a largo plazo, como inflamación de las articulaciones y problemas cardiacos (arritmia cardiaca y trastornos de la conducción), trastornos nerviosos con pérdida de sensibilidad y parálisis (polineuropatía) y meningitis. Los síntomas pueden variar de una persona a otra y suelen ser inespecíficos, lo que dificulta el diagnóstico.[616]

Además de la infección bacteriana causada por Borrelia, la TBE es una infección vírica que ataca el sistema nervioso central y puede causar meningitis. Aunque se dispone de vacunas contra la TBE, la enfermedad sigue siendo un riesgo en algunas regiones, sobre todo en ciertas partes de Europa y Asia.

En la propagación de las garrapatas influyen diversos factores, como el cambio climático, los cambios en el paisaje, la actividad humana y la propagación de animales salvajes que sirven de hospedadores. El cambio climático, en particular, ha contribuido a aumentar las poblaciones de garrapatas en algunas regiones, ya que las temperaturas más cálidas y los cambios en el régimen de lluvias crean condiciones ideales para su supervivencia.[617] **Las garrapatas son auténticas supervivientes; en 2022,** se informó de que una garrapata había sobrevivido en el laboratorio **¡27 años sin alimentarse!**[618]

Para minimizar el impacto de las infecciones por garrapatas se requiere una estrategia holística basada en la prevención, la detección precoz y el tratamiento médico. Las medidas preventivas incluyen **llevar ropa de manga larga, utilizar repelentes** (repelentes de insectos), **revisar regularmente el cuerpo después de pasar tiempo al aire libre y evitar la maleza densa y la hierba alta.** La eliminación oportuna de las garrapatas puede reducir significativamente el riesgo de infección.

Higiene

La palabra higiene procede de la diosa griega de la salud y la limpieza Ὑγίεια (Hygieia), prácticas como lavarse las manos solían tener un significado más ritual o religioso, pero no fue hasta el siglo XIX cuando se comprendió la relación entre el desarrollo de enfermedades debidas a la falta de higiene personal y las malas condiciones ambientales, y se adaptaron los comportamientos en consecuencia.[619]

Unas buenas prácticas higiénicas pueden ayudar a prevenir la propagación de enfermedades. Las bacterias, los virus y otros patógenos pueden acumularse en la piel y en la cavidad bucal. Lavarse las manos, el cuerpo y los dientes con regularidad puede eliminar estos patógenos, reduciendo el riesgo de infección.

La higiene bucal es especialmente importante, ya que la boca es un punto de entrada para muchos patógenos. **El cepillado de la lengua, el cepillado regular de los dientes, el uso de hilo dental y los enjuagues bucales** pueden prevenir la placa y la caries dental. Una buena salud bucodental también es importante para prevenir enfermedades de las encías como la gingivitis y la periodontitis.

Lavarse las manos y limpiar el cuerpo con regularidad puede ayudar a prevenir problemas cutáneos como el acné, los eccemas y las infecciones de la piel. Las medidas de higiene son importantes para los diabéticos, ya que estas personas son muy susceptibles a las infecciones.

El uso de preservativos y otras medidas de protección puede ayudar a prevenir las enfermedades de transmisión sexual.

La cuarentena, es decir, el aislamiento de pacientes muy infecciosos, también es una medida higiénica importante. Si tiene síntomas de enfermedad, debe quedarse en casa para evitar la propagación de la infección. Además, los agentes patógenos deben contenerse tapándose la boca y la nariz al toser y estornudar y utilizando pañuelos desechables y aseos personales.

Cloruro de cetilpiridinio

El cloruro de cetilpiridinio (CPC) es un compuesto químico utilizado habitualmente en enjuagues bucales, dentífricos, chicles y pastillas como antiséptico. En concentraciones más elevadas, el CPC podría ser perjudicial para la salud: además de irritar las mucosas y provocar reacciones alérgicas, el CPC también es tóxico 1) al alterar la polimerización de los microtúbulos (formación de pequeñas moléculas en grandes estructuras tubulares), con riesgo de cáncer, y 2) al dañar los oligodendrocitos que forman las fibras nerviosas y la capa protectora de mielina (protección del aislamiento nervioso), lo que puede provocar trastornos del desarrollo del cerebro en los niños.[620,621]

Sustitutos del azúcar

Una gran ventaja de los sustitutos del azúcar es su capacidad para reducir el contenido calórico de los alimentos, ya que muchas de estas sustancias son bajas en calorías y tienen un efecto mínimo sobre los niveles de azúcar en sangre. Esto puede ser beneficioso para las personas diabéticas o las que están perdiendo peso. Además, los alcoholes del azúcar, como el xilitol y el sorbitol, se utilizan a menudo en productos inocuos para los dientes, como los chicles, ya que no son fácilmente fermentados por las bacterias bucales y, por tanto, pueden reducir el riesgo de caries. Sin embargo, también plantean problemas de salud.

Xilitol

El xilitol, también conocido como azúcar de abedul, es un alcohol de azúcar derivado de fuentes vegetales como el maíz o la madera de abedul. En grandes cantidades, el xilitol puede provocar **molestias gastrointestinales** como flatulencias o diarrea.[622] El consumo de xilitol por los perros puede provocar graves problemas de salud, como un rápido descenso de los niveles de azúcar en sangre y daños hepáticos. Por lo tanto, es extremadamente importante **mantener el xilitol alejado de las mascotas.**[623]

Aspartamo

El aspartamo es un edulcorante artificial elaborado a partir de los aminoácidos ácido aspártico y fenilalanina y es **unas 200 veces más dulce que el azúcar.**[624] Preocupan los posibles efectos del aspartamo sobre la salud, especialmente en personas con el trastorno metabólico **fenilcetonuria.**[624] También se ha debatido si el aspartamo puede causar dolores de cabeza u otros efectos neurológicos, pero esto es controvertido y no está claramente demostrado. Basándose en la situación actual de los estudios, especialmente tras la publicación de un estudio observacional francés con más de 100.000 personas, **la Organización Mundial de la Salud (OMS)** clasificó el aspartamo como **"posiblemente cancerígeno"** en 2023.[625,626]

Eritritol

El eritritol es un alcohol de azúcar sin calorías que se obtiene por fermentación de la glucosa o el almidón. Algunas personas informan de un efecto refrescante en la boca cuando consumen eritritol. Es preocupante para la salud la relación demostrada entre el eritritol y **el aumento del riesgo de trombosis, infarto de miocardio, ictus y muerte.**[627]

Stevia

La estevia, también conocida como hoja dulce o honeyweed, se obtiene de las hojas de la **planta sudamericana** Stevia rebaudiana, que se percibe como **hasta 300 veces más dulce que el azúcar.**[628] Para algunas personas, la estevia puede tener un regusto amargo. Existe cierta preocupación **sobre el efecto de la estevia en la fertilidad,** pero aún no se ha investigado lo suficiente.[628]

Sorbitol

El sorbitol, también conocido como glucitol, es un alcohol de azúcar que suele utilizarse como sustituto del azúcar **en alimentos sin azúcar o aptos para diabéticos.** Se obtiene a partir de la glucosa. En grandes cantidades o en personas con intolerancia al sorbitol, éste puede **provocar molestias gastrointestinales** como flatulencia o diarrea.[629]

Accidentes

Tráfico por carretera

Los accidentes de tráfico son una de las causas más comunes de lesiones y muertes en todo el mundo.[630] Tras los atentados terroristas contra el World Trade Center y el Pentágono el 11 de septiembre de 2001, el miedo a volar simplemente se apoderó de EE.UU., de modo que la población viajó más en coche, lo que provocó **un aumento significativo de las muertes por accidentes de tráfico,** como descubrieron el psicólogo conductual **Prof. Gerd Gigerenzer** y su equipo.[631]

Los accidentes de tráfico pueden provocar diversas lesiones, como traumatismos craneoencefálicos, lesiones medulares, fracturas, lesiones internas y cortes. La gravedad de las lesiones suele depender de la velocidad de la colisión, el tipo de vehículo y otros factores. En el riesgo de lesiones mortales influye lo siguiente:

1. velocidad
2. conducción bajo los efectos del alcohol o las drogas
3. gravedad del accidente

4. presencia de medidas de seguridad como cinturones de seguridad airbags, cascos de bicicleta y de moto.[632]

Son necesarias diversas medidas para reducir el riesgo de accidentes de tráfico, como fomentar prácticas de conducción seguras, mejorar las infraestructuras viarias y promover medidas de seguridad como cinturones de seguridad, airbags y sillas infantiles.[633] El fomento del transporte público, las bicicletas y las zonas peatonales (con la gran excepción de los e-scooters, que actualmente tienen un alto índice de siniestralidad) también puede contribuir a reducir el número de accidentes de tráfico.

Deportes de ocio y deportes extremos

Los deportes recreativos y extremos ofrecen innegables beneficios para la forma física, la confianza en uno mismo y el desarrollo personal.

desarrollo. Sin embargo, no debe pasarse por alto que estas actividades también están asociadas a riesgos significativos que pueden causar lesiones graves o incluso la muerte.

En primer lugar, hay que reconocer que los deportes recreativos y extremos suelen desarrollarse en entornos difíciles que conllevan un mayor riesgo de lesiones. Algunos ejemplos son el alpinismo, el rafting, el submarinismo, el esquí, el paracaidismo (especialmente el salto con traje de alas o **salto BASE,** es decir, desde edificios "Edificio"(**B**uliding), postes de transmisión "Antena"(**A**ntenna), puentes "Vano"(**S**pan), elevaciones como rocas "Tierra"(**E**arth)), el kitesurf y el ciclismo de montaña.[633] Durante estas actividades, situaciones imprevistas como terrenos escarpados, cambios meteorológicos u obstáculos inesperados pueden provocar accidentes graves.

Una de las lesiones más comunes en los deportes recreativos son las caídas, que pueden provocar fracturas, esguinces, torceduras y conmociones cerebrales.[634] Del mismo modo, deportes como el submarinismo o el surf plantean riesgos de ahogamiento o accidentes acuáticos, mientras que los deportes extremos como el salto BASE, el puenting o la escalada libre conllevan **un mayor riesgo de lesiones mortales por fallos del equipo o errores humanos.**[633]

Los riesgos de los deportes recreativos y extremos se ven a menudo agravados por la falta de experiencia, una formación inadecuada o la falta de precauciones de seguridad adecuadas. Muchas personas se lanzan a estas actividades sin estar preparadas, sin las habilidades o conocimientos básicos para reconocer y gestionar los posibles peligros.

Para minimizar el riesgo de lesiones, es esencial tomar las precauciones de seguridad adecuadas, incluso para los espectadores de eventos deportivos, que son desproporcionadamente frecuentes en las carreras.[635] Para los atletas, es necesario el uso de **equipos de protección** (por ejemplo, cascos, gafas, rodilleras y protectores de espalda), **el mantenimiento y la inspección periódicos de los equipos y el cumplimiento de los protocolos de seguridad y las recomendaciones de atletas o entrenadores experimentados.** Además, es importante que los deportistas comprendan la importancia de la evaluación y la gestión de riesgos.[636]

Enfermedades mentales

Las enfermedades mentales son grilletes invisibles que restringen la vida de muchas personas de formas inimaginables. Desde la omnipresente carga de la depresión hasta la estremecedora realidad de la esquizofrenia y el insidioso veneno de la soledad, estas enfermedades moldean las experiencias y limitan trágicamente la calidad de vida de los afectados.

Depresión

La depresión, a menudo denominada el **"asesino silencioso",** es un trastorno que es mucho más que tristeza o melancolía pasajeras.637 Afecta a todos los aspectos de la vida y a menudo deja a quienes la padecen atrapados en una vorágine interminable de desesperanza y desesperación. Las tareas más sencillas pueden convertirse en obstáculos insuperables, y la sensación de vacío puede ser tan abrumadora que pone en entredicho la propia existencia. La alegría de vivir se desvanece y cada día se convierte en una lucha incluso para levantarse y seguir adelante.

Las personas que sufren depresión tienen un riesgo significativamente mayor de pensamientos e intentos suicidas.[638] La desesperanza y la desesperación abrumadoras que pueden acompañar a la depresión grave pueden llevar a pensar que el suicidio es la única solución para escapar del dolor emocional.

La depresión también puede tener graves repercusiones en la salud física. Las personas con depresión tienen un mayor riesgo de padecer enfermedades cardiovasculares, hipertensión, diabetes mellitus, obesidad y otras enfermedades crónicas, ya que la depresión puede afectar al estilo de vida al provocar malos hábitos alimentarios y de sueño y falta de ejercicio.[639]

Psicoterapia: La terapia cognitivo-conductual, la terapia interpersonal y las terapias basadas en la atención plena son enfoques eficaces para tratar la depresión.[640] Estas terapias pueden ayudar a identificar y cambiar los patrones de pensamiento negativos, mejorar el afrontamiento de los acontecimientos vitales estresantes y desarrollar estrategias de afrontamiento eficaces.

Terapia farmacológica: Los antidepresivos son una opción de tratamiento farmacológico habitual para la depresión. **Los inhibidores selectivos de la recaptación de serotonina (ISRS)** y **los inhibidores de la recaptación de serotonina-norepinefrina (IRSN)** son algunos de los medicamentos más recetados para el tratamiento de la depresión y han desplazado en gran medida a los antidepresivos tricíclicos y a los inhibidores de la monoaminooxidasa (IMAO) previamente establecidos.[641]

Fototerapia: La fototerapia puede ser especialmente eficaz para el trastorno afectivo estacional. Esta forma de terapia consiste en exponerse a una luz brillante para regular los niveles hormonales y mejorar el estado de ánimo.[642]

Terapia de ejercicio: La actividad física regular puede tener un efecto positivo en el estado de ánimo y contribuir al tratamiento de la depresión. El ejercicio puede favorecer la liberación de endorfinas y otras sustancias reguladoras de los neurotransmisores que aumentan el bienestar.[643]

La soledad

La soledad es otra cruda realidad que afecta a muchas personas, con o sin una enfermedad mental diagnosticada. No es un sentimiento temporal de aislamiento, sino una sensación arraigada y duradera de separación de los demás y de uno mismo. La soledad puede tener efectos tanto físicos como mentales, minando la autoestima, destruyendo la confianza y aumentando el riesgo de sufrir más problemas de salud mental.[644] Incluso en un mundo abarrotado, alguien puede sentirse profundamente solo, atrapado en un laberinto interminable de autoaislamiento. **Un nuevo enfoque terapéutico es el uso de plataformas de medios sociales** para llegar a los pacientes y ofrecerles programas de intervención médica y psicológica.[644] El análisis de acelerómetros, diarios electrónicos y datos de imágenes cerebrales demostró que la actividad física regular tiene un efecto positivo en el estado mental de las personas afectadas por la soledad.[645]

Esquizofrenia

La esquizofrenia, por su parte, es un trastorno complejo que distorsiona la percepción de la realidad y destruye la imagen de uno mismo. Los afectados pueden sufrir **alucinaciones** (como oír voces que los demás no oyen) **y delirios** (creencias falsas mantenidas a pesar de las pruebas en contrario) que les aíslan del mundo exterior y les sumergen en un aterrador mundo de paranoia y caos.[646,647]

Las personas con esquizofrenia tienen **un pensamiento desorganizado,** es decir, pueden tener dificultades para organizar sus pensamientos o expresarse de forma coherente. Esto puede manifestarse como habla fragmentada o dificultad para seguir una conversación.[648]

Las personas esquizofrénicas pierden la capacidad de funcionar con normalidad, lo que se traduce en una menor expresión emocional, retraimiento social y falta de motivación o interés por las actividades cotidianas. La esquizofrenia puede arrebatar a la persona la sensación de control sobre su propia vida y mantenerla atrapada en un estado permanente de confusión y ansiedad.[649] En los estados psicóticos agudos, también existe el riesgo de poner **en peligro a uno mismo y a los demás.**[650]

Existen las siguientes opciones de tratamiento:

Medicación antipsicótica: Los antipsicóticos son el principal tratamiento de la esquizofrenia.[651] Ayudan a controlar los síntomas positivos, como las alucinaciones y los delirios, al influir en la actividad de determinados neurotransmisores cerebrales.

Psicoeducación: La psicoeducación consiste en proporcionar información sobre la enfermedad, las opciones de tratamiento y las estrategias de afrontamiento a los enfermos y sus familias. Esto mejora la comprensión de la enfermedad y favorece la adherencia al tratamiento.[652]

Psicoterapia: Además del tratamiento farmacológico, la psicoterapia puede ser útil, sobre todo para afrontar los síntomas negativos, las dificultades sociales y mejorar la calidad de vida.[653]

Terapia de apoyo: Las terapias de apoyo, como la terapia ocupacional, la musicoterapia y la terapia artística, pueden ayudar a fomentar la integración social, mejorar la capacidad de comunicación y aumentar la autoestima.[654]

Trastorno de ansiedad

La ansiedad es una emoción humana normal que nos ayuda a reaccionar ante posibles amenazas y a protegernos. Se produce cuando nos sentimos en peligro o nos enfrentamos a situaciones de estrés. Pero para algunas personas, esta reacción natural se vuelve abrumadora y paralizante. Los trastornos de ansiedad son enfermedades mentales graves que pueden tener un impacto significativo en la vida de las personas afectadas.

El impacto de los trastornos de ansiedad en la vida de una persona puede ser devastador. Las personas que padecen trastornos de ansiedad suelen experimentar un deterioro significativo en diversos ámbitos de la vida, como el trabajo, los estudios, las relaciones sociales y las actividades de ocio. El estrés constante causado por la ansiedad puede provocar **trastornos del sueño, problemas de concentración, dolencias físicas y un estilo de vida restringido.**[655] Además, la tensión y la preocupación constantes pueden aumentar el riesgo de padecer otras enfermedades mentales, como la depresión.[656]

Tampoco debe subestimarse el impacto social de los trastornos de ansiedad. Los trastornos de ansiedad pueden suponer una carga económica significativa al reducir la productividad en el lugar de trabajo, sobrecargar el sistema sanitario y ejercer presión sobre los recursos públicos.[657] Además, la estigmatización de las enfermedades mentales puede hacer que las personas que las padecen sean reacias a buscar ayuda y que sus síntomas pasen desapercibidos o no reciban tratamiento.[658] Los trastornos de ansiedad son complejos y polifacéticos, y pueden tener diversas causas, como la predisposición genética, factores neurobiológicos, factores ambientales y experiencias vitales.[659,660] El tratamiento de los trastornos de ansiedad requiere, por tanto, un enfoque integral que incluya intervenciones médicas, terapéuticas y de apoyo. Pueden utilizarse medicamentos como los antidepresivos y las benzodiacepinas para aliviar los síntomas, mientras que la terapia cognitivo-conductual, la terapia de exposición y otros enfoques psicoterapéuticos pueden ayudar a cambiar los patrones de pensamiento y los comportamientos negativos.[660]

Estrés

El estrés es la reacción natural del organismo a los retos de la vida cotidiana. Aunque el estrés suele considerarse negativo, existen dos tipos principales de estrés: el distrés y el eustrés. El distrés es el estrés negativo que puede afectar a la salud y el bienestar, mientras que el eustrés es el estrés positivo que puede motivar y aumentar el rendimiento.[661]

Distrés

El distrés puede tener diversos efectos negativos sobre la salud. El distrés se produce cuando nos sentimos abrumados, desbordados o incapaces de hacer frente a los retos a los que nos enfrentamos. Por ejemplo, los problemas económicos, los conflictos interpersonales o la presión profesional pueden desencadenar el distrés. El estrés puede llevarnos a sentirnos estresados, ansiosos o deprimidos. También puede provocar síntomas físicos como dolores de cabeza, trastornos del sueño y problemas estomacales.[662,663]

El estrés prolongado puede tener graves efectos sobre la salud. El estrés crónico puede debilitar el sistema inmunitario, **aumentar el riesgo de enfermedad cardiovascular, enfermedad pulmonar obstructiva crónica (EPOC), artritis, diabetes mellitus y provocar un deterioro de la salud mental.**[664,665] Además, el distrés puede aumentar el riesgo de burnout y otras consecuencias del estrés laboral.[666]

Eustrés

A diferencia del distrés, el eustrés es una forma de estrés que se considera positiva o productiva. Se produce al enfrentarse a un reto que se percibe como manejable y gratificante. Por ejemplo, preparar un examen, planificar una boda o esforzarse por alcanzar objetivos profesionales puede desencadenar eustrés. El eustrés puede ayudar a mejorar el rendimiento, fomentar la creatividad y aumentar la confianza en uno mismo.

Los efectos del eustrés sobre la salud pueden ser positivos siempre que se experimente en cantidades adecuadas y durante periodos de tiempo limitados. El eustrés puede contribuir a reforzar la resiliencia mental y emocional al ayudar a afrontar los retos y desarrollar habilidades.[667] Además, el eustrés puede reforzar la función inmunitaria y mejorar el bienestar general al desencadenar emociones positivas como la alegría y la satisfacción.[668]

Sin embargo, cada vez más personas consideran que el eustrés es fundamental para la "longevidad" y, por tanto, recomiendan que se suprima el término "eustrés".[669] Así lo demuestra de forma impresionante, por ejemplo, la Copa del Mundo de Fútbol de 2006: **cada vez que jugaba la selección alemana, la tasa de infartos aumentaba significativamente.**[670]

Para minimizar los efectos sobre la salud del eustrés y el distrés, es importante aprender y aplicar técnicas de gestión del estrés. Éstas incluyen ejercicio regular, técnicas de relajación como la meditación y ejercicios de respiración, una dieta equilibrada, dormir lo suficiente y mantener relaciones sociales. Las personas deben aprender a afrontar los factores estresantes y desarrollar mecanismos de afrontamiento saludables para mejorar su salud y bienestar y lograr un equilibrio entre el eustrés y el distrés.

Guerras, terrorismo y violencia callejera

La reducción de la esperanza de vida debido a las guerras, el terrorismo y la violencia callejera en las zonas urbanas es un grave problema que amenaza la salud y el bienestar de millones de personas en todo el mundo. Tanto las guerras como la violencia callejera tienen efectos directos e indirectos que influyen en la esperanza de vida y afectan gravemente a la vida en las comunidades urbanas.

Guerras

Las guerras, ya sean conflictos armados entre Estados o guerras civiles internas, tienen un impacto devastador en la población. La amenaza inmediata de ataques con bombas y cohetes, bombardeos, minas y tiroteos provoca una pérdida directa de vidas. Los civiles, incluidos niños, mujeres y ancianos, suelen ser víctimas de la violencia, lo que provoca un aumento de las tasas de mortalidad y una reducción de la esperanza de vida.

Además, las guerras provocan la destrucción de infraestructuras, como hospitales, escuelas e instalaciones públicas. **La falta de atención médica, agua potable y alimentos agrava los problemas de salud existentes y aumenta el riesgo de enfermedades y malnutrición.**[671] La interrupción de la asistencia sanitaria y del acceso a tratamientos vitales contribuye aún más a la elevada tasa de mortalidad y acorta la esperanza de vida de la población.

Para combatir la reducción de la esperanza de vida causada por la guerra a nivel internacional, deben ponerse en marcha tanto ayudas de emergencia a corto plazo como procesos de paz y reconciliación a largo plazo. La comunidad internacional debe comprometerse a promover la paz, la seguridad y la estabilidad mediante esfuerzos diplomáticos y la prevención de conflictos.[672] También es importante abordar las causas profundas de los conflictos, reducir las desigualdades y promover el desarrollo socioeconómico para garantizar una paz sostenible, la estabilidad y una mejor calidad de vida para todos a largo plazo.

Terrorismo

El terrorismo es una de las realidades más amenazadoras y desgarradoras de nuestro tiempo. Los efectos devastadores de los actos terroristas van mucho más allá de los daños físicos inmediatos y pueden tener repercusiones que limiten la vida de las personas, las comunidades y las sociedades.

En primer lugar, es importante reconocer que el terrorismo no sólo amenaza la salud física, sino que también puede tener un impacto masivo en la salud mental. Las víctimas de atentados terroristas se enfrentan a menudo a graves experiencias traumáticas que pueden provocar diversos problemas de salud mental, como **trastorno de estrés postraumático, ansiedad, depresión y trastornos del sueño.**[673] Estos problemas de salud mental pueden afectar gravemente a la vida cotidiana de los afectados y restringir significativamente su capacidad para llevar una vida normal.

Además, el terrorismo también puede provocar una importante restricción de las libertades individuales y de la vida social. Ante la amenaza de la violencia terrorista, las personas pueden tender a restringir sus actividades, evitar los lugares públicos y evitar viajar. Estas restricciones pueden conducir a un sentimiento de soledad, aislamiento y miedo, que afecta significativamente a la calidad de vida de los afectados.

Además, el terrorismo también tiene un efecto limitador sobre la vida de la sociedad en su conjunto. La amenaza de la violencia terrorista puede generar una atmósfera de miedo e inseguridad que corroe el tejido social y mina la confianza entre las personas. Esto puede provocar una división en la sociedad, debilitando la cohesión social y mermando la capacidad de superar juntos los retos.

Además de los efectos directos sobre la salud y el bienestar individual y social, el terrorismo también tiene consecuencias a largo plazo para el desarrollo político, económico y cultural de comunidades y naciones. Los atentados terroristas pueden provocar un endurecimiento de las actitudes políticas, una restricción de las libertades civiles y un deterioro de las condiciones económicas. También pueden provocar tensiones entre distintos grupos de población y dificultar el diálogo intercultural.

Dados estos efectos del terrorismo que limitan la vida, es crucial que los gobiernos, las comunidades y los individuos tomen las medidas adecuadas para combatir el terrorismo y minimizar su impacto. Esto incluye reforzar las medidas de seguridad, promover el entendimiento y el diálogo intercultural, proporcionar apoyo psicosocial a víctimas y testigos, y fomentar la resiliencia (la capacidad de afrontar retos en situaciones difíciles) y la cohesión en la sociedad.[674]

En última instancia, el terrorismo no es sólo una amenaza para la vida física, sino también una grave amenaza para los fundamentos mismos de la sociedad y la existencia humana. Por tanto, es crucial que trabajemos juntos para combatir el terrorismo en todas sus formas y crear un mundo en el que la paz, la seguridad y la prosperidad sean posibles para todos.

Violencia callejera

La violencia callejera en las zonas urbanas es otro factor importante que afecta a la esperanza de vida. Las bandas juveniles, las organizaciones delictivas y el malestar social pueden provocar un aumento de la violencia en las calles, incluidos tiroteos, violaciones, robos y asesinatos. El miedo a la violencia y la delincuencia restringe la libertad de movimiento de las personas, sobre todo al anochecer, y afecta a su participación social y bienestar general.

La violencia callejera también tiene un impacto indirecto en la salud y la esperanza de vida de la población. Los actos de violencia frecuentes pueden provocar estrés psicológico, traumas y ansiedad, que tienen efectos a largo plazo en la salud física y mental. La prevalencia de las drogas ilícitas y el abuso del alcohol, que suelen acompañar a la violencia callejera, **aumentan el riesgo de adicción y sobredosis, que también pueden provocar una muerte prematura.**

Para combatir la reducción de la esperanza de vida causada por la violencia callejera en las zonas urbanas, se necesitan medidas integrales que incluyan el fortalecimiento del Estado de derecho y la seguridad pública.[675] Además, es importante abordar las causas socioeconómicas de la violencia, como la pobreza, la desigualdad y la falta de integración social, para lograr una mejora sostenible de las condiciones de vida en las comunidades urbanas y aumentar la esperanza de vida. Esto se debe a que una fuerte brecha socioeconómica tiene un impacto directo en la salud física, ya que, por ejemplo, se ha documentado un aumento significativo de las enfermedades cardiovasculares en las regiones económicamente desfavorecidas.[676]

Conclusión

- Con un estilo de vida sensato, la longevidad no es magia
- Conozca los riesgos para la salud asociados a las cremas de pro
tección solar y los aditivos alimentarios
- Un mantra sencillo para tratar las adicciones: dejar de beber,
tomar drogas y fumar inmediatamente, con ayuda profesional si
es necesario.
- Sea consciente de sí mismo, de sus semejantes y del medio am
biente.

Capítulo 6: Recetas

Las recomendaciones nutricionales suelen hacer referencia a una "dieta sana y equilibrada". Pero, ¿qué significa esto realmente? Basándose en los descubrimientos actuales de la medicina nutricional, que sin embargo, como ya se ha descrito, también son controvertidos y cambian constantemente, las 50 recetas siguientes de entrantes, platos principales y postres pueden servir de inspiración para una dieta que esperamos sea sana y equilibrada.

Las sugerencias culinarias demuestran que cocinar puede hacerse rápidamente y no tiene por qué ser complicado. En comparación con las pizzas congeladas, los platos precocinados y la comida fuera de casa, cocinar uno mismo suele ser más sano, más barato y te hace más feliz, ¡porque cocinar también es divertido!

Entrantes

Ensalada griega con tomates y pepino

Tiempo de preparación: unos 15 minutos

Raciones: 4

Ingredientes:

2 tomates grandes maduros

1 pepino

1 cebolla roja

1 pimiento verde

100 g de queso feta

1/4 taza de aceitunas Kalamata sin hueso (opcional)

2 cucharadas de aceite de oliva virgen extra

1 cucharada de zumo de limón fresco

1 cucharadita de orégano seco

Sal y pimienta al gusto

Perejil fresco o albahaca para adornar (opcional)

Instrucciones:

Preparación de los ingredientes:

Enjuagar y cortar los tomates en dados y colocarlos en un bol grande.

Pelar el pepino, cortarlo por la mitad y quitarle las semillas con una cuchara. Cortar el pepino en rodajas finas y añadir a los tomates.

Pelar la cebolla roja y cortarla en medios aros finos. Quita las pepitas al pimiento y córtalo en tiras. Añadir ambos a los tomates y el pepino.

Corte el queso feta en daditos y espolvoréelo sobre las verduras.

Si lo desea, añada las aceitunas kalamata sin hueso.

Prepare el aliño:

En un bol pequeño, mezcle el aceite de oliva, el zumo de limón, el orégano seco, la sal y la pimienta.

Montar la ensalada:

Vierta el aliño sobre la ensalada y mézclelo todo suavemente hasta que los ingredientes queden uniformemente cubiertos con él.

Decorar:

Decorar con perejil fresco u hojas de albahaca, si se desea.

Deje reposar la ensalada griega en el frigorífico durante al menos 15 minutos antes de servirla para que los sabores se combinen bien.

Servir en porciones y disponer en los platos.

Servir:

Sirve la ensalada griega como entrante saludable antes del plato principal.

Esta ensalada griega no sólo es sana, sino también refrescante y llena de sabor. Es perfecta como entrante ligero para una comida de verano o como guarnición de carne o pescado a la parrilla.

Garbanzos asados con especias

Tiempo de preparación: aprox. 30 minutos

Raciones: 4

Ingredientes:

2 latas de garbanzos (400 g cada una), escurridos y enjuagados

2 cucharadas de aceite de oliva

1 cucharadita de comino molido

1 cucharadita de pimentón en polvo

1 cucharadita de ajo en polvo

1 cucharadita de cebolla en polvo

1/2 cucharadita de cúrcuma molida

Sal y pimienta al gusto

Hierbas frescas para adornar (opcional)

Instrucciones:

Precalentar el horno y preparar los garbanzos:

Precalentar el horno a 200°C (calor superior/inferior).

Secar los garbanzos escurridos y enjuagados entre dos paños de cocina para eliminar el exceso de humedad.

Sazonar los garbanzos:

Colocar los garbanzos secos en un bol grande y rociarlos con aceite de oliva.

Añadir las especias (comino, pimentón, ajo en polvo, cebolla en polvo, cúrcuma, sal y pimienta) y mezclar bien hasta que los garbanzos estén uniformemente cubiertos con las especias.

Tostar los garbanzos:

Extender los garbanzos especiados en una bandeja de horno forrada con papel de hornear, asegurándose de que no se tocan.

Hornear los garbanzos en el horno precalentado durante unos 20-25 minutos, dándoles la vuelta de vez en cuando, hasta que estén dorados y crujientes.

Servir:

Sacar los garbanzos asados del horno y dejarlos enfriar un poco.

Decorar con hierbas frescas al gusto, por ejemplo perejil o cilantro picados.

Sirva los garbanzos asados como entrante sano y crujiente.

Estos garbanzos asados son ricos en fibra, proteínas y grasas saludables. Son un entrante delicioso y crujiente ideal para picar antes del plato principal. También se pueden tomar como tentempié saludable entre horas.

Achicoria con naranjas y almendras fileteadas

Tiempo de preparación: unos 15 minutos

Raciones: 4

Ingredientes:

4 cabezas de achicoria

2 naranjas

50 g de almendras fileteadas

2 cucharadas de aceite de oliva

1 cucharada de miel

1 cucharada de zumo de limón

Sal y pimienta al gusto

Instrucciones:

Preparar la achicoria:

Quitar las hojas exteriores de las endibias. Cortar las cabezas por la mitad y retirar el tallo.

Cortar las mitades de achicoria en tiras finas y colocarlas en una ensaladera grande.

Preparar las naranjas:

Pele las naranjas y córtelas en rodajas finas. Asegúrese de retirar las semillas.

Vierte el zumo de las rodajas sobre las endibias.

Tostar las almendras fileteadas:

Tostar las almendras fileteadas en una sartén seca a fuego medio hasta que se doren. Remover de vez en cuando para que se doren uniformemente.

Preparar el aliño de la ensalada:

En un bol pequeño, mezclar el aceite de oliva, la miel y el zumo de limón. Sazonar con sal y pimienta.

Montar la ensalada:

Espolvorear las láminas de almendra tostada sobre las endibias y las naranjas.

Verter el aliño sobre la ensalada.

Mezclar con cuidado:

Mezclar todo con cuidado hasta que los ingredientes queden uniformemente cubiertos con el aliño. Tenga cuidado de no aplastar la ensalada.

Servir:

Sirva la ensalada de achicoria con naranjas y almendras fileteadas en los platos.

Espolvorear con pimienta negra recién molida al gusto.

Servir inmediatamente y disfrutar.

Esta ensalada de achicoria con naranjas y almendras fileteadas es una creación refrescante y sabrosa a la vez. Es ideal como entrante o como guarnición de varios platos principales.

Albahaca, mozzarella y tomates en aceite de oliva (ensalada Caprese)

Tiempo de preparación: aprox. 15 minutos

Raciones: 2-3

Ingredientes:

2-3 tomates grandes, cortados en rodajas

1-2 bolas de mozzarella, cortadas en rodajas

Hojas de albahaca fresca

2 dientes de ajo, en láminas finas o picados

Aceite de oliva virgen extra

Sal y pimienta al gusto

Opcional: glaseado balsámico o vinagre balsámico para rociar

Instrucciones:

Preparación de los ingredientes:

Lavar y cortar los tomates en rodajas.

Cortar también la mozzarella en rodajas.

Pelar los dientes de ajo y cortarlos o picarlos en láminas finas.

Arrancar las hojas de albahaca de los tallos y reservar.

Sirva la ensalada:

En un plato grande, disponer las rodajas de tomate, las de mozzarella y las hojas de albahaca alternativamente.

Esparza las láminas finas de ajo sobre la ensalada o distribuya el ajo picado uniformemente por encima.

Sazonar y rociar:

Rociar generosamente la ensalada con aceite de oliva virgen extra.

Sazone con sal y pimienta al gusto.

Si lo desea, rocíe un poco de glaseado balsámico o vinagre balsámico sobre la ensalada para darle matices de sabor adicionales.

Servir:

Servir inmediatamente, idealmente a temperatura ambiente para aprovechar al máximo los sabores.

Esta ensalada Caprese es un plato sencillo pero elegante que captura la frescura y los sabores de la cocina mediterránea. Es perfecta como entrante o como guarnición de platos principales. La combinación de tomates jugosos, mozzarella cremosa, albahaca fresca y ajo picante en aceite de oliva crea una sabrosa experiencia que querrá disfrutar una y otra vez.

Ensalada de aguacate

Tiempo de preparación: aprox. 15 minutos

Raciones: 2-3

Ingredientes:

2 aguacates maduros, sin hueso y cortados en dados

1 tomate grande, cortado en dados

1/2 cebolla roja, picada fina

1/2 pepino, sin semillas y cortado en dados

1 puñado de rúcula o espinacas tiernas

Zumo de una lima o limón

2 cucharadas de aceite de oliva

Sal y pimienta al gusto

Opcional: hierbas frescas picadas como cilantro o perejil

Opcional: Queso feta desmenuzado

Instrucciones:

Preparación de los ingredientes:

Cortar los aguacates por la mitad, retirar el hueso y sacar con cuidado la pulpa de la piel con una cuchara. Cortar en dados y colocar en un bol grande.

Cortar el tomate en dados y añadirlo al aguacate en el bol.

Picar la cebolla roja y añadirla al bol.

Quitar las pepitas al pepino y cortarlo en dados. Añadirlo al bol con los demás ingredientes.

Lavar la rúcula o las espinacas tiernas y secarlas.

Preparar el aliño:

Rociar con el zumo de una lima o limón el aguacate y las verduras del bol.

Añadir el aceite de oliva.

Sazonar con sal y pimienta.

Si lo desea, añada hierbas picadas.

Servir:

Mezclar cuidadosamente todo en el bol hasta que el aliño y los ingredientes se distribuyan uniformemente.

Espolvorear con queso feta si se desea.

Servir inmediatamente y ¡a disfrutar!

Esta ensalada de aguacate es fácil de preparar y ofrece una opción refrescante y saludable para una comida o como guarnición de otros platos. La combinación de aguacate cremoso, verduras frescas y un aliño sencillo la convierte en un plato sabroso y equilibrado.

Brochetas de tomate y mozzarella con pesto de albahaca

Tiempo de preparación: unos 15 minutos

Raciones: 4

Ingredientes:

2 tomates grandes

1 bola de queso mozzarella

Hojas de albahaca fresca

Aceite de oliva

Glaseado balsámico

Sal y pimienta al gusto

Pinchos de madera o palillos de cóctel

Para el pesto de albahaca

2 tazas de hojas de albahaca fresca

2 dientes de ajo, picados en trozos grandes

1/4 taza de piñones tostados

1/4 taza de queso parmesano recién rallado

1/2 taza de aceite de oliva virgen extra

Sal y pimienta al gusto

Instrucciones:

Preparar los tomates y la mozzarella:

Lavar los tomates y cortarlos en rodajas de aproximadamente 1 cm de grosor.

Cortar la mozzarella en rodajas de un grosor similar al de los tomates.

Preparar el pesto de albahaca:

Ponga todos los ingredientes del pesto de albahaca (hojas de albahaca, ajo, piñones, parmesano, aceite de oliva, sal y pimienta) en una batidora o robot de cocina.

Tritúrelo todo hasta obtener una pasta homogénea. Si es necesario, añada más aceite de oliva para conseguir la consistencia deseada. Sazonar al gusto con sal y pimienta.

Montar las brochetas:

Ensartar alternativamente una rodaja de tomate, una de mozzarella y una hoja de albahaca en cada brocheta de madera o palillo de cóctel hasta llenar la brocheta.

Coloque las brochetas terminadas en un plato de servir.

Servir:

Rocíe las brochetas con aceite de oliva y glaseado balsámico.

Sazone con una pizca de sal y pimienta.

Sirva el pesto de albahaca en un bol pequeño junto a las brochetas.

Sirva las brochetas de tomate y mozzarella con pesto de albahaca como entrante sano y refrescante.

Estas brochetas de tomate y mozzarella con pesto de albahaca no sólo son sanas, sino que además están llenas de sabores y texturas. Son perfectos para un comienzo ligero de una deliciosa comida y también son fáciles de preparar con antelación para cuando lleguen los invitados.

Sopa de calabaza

Tiempo de preparación: aprox. 45 minutos

Raciones: 4

Ingredientes:

1 calabaza mediana (calabaza Hokkaido, calabaza butternut o calabaza nuez moscada), aproximadamente 1,5 kg

1 cebolla grande picada

2 dientes de ajo picados

1 litro de caldo de verduras

200 ml de leche de coco (opcional)

2 cucharadas de aceite de oliva o de coco

1 cucharadita de jengibre molido

1 cucharadita de cúrcuma molida

1 cucharadita de comino molido

Sal y pimienta al gusto

Opcional: semillas de calabaza tostadas o picatostes para adornar

Instrucciones:

Preparación de la calabaza:

Cortar la calabaza por la mitad y retirar las semillas con una cuchara.

Cortar la pulpa de la calabaza en dados, retirando la piel si se desea.

Freír la cebolla y el ajo:

Calentar el aceite de oliva o de coco en una cacerola grande.

Añadir la cebolla picada y el ajo picado y rehogar a fuego medio hasta que estén transparentes.

Añadir la calabaza y las especias:

Añadir la calabaza troceada a la olla y rehogarla con la cebolla y el ajo durante unos 5 minutos, hasta que se dore ligeramente.

Añadir el jengibre molido, la cúrcuma y el comino y sofreír otros 2 minutos, removiendo constantemente para que se liberen los sabores.

Cocer la sopa:

Añadir el caldo de verduras hasta cubrir la calabaza.

Llevar la sopa a ebullición y luego reducir el fuego a fuego lento.

Cocer a fuego lento durante unos 20-25 minutos hasta que la calabaza esté blanda.

Hacer un puré con la sopa:

Retirar la sopa del fuego y hacerla puré con una batidora de mano o de pie hasta que quede suave.

Opcional: Añadir la leche de coco y volver a batir brevemente para que la sopa quede más cremosa.

Sazonar la sopa de calabaza con sal y pimienta.

Servir:

Servir caliente y decorar con semillas de calabaza tostadas o picatostes, si se desea.

Esta deliciosa sopa de calabaza es perfecta para los días de otoño e invierno y es fácil de preparar. Es cálida, reconfortante y llena de sabor. Sirva la sopa como entrante o como plato principal con un trozo de pan fresco o una ensalada.

Torres de mozzarella y remolacha

Tiempo de preparación: 25 minutos aprox.

Raciones: 2

Ingredientes:

2 remolachas medianas cocidas y peladas

2 bolas de mozzarella

2 tomates grandes

1 manojo de albahaca fresca

2 cucharadas de vinagre balsámico

2 cucharadas de aceite de oliva

Sal y pimienta al gusto

Opcional: glaseado balsámico para decorar

Instrucciones:

Preparación de los ingredientes:

Cortar la remolacha cocida y pelada en rodajas de aproximadamente 1 cm de grosor.

Cortar también las bolas de mozzarella en rodajas.

Lavar y cortar los tomates en rodajas.

Arrancar las hojas de albahaca de los tallos y reservar.

Montar las torres:

Empezar en un plato con una rodaja de remolacha como base.

Coloca encima una loncha de mozzarella, seguida de una de tomate.

Espolvorear con unas hojas de albahaca y sazonar con una pizca de sal y pimienta.

Repite este proceso hasta que tengas 2-3 capas, dependiendo del tamaño de los ingredientes y de lo alta que quieras hacer la torre.

Terminar con una rodaja de remolacha.

Prepare el aliño:

En un bol pequeño, mezclar el vinagre balsámico y el aceite de oliva. Aromatizar con sal y pimienta.

Servir:

Colocar las torres en los platos.

Rocíe el aliño sobre las torres.

Adorne con un poco de glaseado balsámico si lo desea.

Servir inmediatamente y ¡a disfrutar!

Esta torre de mozzarella y remolacha no es sólo un festín para los ojos, sino también una sensación de sabor con la combinación de remolacha dulce, mozzarella cremosa, tomates jugosos y albahaca fresca. Es un entrante o guarnición sencillo pero elegante para ocasiones especiales o un almuerzo ligero.

Platos principales

Filete de caballa frito con verduras al vapor

Tiempo de preparación: aprox. 25 minutos

Raciones: 2

Ingredientes:

2 filetes de caballa (aprox. 150-200 g cada uno)

Zumo de 1 limón

Sal y pimienta al gusto

2 cucharadas de aceite de oliva

2 dientes de ajo picados

1 cebolla cortada en aros finos

1 pimiento dulce cortado en tiras

1 calabacín cortado en rodajas

1 zanahoria pelada y cortada en rodajas finas

1 puñado de hojas de espinacas frescas

Hierbas frescas para adornar (opcional)

Instrucciones:

Preparar los filetes de caballa:

Enjuague los filetes de caballa con agua fría y séquelos con papel de cocina.

Rocíe los filetes con zumo de limón y salpiméntelos.

Preparar las verduras:

Pelar y picar los dientes de ajo.

Preparar la cebolla, el pimiento, el calabacín y la zanahoria y cortarlos en la forma deseada.

Cocer las verduras al vapor:

Calentar 1 cucharada de aceite de oliva en una sartén.

Añadir el ajo picado y sofreír brevemente hasta que desprenda aroma.

Añadir los aros de cebolla y sofreír hasta que estén transparentes.

Añadir los pimientos, el calabacín y la zanahoria y rehogar durante unos 5-7 minutos hasta que las verduras estén blandas pero aún firmes al morderlas.

Por último, añada las hojas de espinacas frescas y saltéelas brevemente hasta que se deshagan. Retirar la sartén del fuego y mantener caliente.

Freír los filetes de caballa:

Calentar el aceite de oliva restante en otra sartén.

Poner los filetes de caballa con la piel hacia abajo en la sartén y freír durante unos 3-4 minutos hasta que la piel esté crujiente y la carne bien hecha.

Dé la vuelta a los filetes con cuidado y fríalos de nuevo durante 1-2 minutos hasta que la carne del otro lado también esté hecha.

Servir:

Colocar las verduras al vapor en los platos.

Coloque encima los filetes de caballa fritos.

Adorne con hierbas frescas al gusto.

Servir inmediatamente y ¡a disfrutar!

Este plato no sólo es sano, sino también rico en sabor y nutrientes. Es perfecto para una cena ligera o un tentempié saludable para el almuerzo.

Pollo a la plancha con puré de boniato

Tiempo de preparación: aprox. 45 minutos

Raciones: 2

Ingredientes:

Para el pollo a la parrilla

2 filetes de pechuga de pollo

Zumo de medio limón

2 dientes de ajo picados

Hojas de romero y tomillo frescas o secas

Sal y pimienta al gusto

2 cucharadas de aceite de oliva

Para el puré de boniato

2 boniatos grandes

2 cucharadas de mantequilla

1/4 taza de leche o nata (opcional)

Sal y pimienta al gusto

Instrucciones:

Preparación del pollo a la parrilla:

Enjuague los filetes de pechuga de pollo y séquelos. Mezclar en un bol el zumo de limón, el ajo picado, el romero, el tomillo, la sal, la pimienta y el aceite de oliva.

Volcar los filetes de pechuga de pollo en la marinada y dejar marinar durante al menos 15-20 minutos.

Preparar el puré de boniato:

Pelar los boniatos y cortarlos en dados.

Cubrir los dados de boniato con agua en una cacerola y llevar a ebullición. Cocer durante unos 15-20 minutos hasta que los boniatos estén blandos.

Asar el pollo:

Mientras se cuecen los boniatos, precalentar la barbacoa.

Colocar los filetes de pechuga de pollo marinados en la parrilla y asarlos durante unos 6-8 minutos por cada lado, dependiendo de su grosor, hasta que estén bien hechos y tengan una bonita marca de la parrilla. El tiempo exacto de asado puede variar dependiendo de la parrilla.

Preparación del puré de boniato

Escurrir los boniatos cocidos y volver a ponerlos en la olla.

Añadir la mantequilla a los boniatos y hacer un puré con un pasapurés o un tenedor.

Si es necesario, añadir leche o nata para conseguir la consistencia deseada. Sazonar con sal y pimienta.

Servir:

Servir el pollo asado con el puré de boniato en los platos.

Decorar con hierbas frescas si se desea.

Servir inmediatamente y ¡a disfrutar!

Este plato es la combinación perfecta de suculento pollo a la parrilla y cremoso puré de boniato, que es una auténtica delicia por sus sabores y texturas.

Sartén de verduras con pasta integral

Tiempo de preparación: aprox. 25 minutos

Raciones: 2-3

Ingredientes:

200 g de pasta integral (por ejemplo, espaguetis integrales o penne integral)

2 cucharadas de aceite de oliva

2 dientes de ajo picados

1 cebolla, cortada en rodajas finas

1 pimiento cortado en tiras

1 calabacín cortado en rodajas

1 zanahoria en rodajas finas

1 puñado de tomates cherry partidos por la mitad

2 tazas de espinacas tiernas

Sal y pimienta al gusto

Opcional: hierbas frescas como albahaca o perejil, picadas

Opcional: queso parmesano para servir

Instrucciones:

Preparar la pasta integral:

Cocer la pasta integral en agua hirviendo con sal hasta que esté al dente según las instrucciones del paquete. Escurrir y reservar.

Preparar el salteado de verduras:

Calentar el aceite de oliva en una sartén grande a fuego medio.

Añadir el ajo picado y las rodajas de cebolla y saltear durante 1-2 minutos hasta que estén fragantes y ligeramente dorados.

Añade los pimientos, los calabacines y las zanahorias a la sartén y sofríe durante otros 5-7 minutos hasta que las verduras estén blandas pero crujientes.

Añada los tomates cherry cortados por la mitad y cocínelos durante 2-3 minutos más hasta que se ablanden.

Añada las espinacas tiernas y cocínelas, removiendo constantemente, hasta que se deshagan.

Sazone al gusto con sal y pimienta y añada hierbas frescas al gusto.

Mezclar la pasta y las verduras:

Añadir la pasta integral cocida a la sartén de las verduras y mezclar bien para que los sabores se distribuyan uniformemente.

Retirar la sartén del fuego.

Servir:

Repartir la sartén de verduras con pasta integral en los platos.

Espolvorear con hierbas picadas al gusto y servir con queso parmesano recién rallado.

Servir inmediatamente y ¡a disfrutar!

Este salteado de verduras con fideos integrales no sólo es sano y lleno de sabor, sino que además es fácil de preparar y constituye una comida deliciosa y equilibrada.

Salteado de tofu con arroz

Tiempo de preparación: aprox. 30 minutos

Raciones: 2-3

Ingredientes:

Para el sofrito de tofu

200 g de tofu firme cortado en dados

2 cucharadas de salsa de soja

1 cucharada de aceite de sésamo o aceite vegetal neutro

2 dientes de ajo picados

1 cebolla cortada en rodajas finas

1 pimiento rojo cortado en tiras

1 pimiento amarillo cortado en tiras

1 zanahoria cortada en rodajas finas

100 g de guisantes

2 cebolletas cortadas en rodajas

Opcional: Jengibre picado

Opcional: Guindillas picantes, picadas (según el grado de picante deseado)

Sal y pimienta al gusto

Para el arroz

1 taza de arroz jazmín (u otro arroz de su elección)

2 tazas de agua

Instrucciones:

Preparar el arroz:

Enjuagar bien el arroz en agua fría hasta que el agua salga clara.

Colocar el arroz enjuagado en una cacerola y añadir 2 tazas de agua.

Llevar el arroz a ebullición, bajar el fuego, tapar y cocer a fuego lento durante unos 15-20 minutos hasta que esté blando y haya absorbido el agua. Retirar la cazuela del fuego y dejar reposar el arroz tapado durante unos 5 minutos.

Marinar y freír el tofu:

Marinar los dados de tofu en un bol con salsa de soja y dejar reposar unos minutos.

Calentar el aceite de sésamo (o aceite neutro) en una sartén grande a fuego medio.

Añadir los dados de tofu marinados a la sartén y freír durante 5-7 minutos hasta que estén dorados y crujientes. Remover de vez en cuando para que se doren por igual.

Retirar el tofu frito de la sartén y reservar.

Preparación del salteado:

Calentar un poco más de aceite en la misma sartén, si es necesario.

Añadir el ajo picado, las rodajas de cebolla y, opcionalmente, el jengibre picado a la sartén y freír durante 1 minuto hasta que desprendan aroma.

Añada los pimientos, las zanahorias y los tirabeques y sofríalos durante otros 5-7 minutos hasta que las verduras estén blandas pero crujientes.

Vuelva a poner el tofu frito en la sartén y mézclelo con las verduras.

Añada las cebolletas y las guindillas picadas, si las utiliza. Sazone al gusto con sal y pimienta.

Servir:

Sirva el salteado de tofu con arroz en platos.

Adorne con hierbas frescas o salsa de soja adicional si lo desea.

Servir inmediatamente y ¡a disfrutar!

Este salteado de tofu con arroz es una comida deliciosa y nutritiva, llena de sabor y textura. Ofrece un buen equilibrio de proteínas, hidratos de carbono y verduras y es perfecto para una cena rápida entre semana.

Curry de verduras con pollo

Tiempo de preparación: aprox. 40 minutos

Raciones: 4

Ingredientes:

500 g de pechuga de pollo cortada en dados

2 cucharadas de aceite vegetal (por ejemplo, de girasol)

1 cebolla picada

3 dientes de ajo picados

1 cucharada de jengibre fresco picado

2-3 cucharadas de pasta de curry (según el sabor y el picante)

1 lata (400 ml) de leche de coco sin azúcar

2 zanahorias, cortadas en rodajas finas

1 pimiento rojo cortado en tiras

1 pimiento amarillo cortado en tiras

1 calabacín cortado en dados

1 taza de guisantes

Sal y pimienta al gusto

Opcional: cilantro fresco o perejil para decorar

Opcional: gajos de lima para servir

Arroz cocido o pan naan (pan plano indio) para servir

Instrucciones:

Freír el pollo:

En una sartén grande o wok, calentar el aceite vegetal.

Añadir los dados de pollo y freírlos a fuego medio-alto durante unos 5-7 minutos hasta que se doren y estén bien hechos. Remover de vez en cuando para que se doren por igual.

Retirar los dados de pollo de la sartén y reservar.

Preparar el curry de verduras:

En la misma sartén, rehogar la cebolla picada, el ajo picado y el jengibre picado a fuego medio durante unos 2-3 minutos hasta que estén blandos y fragantes.

Añadir la pasta de curry y sofreír durante 1-2 minutos más para que se liberen los sabores.

Añada los trozos de zanahoria, pimiento y calabacín y sofríalos durante unos 5 minutos hasta que las verduras se ablanden ligeramente.

Añada la leche de coco y remueva bien para distribuir uniformemente la pasta de curry.

Añadir los guisantes y cocer a fuego lento otros 5 minutos hasta que las verduras estén cocidas y la salsa haya espesado ligeramente.

Sazonar con sal y pimienta.

Montar el curry:

Vuelva a poner los dados de pollo salteados en la sartén y mézclelos bien con las verduras y la salsa.

Calentar de nuevo brevemente hasta que el pollo se caliente de nuevo.

Servir:

Servir el curry de verduras con el pollo en platos calientes.

Adorne con hierbas frescas como cilantro o perejil si lo desea.

Servir con gajos de lima y arroz cocido o pan naan.

Servir inmediatamente y ¡a disfrutar!

El curry de verduras con pollo es rico en sabor y aromas y ofrece una deliciosa mezcla de pollo tierno, verduras coloridas y una cremosa salsa de leche de coco.

Ensalada de quinoa con aguacate y judías negras

Tiempo de preparación: aprox. 30 minutos

Raciones: 4

Ingredientes:

1 taza de quinoa

2 tazas de agua o caldo de verduras

1 lata (aprox. 400 g) de alubias negras, escurridas y enjuagadas

2 aguacates maduros, sin hueso y cortados en dados

1 tomate grande cortado en dados

1/2 cebolla roja picada fina

1 pimiento rojo cortado en dados

1/2 manojo de cilantro fresco picado

zumo de 2 limas

3 cucharadas de aceite de oliva

Sal y pimienta al gusto

Opcional: 1 jalapeño o chile verde, sin semillas y picado fino

Opcional: 1 diente de ajo finamente picado

Opcional: Espinacas frescas o rúcula para servir

Instrucciones:

Cocer la quinoa:

Enjuagar bien la quinoa en agua fría para eliminar las sustancias amargas.

Llevar el agua o el caldo de verduras a ebullición en una cacerola.

Añadir la quinoa enjuagada y llevar a ebullición. Reduce el fuego, tapa y cuece la quinoa a fuego lento durante unos 15 minutos hasta que esté blanda y el agua se haya absorbido por completo.

Retirar la cazuela del fuego y esponjar la quinoa con un tenedor. Dejar enfriar.

Preparación de los ingredientes:

Mientras se cuece y enfría la quinoa, escurrir y enjuagar bien las alubias negras.

Partir los aguacates por la mitad, quitarles el hueso y sacar con cuidado la pulpa de la piel con una cuchara. Cortar en dados y reservar.

Preparar el tomate, la cebolla roja, el pimiento rojo y el cilantro fresco y colocarlos en un bol grande.

Prepare el aliño:

En un bol pequeño, mezclar el zumo de 2 limas, el aceite de oliva, la sal y la pimienta.

Si se desea, añadir ajo picado y jalapeño o chile verde y mezclar bien.

Montar la ensalada:

Añadir la quinoa enfriada a los ingredientes preparados en el bol.

Añadir las alubias negras escurridas.

Verter el aliño sobre la ensalada y mezclar suavemente hasta que todo esté bien combinado.

Servir:

Colocar la ensalada de quinoa con aguacate y judías negras en platos o en una fuente de servir.

Decorar con espinacas frescas o rúcula al gusto.

Servir inmediatamente y ¡a disfrutar!

Esta ensalada de quinoa con aguacate y judías negras es una comida deliciosa y nutritiva, rica en proteínas, fibra y grasas saludables. Es perfecta como plato principal para una comida o cena ligera o como guarnición para barbacoas.

Tabulé de verduras asadas

Tiempo de preparación: aprox. 40 minutos

Raciones: 4

Ingredientes:

Para las verduras asadas

2 tazas de verduras mixtas de su elección, cortadas en trozos pequeños (por ejemplo, pimientos, calabacines, berenjenas, tomates cherry)

2 cucharadas de aceite de oliva

Sal y pimienta al gusto

Opcional: ajo en polvo, pimentón en polvo, comino para darle más sabor

Para el tabulé

1 taza de bulgur

2 tazas de agua hirviendo o caldo de verduras

1/4 taza de aceite de oliva

Zumo de 1-2 limones

1/2 taza de perejil fresco picado

1/4 taza de menta fresca picada

2 cebolletas finamente picadas

1/2 pepino, sin corazón y cortado en trozos pequeños

Sal y pimienta al gusto

Instrucciones:

Preparar las verduras asadas:

Precalentar el horno a 200°C.

Cortar las verduras mixtas en trozos pequeños y colocarlas en una bandeja de horno.

Rociar las verduras con aceite de oliva y sazonar con sal, pimienta y especias opcionales al gusto.

Hornear las verduras durante 20-25 minutos hasta que estén blandas y ligeramente doradas. Remover de vez en cuando para que las verduras se doren por igual.

Preparación del tabulé:

En un bol, verter agua hirviendo o caldo de verduras sobre el bulgur.

Tapar el bol y dejar el bulgur en remojo durante unos 15-20 minutos hasta que esté blando y haya absorbido completamente el agua.

Esponjar el bulgur con un tenedor y dejar enfriar.

Montar la ensalada:

En un bol grande, mezclar el bulgur enfriado con las verduras asadas.

Añadir el perejil picado, la menta, la cebolleta y el pepino.

Verter el aceite de oliva y el zumo de limón sobre la ensalada y mezclar bien.

Sazonar al gusto con sal y pimienta.

Servir:

Servir el tabulé de verduras asadas en un bol.

Adorne con las hierbas frescas que desee.

Sírvalo inmediatamente o disfrútelo frío como guarnición o plato principal ligero.

Este tabulé de verduras asadas es una deliciosa variación de la receta clásica de tabulé y ofrece una gran variedad de sabores y texturas. Es un plato versátil que puede servirse como guarnición o como plato principal ligero y que puede disfrutarse tanto frío como caliente.

Ensalada griega de quinoa

Tiempo de preparación: aprox. 25 minutos

Raciones: 4

Ingredientes:

1 taza de quinoa

2 tazas de agua o caldo de verduras

1 pepino cortado en dados

1 pimiento rojo cortado en dados

1 pimiento amarillo cortado en dados

1/2 cebolla roja, picada fina

1 taza de tomates cherry partidos por la mitad

1/2 taza de aceitunas Kalamata sin hueso

200 g de queso feta cortado en dados

1/4 taza de perejil fresco picado

1/4 taza de orégano fresco picado

Zumo de 1-2 limones

3 cucharadas de aceite de oliva

Sal y pimienta al gusto

Instrucciones:

Cocer la quinoa:

Enjuagar bien la quinoa bajo el chorro de agua fría para eliminar las sustancias amargas.

Llevar a ebullición el agua o el caldo de verduras en una cacerola.

Añadir la quinoa enjuagada, llevar a ebullición, bajar el fuego, tapar y cocer a fuego lento durante unos 15 minutos hasta que el líquido se haya absorbido y la quinoa esté blanda.

Retirar la sartén del fuego y esponjar la quinoa con un tenedor. Dejar enfriar.

Preparar los ingredientes:

Mientras la quinoa se cuece y se enfría, preparar las verduras y el queso feta.

Colocar el pepino, los pimientos rojos y amarillos, la cebolla roja y los tomates cherry en un bol grande.

Añadir las aceitunas kalamata.

Corte el queso feta en dados y añádalo al bol.

Picar el perejil fresco y el orégano y reservar.

Montar la ensalada:

Añadir la quinoa enfriada a los ingredientes preparados en el bol.

Verter el zumo de limón y el aceite de oliva sobre la ensalada.

Mezclar todo con cuidado hasta que todos los ingredientes estén bien combinados.

Sazonar al gusto con sal y pimienta.

Servir:

Sirva la ensalada griega de quinoa en platos o en una fuente.

Adorne con perejil y orégano adicionales si lo desea.

Servir inmediatamente o disfrutar fría.

Esta ensalada griega de quinoa es un plato delicioso y nutritivo, rico en sabores y texturas. Es perfecta como plato principal para una comida o cena ligera o como guarnición para barbacoas.

Tallarines de berenjena con queso feta

Tiempo de preparación: aprox. 30 minutos

Raciones: 4

Ingredientes:

2 berenjenas medianas

200 g de queso feta desmenuzado

2 tomates en rodajas finas

1/4 taza de aceite de oliva

2 dientes de ajo, finamente picados

2 cucharadas de perejil fresco picado

1 cucharada de orégano fresco picado (o 1 cucharadita de orégano seco)

Sal y pimienta al gusto

Instrucciones:

Preparar las berenjenas:

Lavar las berenjenas y cortar los extremos.

Cortar las berenjenas longitudinalmente en rodajas de aproximadamente 1 cm de grosor.

Salar las rodajas de berenjena:

Colocar las rodajas de berenjena en una bandeja de horno y salar ligeramente.

Dejar reposar unos 15 minutos para que las berenjenas absorban un poco de agua y se reduzca el sabor amargo.

Asar las rodajas de berenjena:

Mientras reposan las rodajas de berenjena, precalentar la parrilla o calentar una sartén grill o una sartén normal con un poco de aceite de oliva.

Mojar las rodajas de berenjena para eliminar el exceso de agua.

Unte ambos lados de las rodajas de berenjena con aceite de oliva y áselas o fríalas en la barbacoa o en la sartén durante unos 3-4 minutos por cada lado hasta que estén blandas y ligeramente doradas. Dependiendo del tamaño de la sartén o la parrilla, puede ser necesario cocinar las rodajas de berenjena en varias tandas. Reservar las rodajas de berenjena cocidas y dejar enfriar.

Preparar el relleno:

Mientras se enfrían las rodajas de berenjena, desmenuzar el queso feta en un bol.

Añadir los dientes de ajo picados, el perejil y el orégano al queso feta.

Salpimentar y mezclar bien.

Montar los talos de berenjena:

Coger una rodaja de berenjena cada vez y colocar un poco de la mezcla de feta en el centro.

Colocar encima una rodaja de tomate.

Coloque otra rodaja de berenjena encima para formar un tálero.

Continúe con las rodajas de berenjena restantes y el relleno hasta que todas las bolas de masa estén listas.

Servir:

Colocar el taler de berenjena en una fuente.

Adorne con perejil o albahaca adicional y un chorrito de zumo de limón, si lo desea.

Servir inmediatamente y ¡a disfrutar!

Estos taleres de berenjena con queso feta son un delicioso plato vegetariano lleno de sabores mediterráneos. Son un buen entrante, guarnición o plato principal ligero y una forma estupenda de disfrutar de las berenjenas.

Cebolletas con queso feta, pasta y nueces

Tiempo de preparación: aprox. 25 minutos

Raciones: 2-3

Ingredientes:

200 g de linguini u otro tipo de pasta de su elección

2 manojos de cebolletas cortadas en rodajas finas

100 g de queso feta desmenuzado

1/2 taza de nueces picadas gruesas

2 dientes de ajo finamente picados

2 cucharadas de aceite de oliva

zumo de 1 limón

Sal y pimienta al gusto

Opcional: Perejil fresco o albahaca para adornar

Instrucciones:

Cocer la pasta:

Poner agua a hervir en una cacerola grande y cocer la pasta según las instrucciones del paquete hasta que esté al dente.

Escurrir la pasta cocida y reservar. Reservar un poco del agua de cocción para la salsa.

Saltear las cebolletas:

Calentar el aceite de oliva en una sartén grande a fuego medio.

Añadir los dientes de ajo picados y sofreír durante 1 minuto hasta que desprendan aroma.

Añadir las cebolletas en rodajas y rehogar durante 3-4 minutos más hasta que se ablanden.

Añadir el queso feta y las nueces:

Añadir el queso feta desmenuzado y las nueces picadas gruesas a la sartén y mezclar brevemente hasta que el queso feta esté ligeramente fundido.

Preparar la salsa:

Verter el zumo de limón sobre las cebolletas, el queso feta y las nueces.

Si lo desea, añada un poco del agua de cocción de la pasta reservada para diluir y espesar la salsa.

Sazonar con sal y pimienta al gusto y mezclar bien.

Mezclar la pasta y la salsa:

Añadir la pasta cocida a la sartén con la salsa y mezclar suavemente hasta que la pasta esté cubierta uniformemente con la salsa.

Servir:

Sirve las cebolletas con el queso feta, la pasta y las nueces en platos o cuencos.

Decorar con perejil fresco o albahaca al gusto.

Servir inmediatamente y ¡a disfrutar!

Este plato de cebolletas con queso feta, pasta y nueces es una deliciosa combinación de sabores salados y texturas diferentes. Es rápido y fácil de preparar y resulta un plato principal estupendo para una cena rápida o como guarnición de otros platos.

Patatas asadas con salvia, queso y jamón envuelto

Tiempo de preparación: aprox. 30 minutos

Raciones: 2-3

Ingredientes:

500 g de patatas de cera, peladas y cortadas en rodajas

100 g de jamón ahumado

6-8 hojas de salvia fresca

100 g de queso picante (por ejemplo, Gouda, queso de montaña o Emmental), cortado en lonchas finas

2 cucharadas de aceite de oliva o mantequilla

Sal y pimienta al gusto

Instrucciones:

Preparar las patatas:

Cortar las patatas peladas en rodajas finas. Deben tener más o menos el mismo grosor para que se cocinen uniformemente.

Envolver el jamón:

Extender el jamón ahumado y colocar encima una loncha de queso y sazonar con pimienta.

Coloca una hoja de salvia encima del queso y envuelve el jamón alrededor del queso y la hoja de salvia para formar una especie de paquete. Repite este proceso con el resto del jamón, el queso y las hojas de salvia.

Freír el jamón envuelto:

Calentar una sartén a fuego medio y derretir en ella el aceite de oliva o la mantequilla.

Colocar los paquetes de jamón recubiertos en la sartén y freír por ambos lados durante unos 3-4 minutos hasta que el jamón esté crujiente y el queso se haya derretido. Asegúrese de que el queso no se salga.

Freír las patatas asadas:

Mientras se fríe el jamón rebozado, calentar un poco de aceite de oliva o mantequilla en otra sartén.

Coloque las rodajas de patata en la sartén y fríalas a fuego medio durante unos 10-15 minutos, dándoles la vuelta de vez en cuando, hasta que estén doradas y crujientes. Asegúrese de que no se peguen durante la fritura.

Servir:

Disponer las patatas asadas fritas en un plato.

Colocar el jamón rebozado junto a las patatas fritas.

Decorar con salvia fresca si se desea.

Servir inmediatamente y ¡a disfrutar!

Estas patatas asadas con salvia, queso y jamón envuelto son un delicioso giro del plato clásico y ofrecen una combinación perfecta de patatas crujientes, queso sabroso y salvia aromática. Es un plato salado ideal para una deliciosa comida o cena.

Huevos fritos y patatas asadas

Tiempo de preparación: aprox. 30 minutos

Raciones: 2-3

Ingredientes:

4 patatas medianas, preferiblemente de cera

2 cucharadas de aceite o mantequilla

1 cebolla finamente picada (opcional)

Sal y pimienta al gusto

4 huevos

Opcional: Hierbas frescas para adornar (por ejemplo, perejil o cebollino)

Instrucciones:

Preparar las patatas:

Lavar y pelar bien las patatas. A continuación, cortarlas en dados pequeños y uniformes.

Freír las patatas:

En una sartén grande, calentar el aceite o la mantequilla a fuego medio.

Añadir las cebollas picadas (si se utilizan) y rehogar durante unos 2 minutos hasta que estén translúcidas.

Añadir las patatas cortadas en dados a la sartén y repartirlas uniformemente.

Freír las patatas, dándoles la vuelta de vez en cuando, hasta que estén doradas y crujientes, unos 15-20 minutos.

Sazonar con sal y pimienta.

Freír los huevos fritos:

Calentar un poco de aceite en otra sartén.

Echar con cuidado los huevos en la sartén de uno en uno, con cuidado de no romper las yemas.

Freír los huevos a fuego medio hasta que las claras estén cuajadas y los bordes crujientes. Si se desea, las yemas pueden quedar ligeramente líquidas.

Sazonar con sal y pimienta.

Servir:

Colocar las patatas fritas en los platos.

Colocar con cuidado los huevos fritos sobre las patatas fritas.

Adorne con hierbas frescas al gusto.

Servir inmediatamente y ¡a disfrutar!

Esta combinación de huevos fritos y patatas fritas es un plato clásico y abundante que puede servirse para el desayuno o como una deliciosa cena. Las crujientes patatas fritas armonizan perfectamente con los jugosos huevos fritos y proporcionan una comida deliciosa y saciante.

Filete de salmón a la plancha con espárragos y salsa de limón y eneldo

Tiempo de preparación: aprox. 30 minutos

Raciones: 2-3

Ingredientes:

2 filetes de salmón (aprox. 150-200 g cada uno)

500 g de espárragos verdes frescos, sin los extremos leñosos

2 cucharadas de aceite de oliva

Sal y pimienta al gusto

Para la salsa de limón y eneldo

1/2 taza de yogur griego

Zumo y ralladura de 1 limón

1 cucharada de eneldo fresco picado

1 diente de ajo finamente picado (opcional)

Sal y pimienta al gusto

Instrucciones:

Preparar la barbacoa:

Precalentar la parrilla a fuego medio-alto.

Preparar la salsa de limón y eneldo:

En un bol pequeño, mezclar el yogur griego con el zumo de limón, la ralladura de limón, el eneldo picado y el ajo finamente picado (si se utiliza).

Aromatizar con sal y pimienta.

Cubra la salsa y refrigérela hasta el momento de usarla.

Prepare el salmón y los espárragos:

Unte los filetes de salmón con aceite de oliva y salpimiéntelos.

Rociar los espárragos verdes con un poco de aceite de oliva y salpimentar.

Asar el salmón y los espárragos:

Coloque los filetes de salmón y los espárragos en la parrilla.

Ase el salmón durante unos 4-6 minutos por cada lado hasta que esté bien cocido y ligeramente dorado. El tiempo exacto de cocción depende del grosor de los filetes de salmón.

Ase los espárragos unos 6-8 minutos, dándoles la vuelta de vez en cuando, hasta que estén tiernos y ligeramente dorados.

Servir:

Repartir el salmón a la plancha en los platos.

Coloque los espárragos a la plancha junto al salmón.

Rociar la salsa de limón y eneldo sobre el salmón y los espárragos o servir por separado.

Adorne con eneldo fresco si lo desea.

Sirva inmediatamente y ¡disfrute!

Esta receta de filete de salmón a la plancha con espárragos y salsa de eneldo y limón es una forma ligera y deliciosa de disfrutar de la primavera. La combinación de salmón jugoso, espárragos tiernos y refrescante salsa de limón y eneldo es fácil de preparar y perfecta para un plato principal sano y delicioso.

Curry de verduras con leche de coco

Tiempo de preparación: aprox. 30 minutos

Raciones: 4

Ingredientes:

2 cucharadas de aceite vegetal (por ejemplo, aceite de coco o de colza)

1 cebolla picada

2 dientes de ajo picados

1 cucharada de jengibre fresco, finamente picado o rallado

2-3 cucharadas de pasta de curry (según el picante y el sabor deseados)

400 ml de leche de coco sin azúcar

500 g de verduras mixtas de su elección (por ejemplo, zanahorias, pimientos, brócoli, guisantes, calabacines), cortadas en trozos pequeños

Sal y pimienta al gusto

Cilantro fresco o perejil para adornar (opcional)

Arroz cocido o pan naan (pan plano indio) para servir

Instrucciones:

Preparar las verduras:

Lavar y pelar las verduras y cortarlas en trozos pequeños.

Freír la cebolla, el ajo y el jengibre:

Calentar el aceite en una sartén u olla grande.

Añadir la cebolla picada y sofreír a fuego medio hasta que esté transparente.

Añadir el ajo y el jengibre picados y sofreír durante 1-2 minutos más hasta que desprendan aroma.

Añadir la pasta de curry:

Añada la pasta de curry a la sartén y remueva bien para mezclarla con la cebolla, el ajo y el jengibre. Sofría durante 1-2 minutos para liberar los sabores.

Añada las verduras:

Añadir las verduras preparadas a la sartén y remover bien para cubrirlas con la pasta de curry.

Saltear las verduras durante unos 5-7 minutos hasta que se ablanden ligeramente.

Añade la leche de coco:

Vierte la leche de coco sin azúcar sobre las verduras y remueve bien para mezclarlo todo.

Reduzca el fuego y deje que el curry cueza a fuego lento hasta que las verduras estén cocidas y la salsa haya espesado, unos 10-15 minutos.

Servir:

Sazone el curry de verduras con sal y pimienta al gusto.

Si lo desea, decore con cilantro fresco o perejil.

Sirva el curry de verduras caliente sobre arroz cocido o con pan naan.

Este curry de verduras con leche de coco es una comida deliciosa y nutritiva, rápida y fácil de preparar. **Es vegano, sin gluten** y está lleno de sabor gracias a las especias y la leche de coco. Sírvalo como plato principal para una cena sana o como guarnición de otros platos indios.

Pimientos rellenos de quinoa y verduras

Tiempo de preparación: aprox. 60 minutos

Raciones: 4

Ingredientes:

4 pimientos grandes (preferiblemente rojos o amarillos para dar más color)

1 taza de quinoa

2 tazas de caldo de verduras o agua

1 cebolla picada

2 dientes de ajo picados

1 zanahoria cortada en dados

1 calabacín cortado en dados

1 pimiento rojo cortado en dados

1 lata de tomates troceados (aprox. 400 g)

1 cucharadita de comino molido

1 cucharadita de pimentón en polvo

Sal y pimienta al gusto

1/2 taza de queso rallado (opcional)

Perejil fresco o cilantro para adornar

Instrucciones:

Preparación de los pimientos:

Precalentar el horno a 180°C.

Cortar los pimientos por la mitad y retirar las semillas y las membranas blancas.

Colocar las mitades de pimiento en una fuente de horno o en una bandeja de horno y reservar.

Cocer la quinoa:

Enjuagar bien la quinoa con agua fría para eliminar las sustancias amargas.

Poner a hervir el caldo de verduras o el agua en una cazuela.

Añadir la quinoa enjuagada, llevar a ebullición, bajar el fuego, tapar y cocer a fuego lento durante unos 15-20 minutos hasta que el líquido se haya absorbido y la quinoa esté blanda.

Retirar la sartén del fuego, esponjar la quinoa con un tenedor y reservar.

Preparar las verduras:

Calentar un poco de aceite en una sartén y rehogar la cebolla y el ajo picados.

Añadir la zanahoria, el calabacín y el pimiento rojo cortados en dados y rehogar durante unos 5-7 minutos hasta que las verduras estén blandas.

Preparar el relleno:

Añadir la quinoa cocida a la sartén con las verduras salteadas.

Añadir los tomates picados, el comino molido y el pimentón en polvo y mezclar bien.

Sazonar al gusto con sal y pimienta.

Rellenar y hornear los pimientos:

Rellenar uniformemente las mitades de pimiento preparadas con la mezcla de quinoa y verduras.

Opcionalmente, espolvorear el queso rallado sobre los pimientos rellenos.

Introducir las mitades de pimiento relleno en el horno precalentado y hornear durante unos 25-30 minutos hasta que los pimientos estén blandos y el queso se haya fundido.

Servir:

Colocar los pimientos rellenos en un plato.

Decorar con perejil fresco o cilantro.

Servir con una salsa al gusto.

Servir inmediatamente y ¡a disfrutar!

Estos pimientos rellenos de quinoa y verduras son un plato delicioso y nutritivo, **vegetariano, sin gluten** y lleno de sabor. Son perfectos como plato principal para una cena sana o como guarnición de otras comidas.

Pollo a la plancha con verduras

Tiempo de preparación: aprox. 40 minutos

Raciones: 2-3

Ingredientes:

Para el pollo

2 filetes de pechuga de pollo

2 cucharadas de aceite de oliva

1 cucharadita de pimentón en polvo

1 cucharadita de ajo en polvo

Sal y pimienta al gusto

Para las verduras

2 pimientos cortados en tiras

1 calabacín cortado en rodajas

1 berenjena cortada en dados

1 cebolla roja cortada en gajos

2 cucharadas de aceite de oliva

1 cucharadita de orégano seco

1 cucharadita de tomillo seco

Sal y pimienta al gusto

Instrucciones:

Preparar la barbacoa:

Precalentar la parrilla a fuego medio-alto.

Preparar el pollo:

Secar las pechugas de pollo con una toalla de papel.

En un bol, mezclar el aceite de oliva, el pimentón en polvo, el ajo en polvo, la sal y la pimienta.

Cubrir los filetes de pechuga de pollo con la marinada y reservar para que absorban los sabores.

Prepare las verduras:

Coloque las verduras cortadas en rodajas en una bandeja de horno.

Vierta el aceite de oliva sobre las verduras y mézclelas bien para que se impregnen bien de aceite.

Espolvorear el orégano seco, el tomillo, la sal y la pimienta sobre las verduras y mezclar de nuevo para distribuir las especias uniformemente.

Asar el pollo:

Colocar las pechugas de pollo marinadas en la parrilla precalentada.

Asar las pechugas de pollo durante unos 6-8 minutos por cada lado hasta que estén bien hechas y tengan una buena marca de la parrilla. El tiempo exacto de cocción depende del grosor de los filetes de pechuga de pollo.

Asar las verduras:

Introducir la bandeja con las verduras preparadas en el horno precalentado a 200°C.

Asar las verduras durante unos 20-25 minutos, dándoles la vuelta de vez en cuando, hasta que estén blandas y ligeramente doradas.

Servir:

Colocar el pollo asado y las verduras asadas en los platos.

Adorne con hierbas frescas, como perejil o cebollino, si lo desea.

Servir inmediatamente y ¡a disfrutar!

Esta receta de pollo a la parrilla con verduras asadas es una comida deliciosa y sana, fácil de preparar y que puede servirse como plato principal o como guarnición de otros platos. Ofrece una deliciosa combinación de suculento pollo y sabrosas verduras asadas que resulta perfecta para cualquier ocasión.

Salmón al horno con espinacas al vapor

Tiempo de preparación: aprox. 30 minutos

Raciones: 2

Ingredientes:

Para el salmón al horno

2 filetes de salmón (aprox. 150-200 g cada uno)

2 cucharadas de aceite de oliva

1 cucharadita de zumo de limón

Sal y pimienta al gusto

Opcional: Hierbas frescas como eneldo o perejil para adornar

Para las espinacas al vapor

500 g de espinacas frescas, lavadas y cortadas en trozos grandes

2 dientes de ajo finamente picados

1 cucharada de aceite de oliva

Sal y pimienta al gusto

Opcional: Una pizca de nuez moscada para aromatizar

Instrucciones:

Preparar el horno:

Precalentar el horno a 180°C.

Preparar el salmón:

Seque los filetes de salmón con una toalla de papel y colóquelos en una bandeja de horno forrada con papel de hornear.

Rociar con aceite de oliva y zumo de limón y repartir uniformemente sobre los filetes de salmón.

Sazonar con sal y pimienta.

Hornee el salmón:

Introducir los filetes de salmón en el horno precalentado y hornear durante unos 15-20 minutos, hasta que el salmón esté cocido y se pueda separar fácilmente con un tenedor. El tiempo exacto de cocción depende del grosor de los filetes de salmón.

Preparar las espinacas al vapor:

En una sartén grande, calentar el aceite de oliva a fuego medio.

Añada el ajo picado y sofríalo durante 1 minuto hasta que desprenda aroma.

Añadir las espinacas lavadas y troceadas a la sartén. Dependiendo del tamaño de la sartén, es posible que tenga que añadir las espinacas por tandas y esperar a que se deshagan.

Saltear las espinacas, removiendo de vez en cuando, hasta que se deshagan y se marchiten ligeramente.

Sazone con sal, pimienta y una pizca de nuez moscada al gusto.

Servir:

Repartir el salmón al horno en los platos y colocar las espinacas al vapor al lado.

Decorar con hierbas frescas como eneldo o perejil al gusto.

Sirve inmediatamente y ¡disfruta!

Esta receta de salmón al horno con espinacas al vapor es un plato sano, delicioso y fácil de preparar. El salmón tierno armoniza maravillosamente con las espinacas frescas y los sabores ácidos del ajo. Es un plato principal perfecto para una cena ligera pero satisfactoria.

Salteado vegetariano de verduras con tofu

Tiempo de preparación: aprox. 30 minutos

Raciones: 2-3

Ingredientes:

200 g de tofu firme cortado en dados

2 cucharadas de salsa de soja

2 cucharadas de aceite de oliva o de sésamo

1 cebolla, cortada en rodajas finas

2 dientes de ajo, finamente picados

1 pimiento cortado en tiras

1 zanahoria en rodajas finas

1 calabacín pequeño en rodajas

100 g de champiñones cortados en láminas

2 tazas de espinacas o acelgas, cortadas en trozos grandes

2 cucharadas de salsa de soja

1 cucharada de vinagre de arroz o de sidra de manzana

1 cucharadita de miel o sirope de arce (opcional)

Sal y pimienta al gusto

Cebolleta o cilantro fresco para adornar (opcional)

Arroz cocido o fideos para servir

Instrucciones:

Marinar el tofu:

Colocar los dados de tofu en un bol y marinarlos con 2 cucharadas de salsa de soja. Dejar marinar durante al menos 10 minutos.

Freír el tofu:

Calentar 1 cucharada de aceite en una sartén grande.

Añada los dados de tofu marinado y fríalos por todos los lados hasta que se doren. Retirar de la sartén y reservar.

Freír las verduras:

Calentar 1 cucharada de aceite en la misma sartén.

Añadir las rodajas de cebolla y el ajo picado y freír durante unos 2 minutos hasta que desprendan aroma.

Añadir las tiras de pimiento, las rodajas de zanahoria, las rodajas de calabacín y los champiñones. Sofreír durante unos 5-7 minutos, removiendo de vez en cuando, hasta que las verduras estén ligeramente doradas y empiecen a ablandarse.

Añadir el tofu y las espinacas:

Vuelva a poner el tofu dorado en la sartén.

Añade las espinacas o acelgas picadas y remueve hasta que se marchiten ligeramente.

Sazona la sartén de verduras:

Vierte las 2 cucharadas restantes de salsa de soja y el vinagre sobre las verduras.

Si lo desea, añada la miel o el jarabe de arce para endulzar la salsa.

Sazonar al gusto con sal y pimienta y mezclar bien.

Servir:

Repartir en platos el salteado vegetariano de verduras con tofu.

Decorar con cebolleta o cilantro fresco al gusto.

Servir con arroz cocido o pasta.

Sírvelo inmediatamente y ¡disfrútalo!

Este salteado vegetariano de verduras con tofu es una comida sana y deliciosa repleta de sabor y nutrientes. Ofrece una variedad de verduras y la proteína del tofu, que se combina perfectamente con una sabrosa salsa de soja. Es un plato sencillo y versátil que se puede personalizar según las verduras que se prefieran o se tengan a mano.

Calabacines con queso feta, patatas y albahaca en aceite de oliva

Tiempo de preparación: aprox. 45 minutos

Raciones: 2-3

Ingredientes:

2 calabacines medianos

2 patatas grandes

100 g de queso feta

2 dientes de ajo, finamente picados

Hojas de albahaca fresca picadas

3 cucharadas de aceite de oliva

Sal y pimienta al gusto

Instrucciones:

Preparación de los ingredientes:

Lavar los calabacines y cortarlos en rodajas finas.

Pelar las patatas y cortarlas en rodajas finas.

Cortar el queso feta en dados pequeños.

Picar el ajo.

Picar las hojas de albahaca.

Freír los ingredientes:

Calentar 2 cucharadas de aceite de oliva en una sartén grande a fuego medio.

Añadir el ajo picado y sofreír brevemente hasta que desprenda aroma.

Añadir las rodajas de patata a la sartén y freír durante unos 10 minutos, removiendo de vez en cuando, hasta que estén doradas y crujientes. Si es necesario, añadir más aceite de oliva si las patatas se secan.

Añadir los calabacines:

Añadir las rodajas de calabacín a las patatas en la sartén y freír durante otros 5-7 minutos hasta que estén blandas y ligeramente doradas. Remover de vez en cuando.

Sazona y aromatiza:

Salpimentar los calabacines fritos y las patatas.

Espolvorear la albahaca picada sobre las verduras y mezclar bien.

Añadir el queso feta:

Espolvorear los dados de queso feta sobre las verduras asadas.

Retirar la sartén del fuego y dejar que el queso feta se derrita ligeramente.

Servir:

Servir en platos los calabacines con queso feta, patatas, ajo y albahaca en aceite de oliva.

Decorar con albahaca picada adicional si se desea.

Servir inmediatamente y ¡a disfrutar!

Esta deliciosa mezcla de calabacines, patatas, queso feta, ajo y albahaca en aceite de oliva es un plato maravilloso que se puede servir como plato principal o guarnición. Los sabores de los ingredientes frescos y el ácido queso feta se combinan para crear una experiencia culinaria inolvidable.

Pasta en salsa de nata con almendras picadas

Tiempo de preparación: 20 minutos aprox.

Raciones: 2-3

Ingredientes:

250 g de pasta (por ejemplo, linguini, espaguetis, penne)

1 cucharada de aceite de oliva o mantequilla

2 dientes de ajo finamente picados

200 ml de nata

50 g de almendras picadas

Sal y pimienta al gusto

Perejil fresco o albahaca para adornar (opcional)

Queso parmesano rallado para servir (opcional)

Instrucciones:

Cocer la pasta:

Poner agua a hervir en una cacerola grande y salar generosamente.

Cocer la pasta según las instrucciones del paquete hasta que esté al dente. Escurrir y reservar parte del agua de cocción.

Preparar la salsa de nata:

Calentar el aceite de oliva o la mantequilla en una sartén grande a fuego medio.

Añadir el ajo finamente picado y sofreír durante 1 minuto hasta que desprenda aroma.

Verter la nata en la sartén y llevar a ebullición. Reducir el fuego y cocer la nata a fuego lento durante 2-3 minutos hasta que espese ligeramente.

Añadir las almendras picadas:

Añadir las almendras picadas a la salsa de nata y mezclar bien.

Sazonar la salsa con sal y pimienta.

Mezclar la pasta con la salsa de nata:

Añadir la pasta cocida a la sartén con la salsa de nata y mezclar suavemente hasta que la pasta esté completamente cubierta con la salsa.

Si la salsa queda demasiado espesa, añada un poco del agua de la pasta reservada hasta conseguir la consistencia deseada.

Servir:

Servir la pasta en salsa de nata con almendras picadas en los platos.

Decorar con perejil fresco o albahaca al gusto.

Espolvorear con queso parmesano rallado si se desea.

Servir inmediatamente y ¡a disfrutar!

Esta pasta cremosa pero fácil de preparar con salsa de nata y almendras picadas es un plato delicioso que resulta rápido y satisfactorio. La nota de ajo añade una profundidad extra de sabor a la salsa, mientras que las almendras picadas añaden una textura encantadora y sabor a nuez. Es una opción estupenda para una cena rápida entre semana o para una ocasión especial.

Patatas asadas con ricotta y cebollino en aceite de oliva

Tiempo de preparación: aprox. 30 minutos

Raciones: 2-3

Ingredientes:

500 g de patatas cerosas pequeñas (por ejemplo, trillizas)

200 g de requesón

2-3 cucharadas de aceite de oliva

2-3 cucharadas de cebollino fresco picado

Sal y pimienta al gusto

Instrucciones:

Cocer las patatas:

Lavar bien las patatas y cubrirlas con agua salada en una cacerola.

Llevar las patatas a ebullición y bajar el fuego. Cocer a fuego lento hasta que estén blandas. El tiempo exacto de cocción depende del tamaño de las patatas, pero suele llevar unos 20-25 minutos.

Preparar el quark:

Mientras se cuecen las patatas, poner el quark en un bol.

Añadir el aceite de oliva y mezclar bien hasta que quede suave.

Preparar el cebollino:

Lavar el cebollino fresco, secarlo y picarlo finamente.

Escurrir las patatas y servir:

Una vez que las patatas estén blandas, escurrir el agua y disponer las patatas en una fuente.

Servir:

Servir las patatas asadas calientes con el queso quark preparado.

Espolvorear el cebollino picado sobre el queso quark.

Si se desea, rociar con un poco más de aceite de oliva.

Sazonar con sal y pimienta al gusto.

Servir inmediatamente y ¡a disfrutar!

Estas patatas con queso ricotta y cebollino en aceite de oliva son un plato delicioso y fácil de preparar, perfecto para un almuerzo o una cena ligeros. La combinación de queso ricotta cremoso, cebollino fresco y aceite de oliva de alta calidad da a las patatas un sabor maravilloso. Es un plato sencillo pero increíblemente satisfactorio, ideal para una comida rápida entre semana.

Plato chino al wok

Tiempo de preparación: aprox. 30 minutos

Raciones: 2-3

Ingredientes:

250 g de carne magra (pollo, ternera, cerdo o gambas), cortada en lonchas finas o en dados

2-3 tazas de verduras picadas (pimientos, brécol, zanahorias, tirabeques, champiñones, cebollas, etc.)

3 dientes de ajo finamente picados

1 trozo de jengibre (aprox. 2 cm), pelado y finamente picado

2-3 cebolletas, cortadas en rodajas

2-3 cucharadas de salsa de soja

1 cucharada de salsa de ostras (opcional)

1 cucharada de aceite de sésamo

2 cucharadas de aceite vegetal para freír

Sal y pimienta al gusto

Opcional: copos de guindilla o guindillas frescas para darle más picante

Arroz cocido o fideos para servir

Instrucciones:

Preparación de los ingredientes:

Cortar la carne en tiras finas o en dados.

Preparar las verduras lavándolas, pelándolas y cortándolas en trozos pequeños.

Picar el ajo y el jengibre.

Cortar las cebolletas en rodajas.

Calentar el wok:

Calentar un wok o una sartén grande a fuego fuerte.

Añadir el aceite vegetal y asegurarse de que el wok está bien caliente antes de empezar a cocinar.

Dorar la carne:

Añada la carne al wok caliente y saltéela rápidamente hasta que esté bien hecha. Esto suele llevar sólo 2-3 minutos, dependiendo del grosor de la carne.

Retirar la carne del wok y reservar.

Freír las verduras:

Si es necesario, añadir un poco más de aceite al wok y añadir el ajo y el jengibre picados. Sofreír brevemente hasta que desprendan aroma.

Añadir las verduras picadas y saltear durante unos 3-5 minutos hasta que estén tiernas y crujientes.

Mezclar y sazonar:

Vuelva a poner la carne salteada en el wok y mézclela con las verduras.

Añadir la salsa de soja, la salsa de ostras (si se utiliza) y el aceite de sésamo. Sazone con sal, pimienta y, si lo desea, escamas de guindilla al gusto.

Mezclar todo bien y cocer a fuego lento durante 1-2 minutos para que los sabores se mezclen y el plato termine de cocinarse.

Servir:

Sirva el salteado chino caliente sobre arroz cocido o fideos.

Adorne con cebolletas o semillas de sésamo si lo desea.

Servir inmediatamente y ¡a disfrutar!

Esta receta proporciona lo básico para un salteado chino que puede adaptarse como se desee, dependiendo de los ingredientes que se prefieran o se tengan a mano. Es una opción rápida, deliciosa y sana para una comida casera llena de sabores e ingredientes frescos.

Cordero con judías verdes y patatas

Tiempo de preparación: 60 minutos aprox.

Raciones: 4

Ingredientes:

500 g de cordero (por ejemplo, de paletilla o pierna) cortado en dados

500 g de judías verdes, cortadas por la mitad y sin los extremos

500 g de patatas peladas y cortadas en dados pequeños

1 cebolla finamente picada

3 dientes de ajo finamente picados

2 tomates picados

2 cucharadas de puré de tomate

2 cucharadas de aceite de oliva

1 cucharadita de comino molido

1 cucharadita de cúrcuma molida

1 cucharadita de pimentón molido

Instrucciones de preparación:

Preparación de los ingredientes:

Sazonar el cordero con sal, pimienta, comino molido, cúrcuma y pimentón y reservar.

Pelar las patatas y cortarlas en dados pequeños.

Lavar las judías verdes, cortarles los extremos y partirlas por la mitad.

Picar la cebolla y el ajo.

Picar los tomates.

Freír el cordero:

Calentar el aceite de oliva en una cacerola o sartén grande.

Añadir la cebolla y el ajo picados y rehogar.

Añadir el cordero sazonado y freír, removiendo constantemente, hasta que se dore por todas partes.

Añadir los tomates y el puré de tomate:

Añadir los tomates picados y el puré de tomate al cordero dorado. Remover bien y cocer a fuego lento durante unos minutos hasta que los tomates estén blandos y los sabores se hayan mezclado.

Añade las patatas y el agua:

Añade las patatas cortadas a la olla y cúbrelas con agua suficiente para cubrirlo todo. 1-2 tazas de agua serán suficientes.

Tapa la olla y cocina a fuego medio hasta que las patatas estén medio cocidas, unos 15-20 minutos.

Añade las judías verdes:

Añade las judías verdes cortadas por la mitad a la olla y sigue cociendo a fuego lento hasta que estén tiernas y las patatas cocidas, unos 10-15 minutos.

Servir:

Sazona el plato con sal y pimienta al gusto.

Sírvelo caliente y ¡buen provecho!

Este plato de cordero con judías verdes y patatas es sustancioso, delicioso y perfecto para una cena caliente. Combina cordero tierno con verduras frescas y especias aromáticas para crear un plato sabroso que hará las delicias de familiares y amigos.

Sopa sudamericana de medianoche

Tiempo de preparación: aprox. 45 minutos

Raciones: 4

Ingredientes:

2 cucharadas de aceite de oliva

1 cebolla picada

2 dientes de ajo, finamente picados

1 pimiento rojo, cortado en dados

1 pimiento verde cortado en dados

2 zanahorias en rodajas

2 patatas cortadas en dados

1 lata (400 g) de tomates picados

1 litro de caldo de verduras

1 lata (400 g) de judías negras, escurridas y enjuagadas

1 lata (400 g) de maíz dulce escurrido

1 cucharadita de comino molido

1 cucharadita de pimentón molido

Sal y pimienta al gusto

Zumo de una lima

Cilantro fresco o perejil para adornar

Opcional: Aguacate en rodajas, crema agria o queso rallado para servir

Instrucciones:

Preparación de la sopa:

En una cacerola grande, calentar el aceite de oliva a fuego medio.

Añadir la cebolla picada y el ajo picado y rehogar durante unos 3-4 minutos, removiendo de vez en cuando, hasta que estén blandos y fragantes.

Añade las verduras:

Añadir a la sartén los pimientos rojos y verdes cortados en dados y las rodajas de zanahoria y patata. Freír durante 5 minutos más, removiendo de vez en cuando, hasta que las verduras estén ligeramente doradas.

Añadir los tomates y el caldo:

Añadir los tomates troceados, incluido el zumo, a la olla y remover para mezclar con las verduras.

Añadir el caldo de verduras y llevar la sopa a ebullición.

Añadir las alubias y el maíz dulce:

Añade las alubias negras escurridas y enjuagadas y el maíz escurrido a la sopa y remueve para mezclar.

Añadir el comino molido y el pimentón y sazonar la sopa ligeramente con sal y pimienta.

Cocer y sazonar al gusto:

Cocer la sopa a fuego lento durante unos 20-25 minutos hasta que las verduras estén blandas y los sabores se hayan mezclado.

Probar la sopa y sazonar al gusto.

Exprimir el zumo de una lima sobre la sopa y remover bien.

Servir:

Sirve la sopa sudamericana de medianoche en platos hondos.

Decorar con cilantro fresco o perejil al gusto.

Servir caliente y ¡a disfrutar!

La sopa de medianoche sudamericana, también conocida como "Sopa de Medianoche", es un plato que llena y calienta, perfecto para las noches frías.

Albóndigas Königsberger

Tiempo de preparación: aprox. 60 minutos

Raciones: 4

Ingredientes:

Para las albóndigas

500 g de carne picada mixta (ternera y cerdo)

1 cebolla finamente picada

1 huevo

3 cucharadas de pan rallado

Sal y pimienta al gusto

1/2 cucharadita de nuez moscada molida

1 cucharada de perejil picado

1 cucharada de mostaza

Para la salsa

1 litro de caldo de verduras

2 hojas de laurel

6 granos de pimienta

2 cucharadas de mantequilla

2 cucharadas de harina

200 ml de nata

zumo de medio limón

Sal y pimienta al gusto

Para la salsa de alcaparras

50 g de alcaparras

1 cucharada de mantequilla

1 cucharada de harina

Instrucciones:

Preparar las albóndigas:

En un bol, mezclar la carne picada con la cebolla picada finamente, el huevo, el pan rallado, la sal, la pimienta, la nuez moscada, el perejil picado y la mostaza.

Amasar bien la mezcla hasta que todos los ingredientes se distribuyan uniformemente.

Tomar pequeñas porciones de la mezcla de carne picada y formar albóndigas. Deben tener el tamaño aproximado de una pelota de golf.

Cocer las albóndigas:

Poner a hervir el caldo de verduras en una cacerola grande.

Añadir las hojas de laurel y los granos de pimienta.

Colocar con cuidado las albóndigas en el caldo hirviendo y cocer lentamente a fuego medio durante unos 15-20 minutos hasta que estén cocidas. Estarán listas cuando estén firmes y cocidas.

Hacer la salsa:

En un cazo aparte, derretir la mantequilla.

Añadir la harina y rehogar durante unos 2-3 minutos, removiendo constantemente, hasta que se dore (esto forma el llamado "roux").

Añadir poco a poco el caldo de verduras, removiendo constantemente para obtener una salsa homogénea.

Incorporar la nata y cocer la salsa a fuego lento durante unos 10 minutos hasta que espese ligeramente.

Aromatizar con sal, pimienta y zumo de limón.

Hacer la salsa de alcaparras (opcional):

Escurrir las alcaparras.

Derretir la mantequilla en una sartén pequeña y añadir la harina para formar un roux.

Añadir poco a poco el caldo de verduras, sin dejar de remover, hasta obtener una salsa homogénea.

Añadir las alcaparras escurridas y cocer la salsa a fuego lento durante unos 5 minutos.

Servir:

Disponer los Königsberger Klopse en platos calientes y verter la salsa por encima.

Servir con patatas o puré de patatas al gusto.

Opcionalmente, verter la salsa de alcaparras sobre las albóndigas.

Servir calientes y ¡a disfrutar!

Estas Königsberger Klopse son un plato clásico alemán perfecto para una cena abundante y satisfactoria. La combinación de albóndigas tiernas y una salsa cremosa con un toque de limón es sencillamente deliciosa.

Sopa de pollo y verduras

Tiempo de preparación: aprox. 60 minutos

Raciones: 4-6

Ingredientes:

500 g de pechuga o muslos de pollo sin piel

2 litros de caldo de pollo

2 zanahorias peladas y cortadas en rodajas

2 tallos de apio picados

1 cebolla picada

2 dientes de ajo finamente picados

1 taza de judías verdes cortadas en trozos

1 taza de granos de maíz (frescos, congelados o en conserva)

1 taza de guisantes (frescos o congelados)

2 patatas peladas y cortadas en dados

1 cucharadita de hojas de tomillo seco

1 cucharadita de orégano seco

1 hoja de laurel

Sal y pimienta al gusto

Perejil fresco o cebollino para adornar (opcional)

Instrucciones:

Preparar el caldo de pollo:

Poner la pechuga o los muslos de pollo en una cacerola grande con el caldo de pollo.

Llevar la olla a ebullición y luego reducir el fuego para que el caldo hierva suavemente a fuego lento.

Cocer durante unos 30-40 minutos hasta que el pollo esté bien cocido y se pueda desmenuzar fácilmente con un tenedor.

Desmenuzar la carne de pollo:

Retire el pollo cocido del caldo y desmenúcelo en una tabla de cortar con dos tenedores o córtelo en trozos del tamaño de un bocado.

Reservar el pollo desmenuzado.

Preparar las verduras:

Mientras tanto, prepara las verduras: Pelar y cortar las zanahorias, picar el apio, picar la cebolla y el ajo, picar las judías verdes y cortar las patatas en dados.

Añade las verduras:

Añadir las verduras preparadas (zanahorias, apio, cebolla, ajo, judías verdes, maíz dulce, guisantes y patatas) al caldo.

Añadir las hojas secas de tomillo y orégano y la hoja de laurel.

Sazonar la sopa con sal y pimienta.

Cocer:

Cocer la sopa a fuego medio hasta que las verduras estén blandas, unos 15-20 minutos.

Añadir de nuevo el pollo desmenuzado a la sopa y calentar unos minutos.

Servir:

Retira la hoja de laurel antes de servir.

Sirve la sopa de pollo y verduras en platos hondos.

Decorar con perejil fresco o cebollino al gusto.

Servir caliente y ¡a disfrutar!

Esta sopa de pollo y verduras no sólo es deliciosa y reconfortante, sino que además está repleta de verduras saludables y pollo rico en proteínas. Es un plato perfecto para los días fríos o cuando simplemente apetece algo salado.

Pasta con salsa de nata y champiñones

Tiempo de preparación: aprox. 30 minutos

Raciones: 4

Ingredientes:

350 g de pasta (por ejemplo, espaguetis, penne o fettuccine)

300 g de champiñones cortados en láminas

2 dientes de ajo finamente picados

1 cebolla picada fina

2 cucharadas de mantequilla o aceite de oliva

250 ml de nata

100 ml de caldo de verduras

50 g de parmesano o pecorino rallado

Sal y pimienta al gusto

Perejil fresco o cebollino para adornar (opcional)

Preparación

Cocer la pasta:

Poner a hervir agua con sal en una olla grande.

Cocer la pasta siguiendo las instrucciones del paquete hasta que esté al dente.

Una vez cocida la pasta, escúrrala, pero reserve aproximadamente una taza del agua de cocción.

Preparar las setas:

Calentar 1 cucharada de mantequilla o aceite de oliva en una sartén a fuego medio.

Añadir la cebolla picada y el ajo picado y rehogar unos minutos hasta que estén blandos y fragantes.

Añadir las láminas de champiñón y seguir rehogando hasta que se doren ligeramente y el líquido se haya evaporado. Esto llevará unos 5-7 minutos.

Reservar los champiñones fritos.

Prepare la salsa de nata:

Calentar el resto de la mantequilla o el aceite de oliva en la misma sartén.

Añadir el caldo de verduras y la nata y llevar a ebullición.

Añadir el parmesano rallado y remover bien hasta que se haya derretido y la salsa haya espesado ligeramente.

Sazonar con sal y pimienta.

Mezclar la pasta con la salsa:

Añadir la pasta cocida a la sartén con la salsa de nata y mezclar bien hasta que la pasta quede cubierta uniformemente con la salsa.

Si es necesario, añadir un poco del agua de la pasta reservada para diluir y emulsionar la salsa.

Servir:

Repartir la pasta con la salsa cremosa de champiñones en los platos.

Disponer las láminas de champiñones fritos sobre la pasta.

Decorar con perejil fresco o cebollino al gusto.

Servir caliente y ¡a disfrutar!

Esta pasta con salsa cremosa de champiñones es un plato delicioso y saciante, fácil de preparar y que gustará a todo el mundo. Es perfecto para una cena rápida entre semana o para ocasiones especiales en las que quieras servir algo delicioso.

Patatas asadas con rebozuelos y tomillo

Tiempo de preparación: aprox. 30 minutos

Raciones: 2

Ingredientes:

500 g de patatas de cera

200 g de rebozuelos frescos

2 cucharadas de aceite de oliva o mantequilla

2 dientes de ajo finamente picados

Unas ramitas de tomillo fresco

Sal y pimienta al gusto

Opcional: perejil picado para decorar

Instrucciones:

Preparación de las patatas:

Lavar y pelar bien las patatas. A continuación, cortarlas en rodajas de aproximadamente 1 cm de grosor.

Freír las patatas:

En una sartén grande, calentar el aceite de oliva o la mantequilla a fuego medio.

Colocar las rodajas de patata en la sartén y repartirlas uniformemente para que formen una sola capa.

Freír las patatas, dándoles la vuelta de vez en cuando, hasta que estén doradas y crujientes, lo que puede llevar unos 15-20 minutos. Asegúrese de que no se oscurezcan demasiado.

Preparar los rebozuelos:

Mientras tanto, limpiar bien los rebozuelos con un paño de cocina. Cortar por la mitad o en cuartos los ejemplares grandes.

Añadir el ajo y los rebozuelos:

Añadir el ajo finamente picado a la sartén con las patatas fritas y rehogar durante aproximadamente 1 minuto hasta que desprenda aroma.

Añadir los rebozuelos preparados a la sartén y freír durante otros 5-7 minutos, removiendo de vez en cuando, hasta que estén blandos y empiecen a soltar líquido.

Sazonar al gusto y decorar:

Salpimentar las patatas asadas y los rebozuelos.

Arrancar las hojas de tomillo fresco de los tallos y espolvorear sobre las patatas asadas y los rebozuelos.

Decorar con perejil picado si se desea.

Servir:

Disponer las patatas asadas con rebozuelos y tomillo en los platos y servir inmediatamente mientras estén calientes.

Estas patatas asadas con rebozuelos y tomillo son una deliciosa guarnición o un plato principal ligero que se prepara rápidamente y ofrece todo el sabor de los ingredientes frescos. Son perfectas para una cena acogedora en casa o como guarnición de carne o pescado a la parrilla.

Chucrut con bacon y patatas

Tiempo de preparación: aprox. 45 minutos

Raciones: 4

Ingredientes:

500 g de patatas de cera

200 g de beicon cortado en dados

500 g de chucrut (de lata o tarro)

1 cebolla picada

2 cucharadas de mantequilla o manteca de cerdo

Sal y pimienta al gusto

Opcional: semillas de alcaravea, hojas de laurel, trozos de manzana para aromatizar

Instrucciones:

Preparación de las patatas:

Pelar las patatas y cortarlas en rodajas de 1 cm de grosor.

Freír el bacon:

En una sartén grande, freír el bacon cortado en dados sin añadir más grasa a fuego medio hasta que esté crujiente y la grasa se haya consumido.

Retirar el bacon frito crujiente de la sartén, escurrir en un plato con papel de cocina y reservar.

Freír la cebolla y añadir el chucrut:

En la misma sartén, rehogar la cebolla picada en un poco de mantequilla o manteca de cerdo hasta que esté transparente.

Añadir el chucrut y calentar a fuego medio durante unos 10-15 minutos, removiendo de vez en cuando. Así se ablandará y desarrollará su sabor característico.

Asar las patatas:

Mientras se cuece el chucrut, calentar el resto de la mantequilla o manteca en otra sartén.

Añadir las rodajas de patata a la sartén y freírlas, dándoles la vuelta de vez en cuando, hasta que estén doradas y crujientes.

Mezclar y sazonar:

Una vez que las patatas estén crujientes, volver a poner el bacon crujiente en la sartén y freír brevemente con las patatas para calentar el bacon.

Añadir el chucrut frito a la sartén con las patatas y el beicon y mezclarlo todo bien.

Sazonar al gusto con sal, pimienta y otras especias como semillas de alcaravea y hojas de laurel. También se pueden añadir unos trozos de manzana para equilibrar la acidez del chucrut.

Servir:

Disponer la mezcla de chucrut, patatas y bacon en los platos y servir caliente.

Este plato contundente va bien con un vaso de cerveza o una copa de vino blanco.

Disfrute de este plato rústico con chucrut, beicon y patatas, perfecto para los días fríos y capaz de envolverle con su sabor contundente y su calidez.

Col blanca al estilo indio

Tiempo de preparación: aprox. 30 minutos

Raciones: 4

Ingredientes:

1 col blanca pequeña (aprox. 600-800 g)

2 cucharadas de aceite de coco o aceite vegetal neutro

2 cucharaditas de cúrcuma (cúrcuma) molida

1 cucharadita de comino molido

1/2 cucharadita de cilantro molido

1/2 cucharadita de jengibre molido

1-2 guindillas, finamente picadas (dependiendo del picante deseado)

50 g de coco rallado

Sal al gusto

Pimienta negra recién molida al gusto

Cilantro fresco o perejil para adornar (opcional)

Gajos de lima para servir

Instrucciones:

Preparación de la col blanca:

Cortar la col blanca en cuartos, quitar el tallo y cortar o trocear la col en tiras finas. Lavar bien la col y escurrirla.

Saltear la col blanca:

En una sartén grande o un wok, calentar el aceite de coco a fuego medio.

Añadir la guindilla picada y sofreír brevemente hasta que desprenda aroma.

Añadir la col blanca preparada a la sartén y freír durante unos 5-7 minutos, removiendo de vez en cuando, hasta que se dore ligeramente y empiece a ablandarse.

Añada las especias y el coco rallado:

Espolvorear la cúrcuma molida, el comino, el cilantro y el jengibre sobre la col blanca y mezclar bien para distribuir las especias uniformemente.

Añadir los copos de coco y freír durante 2-3 minutos más hasta que se tuesten ligeramente y liberen su sabor.

Servir:

Sazonar la mezcla de col blanca con sal y pimienta negra recién molida al gusto.

Adorne con cilantro fresco o perejil al gusto.

Servir con gajos de lima para realzar el sabor.

Sirva la mezcla de col blanca caliente como guarnición de carne a la parrilla, pescado o platos vegetarianos.

También se puede servir con arroz o como relleno de un wrap (enrollado en pan de molde).

Esta mezcla de col blanca con cúrcuma, coco rallado y guindillas no sólo es deliciosa, sino también sana y llena de sabor. Es perfecta como guarnición o plato principal y es una forma de preparar la col de una manera nueva y atractiva.

Arroz con aguacate, alubias rojas y crème fraîche

Tiempo de preparación: aprox. 30 minutos

Raciones: 4

Ingredientes:

1 taza de arroz de grano largo

2 aguacates pelados, sin hueso y cortados en rodajas

1 lata de alubias rojas, escurridas y enjuagadas

1/2 taza de crème fraîche

1 limón, zumo

2 dientes de ajo picados

2 cucharadas de aceite de oliva

Sal y pimienta al gusto

Perejil fresco o cilantro para adornar (opcional)

Instrucciones:

Cocer el arroz:

Cocer el arroz de grano largo según las instrucciones del paquete hasta que esté cocido. Reservar el arroz ya cocido.

Preparar los aguacates:

Cortar los aguacates por la mitad, quitar el hueso y sacar la pulpa con cuidado con una cuchara. Córtalos en rodajas y rocíalos con zumo de limón para evitar que se doren.

Preparar las alubias rojas:

Colocar las alubias rojas escurridas y enjuagadas en un bol.

Preparar la salsa de crème fraîche:

En un bol pequeño, mezcle la crème fraîche con el zumo de medio limón. Sazonar con sal y pimienta.

Freír el ajo:

Calentar el aceite de oliva en una sartén y añadir el ajo picado. Rehogar a fuego medio hasta que el ajo esté aromático pero no dorado.

Montar el plato:

Colocar el arroz cocido, las rodajas de aguacate y las alubias rojas en una fuente grande.

Verter la mezcla caliente de ajo y aceite sobre el arroz, el aguacate y las alubias y mezclar suavemente para cubrir todos los ingredientes.

Servir:

Repartir el arroz, el aguacate, las alubias y la crème fraîche en los platos.

Decorar con perejil fresco o cilantro al gusto.

Servir inmediatamente y ¡a disfrutar!

El bol de arroz con aguacate, alubias rojas y crème fraîche es un plato delicioso y nutritivo que se puede tomar frío o caliente. Está lleno de sabores y texturas y ofrece una combinación equilibrada de hidratos de carbono, proteínas y grasas saludables.

Lechuga romana con arenque en salsa de nata, cebollas y manzanas

Tiempo de preparación: 20 minutos aprox.

Raciones: 4

Ingredientes:

1 lechuga romana

200 g de filetes de arenque en salsa de nata (de bote o lata)

1 cebolla grande, cortada en rodajas finas

2 manzanas peladas, sin corazón y cortadas en rodajas finas

2 cucharadas de vinagre (por ejemplo, vinagre de sidra de manzana)

2 cucharadas de aceite de oliva

Sal y pimienta al gusto

Opcional: hierbas frescas para adornar (p. ej. perejil o eneldo)

Instrucciones:

Preparación de la lechuga romana:

Lavar y secar bien la lechuga romana. Arrancar o cortar las hojas en trozos del tamaño de un bocado y colocar en una ensaladera grande.

Preparación de la cebolla y las manzanas:

Pelar la cebolla y cortarla en rodajas finas.

Pelar y descorazonar las manzanas y cortarlas también en rodajas finas.

Preparar el aliño de la ensalada:

Mezclar el aceite de oliva y el vinagre en un bol pequeño. Sazonar con sal y pimienta.

Montar la ensalada:

Añadir las rodajas de cebolla y manzana a la lechuga romana de la ensaladera.

Picar los filetes de arenque en salsa de nata y añadirlos a la ensalada.

Mezclar con cuidado:

Verter el aliño sobre la ensalada.

Mézclelo todo con cuidado hasta que los ingredientes queden uniformemente cubiertos con el aliño. Tenga cuidado de no aplastar la ensalada.

Servir:

Sirva la ensalada en platos.

Adorne con hierbas frescas al gusto.

Sirva inmediatamente y disfrute.

Esta lechuga romana con arenque en salsa de nata, cebollas y manzanas es una combinación de ensalada refrescante pero abundante. Es perfecta como comida ligera para los días cálidos o como guarnición de otros platos.

Arroz al estilo persa con pollo, arándanos y anacardos

Tiempo de preparación: aprox. 40 minutos

Raciones: 4

Ingredientes:

300 g de arroz basmati

500 g de filetes de pechuga de pollo cortados en trozos pequeños

1 cebolla finamente picada

2 dientes de ajo finamente picados

100 g de arándanos secos

50 g de anacardos

2 cucharadas de aceite de oliva o aceite vegetal neutro

1 cucharadita de cúrcuma molida

1 cucharadita de comino molido

1 cucharadita de pimentón en polvo

Sal y pimienta al gusto

Perejil fresco o cilantro para adornar (opcional)

Instrucciones:

Cocer el arroz:

Lavar bien el arroz basmati hasta que el agua salga clara. A continuación, cuézalo según las instrucciones del paquete hasta que esté hecho. La proporción normal es de 1 taza de arroz por cada 1,5 tazas de agua. Reservar el arroz y mantenerlo caliente.

Dorar el pollo:

En una sartén grande o un wok, calentar el aceite de oliva.

Añadir la cebolla picada y el ajo picado y sofreír hasta que estén transparentes.

Añadir los trozos de pollo y freír, removiendo de vez en cuando, hasta que se doren por todos los lados y estén bien hechos.

Añadir las especias:

Espolvorear la cúrcuma molida, el comino y el pimentón sobre el pollo y mezclar bien para que las especias se distribuyan uniformemente.

Añade los arándanos y los anacardos:

Añadir los arándanos secos y los anacardos a la sartén y freír durante 2-3 minutos más hasta que los arándanos estén ligeramente hinchados y los anacardos tostados.

Servir:

Añadir el arroz cocido a la mezcla de pollo en la sartén y mezclar suavemente hasta que todo esté bien combinado.

Sazonar el arroz con sal y pimienta al gusto.

Decorar con perejil fresco o cilantro al gusto.

Emplatar el arroz con el pollo, los arándanos y los anacardos y servir inmediatamente.

Este plato es una deliciosa combinación de pollo tierno, arroz sabroso y los agrios arándanos y crujientes anacardos. Es un plato principal maravilloso, delicioso y nutritivo a la vez.

Postres

Piña asada con miel y canela

Tiempo de preparación: 20 minutos aprox.

Raciones: 4

Ingredientes:

1 piña madura

2 cucharadas de miel

1 cucharadita de canela

2 cucharadas de mantequilla o aceite de coco

Opcional: helado de vainilla o yogur para servir

Instrucciones:

Preparación de la piña:

Cortar la piña longitudinalmente en cuartos y retirar el núcleo duro.

Cortar la piel exterior de la piña y cortar la pulpa en rodajas gruesas.

Preparar la mezcla de miel y canela:

En un bol pequeño, mezcla la miel y la canela hasta que estén bien combinadas.

Freír la piña:

Calentar una sartén a fuego medio y añadir la mantequilla o el aceite de coco.

Poner las rodajas de piña en la sartén y freír durante 2-3 minutos por cada lado hasta que estén doradas y ligeramente caramelizadas.

Bajar el fuego y verter la mezcla de miel y canela sobre la piña.

Freír la piña durante 2-3 minutos más hasta que la miel se haya caramelizado y la piña esté bien glaseada.

Servir:

Sacar la piña frita de la sartén y colocarla en una fuente.

Sirva la piña caliente, ya sea como postre solo o con una bola de helado de vainilla o una cucharada de yogur.

Si lo desea, puede decorar la piña asada con un chorrito de zumo de limón o una pizca de sal marina para realzar los sabores.

Este sencillo y delicioso plato de piña es una delicia que puede servirse caliente o refrescante. Es perfecto como postre ligero o como toque dulce para un desayuno o brunch especial.

Plátano al horno con pepitas de chocolate

Tiempo de preparación: 20 minutos aprox.

Raciones: 2

Ingredientes:

2 plátanos maduros

30 g de chocolate negro (70% de cacao o más), troceado o picado grueso

2 cucharaditas de miel o sirope de arce (opcional)

Canela al gusto (opcional)

Copos de coco o nueces picadas para adornar (opcional)

Instrucciones:

Preparación de los plátanos:

Precalentar el horno a 180°C.

Pelar los plátanos y cortarlos por la mitad a lo largo. Colocar las mitades de plátano en una fuente de horno o en una bandeja de horno forrada con papel de hornear.

Añadir el chocolate:

Espolvorear las pepitas de chocolate uniformemente sobre las mitades de plátano.

Rociar con miel o sirope de arce al gusto y aromatizar con una pizca de canela, si se desea.

Hornear:

Colocar los plátanos horneados en un horno precalentado a 180°C y hornear durante unos 10-12 minutos hasta que el chocolate se haya derretido y los plátanos estén blandos.

Servir:

Sacar los plátanos del horno y servir inmediatamente.

Espolvorear con copos de coco o nueces picadas al gusto.

Sírvelos calientes y ¡a disfrutar!

Estos plátanos al horno con trocitos de chocolate son un postre delicioso, fácil de preparar y que satisface a los más golosos. Los plátanos pueden disfrutarse solos o servidos con una cucharada de yogur para completar la experiencia de sabor.

Capa de yogur y fruta

Tiempo de preparación: unos 15 minutos

Raciones: 4

Ingredientes:

500 g de yogur griego (desnatado o al gusto)

2 cucharadas de miel o sirope de arce

1 cucharadita de extracto de vainilla (opcional)

Fruta fresca de su elección (por ejemplo, bayas, mango, piña)

Frutos secos o semillas para decorar (por ejemplo, almendras picadas, nueces, semillas de chía)

Hojas de menta fresca para decorar (opcional)

Instrucciones:

Preparación del yogur:

Poner el yogur griego en un bol mediano.

Añadir la miel o el sirope de arce y el extracto de vainilla.

Mezclar bien hasta que el dulzor se distribuya uniformemente.

Preparar la fruta:

Lavar y pelar la fruta fresca de su elección y cortarla en trozos del tamaño de un bocado.

Las bayas pueden dejarse enteras.

Montar el plato de capas:

Coger cuatro copas o cuencos de postre y empezar con una capa de yogur en el fondo.

A continuación, coloque encima una capa de la fruta fresca preparada.

Repita este proceso hasta llenar los vasos y termine con una capa de yogur.

Decorar:

Espolvorear frutos secos picados o semillas sobre la capa superior de yogur.

Decorar los platos por capas con hojas de menta fresca para añadir frescura.

Los postres pueden servirse inmediatamente o enfriarse en el frigorífico durante al menos 30 minutos para que se endurezcan un poco.

Servir:

Sirve los postres saludables de capas de yogur y fruta en copas o cuencos de postre y ¡disfrútalos inmediatamente!

Este plato saludable de yogur y fruta en capas es una opción deliciosa y refrescante para un postre o dulce repleto de sabor y nutrientes. Es fácil de preparar y puede variar en función de sus preferencias y de la disponibilidad de fruta fresca.

Batido de frutas del bosque

Tiempo de preparación: aprox. 5 minutos

Raciones: 1-2

Ingredientes:

1 plátano pelado y cortado en trozos

1 taza de bayas variadas (fresas, frambuesas, arándanos, etc.)

1/2 taza de espinacas o col rizada (opcional)

1/2 taza de yogur griego o leche de almendras (para una opción vegana)

1 cucharada de miel o sirope de arce (opcional, según el dulzor deseado)

Cubitos de hielo (opcional, para una consistencia fría)

Instrucciones:

Preparación de los ingredientes:

Pelar y cortar el plátano en trozos.

Preparar las bayas mezcladas lavándolas y quitándoles los tallos si es necesario.

Si se utilizan espinacas o col rizada, deben lavarse bien.

Composición del batido:

En una batidora o robot de cocina, añadir los trozos de plátano, las bayas licuadas, las espinacas o la col rizada (si se utilizan), el yogur griego o la leche de almendras y, opcionalmente, la miel o el sirope de arce.

Añadir unos cubitos de hielo si se prefiere un batido frío.

Licuar:

Mezclar todos los ingredientes en una batidora o robot de cocina hasta obtener una mezcla homogénea. Se puede añadir más o menos líquido en función de la consistencia deseada.

Aromatizar y ajustar:

Probar el batido y ajustar el dulzor si es necesario añadiendo más miel o jarabe de arce.

También puede añadir más bayas o espinacas para potenciar el sabor y los nutrientes.

Servir:

Verter el batido en vasos y servir inmediatamente.

Si lo desea, puede adornar el batido con bayas frescas o un chorrito de zumo de limón.

Este batido de bayas no sólo es delicioso, sino también rico en antioxidantes, vitaminas y minerales. Es perfecto como desayuno rápido, como tentempié entre horas o como bebida refrescante a cualquier hora del día. Experimente con diferentes bayas y verduras de hoja verde para crear su batido favorito.

Rodajas de sorbete de sandía congelado

Tiempo de preparación: aprox. 10 minutos (más el tiempo de congelación)

Raciones: 4

Ingredientes:

1 sandía pequeña

Zumo de 1 lima

2 cucharadas de miel o sirope de arce (opcional)

Hojas de menta fresca para adornar (opcional)

Instrucciones:

Preparación de la sandía:

Cortar la sandía en rodajas de 1,5 cm de grosor.

Quitar la piel a las rodajas de sandía.

Preparación del sorbete de sandía:

Cortar los trozos de sandía sin corazón en dados pequeños e introducirlos en una batidora o robot de cocina.

Añadir el zumo de lima y la miel o el sirope de arce.

Bátalo todo hasta obtener una consistencia suave y homogénea.

Congelar las capas de sorbete:

Forrar un molde poco profundo con papel de horno.

Vierta la mezcla de sorbete de sandía en el molde y alise la superficie con una cuchara.

Coloque el molde en el congelador durante al menos 4 horas o toda la noche hasta que el sorbete esté firme.

Porcionar las rodajas de sorbete:

Saque la capa de sorbete de sandía congelada del congelador y córtela en rectángulos o cuadrados uniformes.

Coloque las rodajas de sorbete cortadas en platos de postre o en cuencos pequeños.

Servir:

Decorar las rodajas de sorbete con hojas de menta fresca al gusto.

Sirva inmediatamente las rodajas de sorbete de sandía congelado como postre refrescante y saludable.

Estas rodajas de sorbete de sandía congelado son un postre delicioso y refrescante, perfecto para los calurosos días de verano o como tentempié saludable entre horas. Son fáciles de preparar y una forma maravillosa de transformar la fruta fresca en un sabroso capricho.

Yogur griego con miel e higos asados

Tiempo de preparación: aprox. 15 minutos

Raciones: 4

Ingredientes:

500 g de yogur griego (desnatado o al gusto)

4 higos maduros

2 cucharadas de miel

1 cucharada de frutos secos picados (por ejemplo, nueces, almendras) o granola (opcional)

Hojas de menta fresca para decorar (opcional)

Instrucciones:

Preparación de los higos:

Lavar los higos, cortarlos por la mitad y quitarles el pedúnculo.

Asar los higos:

Calentar una sartén a fuego medio.

Colocar los higos con el corte hacia abajo en la sartén y asarlos durante unos 2-3 minutos hasta que estén ligeramente caramelizados.

Preparar el yogur griego:

Poner el yogur griego en un bol de servir.

Añadir la miel y las nueces:

Rociar la miel sobre el yogur.

Espolvorear las nueces picadas o la granola.

Servir:

Colocar los higos asados sobre el yogur griego.

Decorar con hojas de menta fresca si se desea.

Servir inmediatamente y ¡a disfrutar! Este postre saludable es fácil de preparar y ofrece una deliciosa combinación de cremoso yogur griego, dulces higos asados y un toque de miel y frutos secos. Es rico en proteínas, fibra y grasas saludables y resulta perfecto como dulce colofón a cualquier comida.

Pudin de chía con fruta y almendras

Tiempo de preparación: aprox. 10 minutos (más el tiempo de hinchado)

Raciones: 2

Ingredientes:

4 cucharadas de semillas de chía

1 taza de leche de almendras sin azúcar (u otra leche vegetal de su elección)

1 cucharada de sirope de arce o miel (opcional)

1 cucharadita de extracto de vainilla (opcional)

Fruta fresca de su elección (por ejemplo, bayas, mango, piña)

Almendras picadas o almendras laminadas para decorar

Instrucciones:

Preparación del pudin de chía:

Poner las semillas de chía en un bol.

Verter sobre la leche de almendras sin azúcar y remover bien para asegurarse de que las semillas de chía queden completamente cubiertas por el líquido.

Si lo desea, añada el sirope de arce o la miel y el extracto de vainilla y vuelva a remover.

Dejar que se hinche:

Meter la mezcla de leche y chía en el frigorífico durante al menos 4 horas o toda la noche para que las semillas de chía se hinchen y adquieran una consistencia similar a la de un pudin. Remover de vez en cuando para evitar que se formen grumos.

Preparar la fruta:

Lavar y pelar la fruta fresca y cortarla en trozos pequeños.

Montar el pudin de chía:

Repartir uniformemente el pudin de chía hinchado en dos copas o cuencos de postre.

Cubra el pudin de chía con la fruta fresca preparada.

Decorar:

Espolvorear los postres con almendras picadas o almendras laminadas para añadir más textura y sabor.

Servir:

Servir inmediatamente los pudines de chía con fruta y almendras y ¡a disfrutar!

Este pudin de chía con fruta y almendras es un postre delicioso y nutritivo, rico en fibra, proteínas y grasas saludables. Es perfecto como dulce final de una comida o como tentempié saludable entre horas.

Pudin de coco y chía con bayas frescas

Tiempo de preparación: aprox. 10 minutos (más el tiempo de hinchado)

Raciones: 2

Ingredientes:

4 cucharadas de semillas de chía

1 taza de leche de coco sin azúcar

1 cucharada de sirope de arce o miel (opcional)

1 cucharadita de extracto de vainilla (opcional)

Bayas frescas de su elección (por ejemplo, fresas, frambuesas, arándanos)

Coco rallado para adornar (opcional)

Hojas de menta fresca para adornar (opcional)

Instrucciones:

Preparación del pudin de chía:

Poner las semillas de chía en un bol.

Verter sobre la leche de coco sin azúcar y remover bien para asegurarse de que las semillas de chía queden completamente cubiertas por el líquido.

Si lo desea, añada el sirope de arce o la miel y el extracto de vainilla y vuelva a remover.

Dejar que se hinche:

Meter la mezcla de chía y leche de coco en el frigorífico durante al menos 4 horas o toda la noche para que las semillas de chía se hinchen y adquieran una consistencia similar a la de un pudin. Remover de vez en cuando para evitar que se formen grumos.

Preparar las bayas frescas:

Lavar las bayas frescas y secarlas.

Montar el pudin de coco y chía:

Repartir uniformemente el pudin de chía hinchado en dos copas o cuencos de postre.

Servir con bayas frescas:

Colocar las bayas frescas sobre el pudin de chía y presionar ligeramente para que suelten algo de jugo.

Decorar:

Espolvorear con coco rallado al gusto.

Adorne con hojas de menta fresca para embellecer el postre.

Servir:

Sirva el pudin de coco y chía con bayas frescas inmediatamente y ¡disfrútelo!

Este pudin de coco y chía con bayas frescas es un postre delicioso y nutritivo, rico en fibra, grasas saludables y antioxidantes. Es perfecto como dulce final de una comida o como tentempié saludable entre horas.

Mousse de chocolate y aguacate

Tiempo de preparación: unos 15 minutos (más el tiempo de enfriamiento)

Raciones: 2

Ingredientes:

1 aguacate maduro

2 cucharadas de cacao en polvo sin azúcar

2-3 cucharadas de sirope de arce o miel

1 cucharadita de extracto de vainilla

Una pizca de sal

Opcional: Bayas frescas para adornar

Instrucciones:

Preparación del aguacate:

Cortar el aguacate maduro a lo largo, quitar el hueso y sacar la pulpa.

Preparación de la mousse:

Poner la pulpa del aguacate en una batidora o robot de cocina junto con el cacao en polvo sin azúcar, el sirope de arce o la miel, el extracto de vainilla y una pizca de sal.

Mezclar todo hasta obtener una consistencia suave y cremosa. Si es necesario, raspar los lados de la batidora con una espátula y batir de nuevo para asegurarse de que todo está bien mezclado.

Tiempo de enfriamiento:

Cubre la mousse de chocolate con aguacate y métela en la nevera durante al menos 1 hora para que se enfríe un poco y se endurezca.

Servir:

Reparte la mousse de chocolate y aguacate fría en copas o cuencos de postre.

Si lo desea, decore la mousse con bayas frescas u otra fruta de su elección.

Sirve la mousse de chocolate y aguacate como un postre delicioso y saludable.

Esta mousse de chocolate con aguacate es una alternativa saludable a las mousses de chocolate tradicionales. El aguacate da a la mousse una textura cremosa y aporta grasas saludables al mismo tiempo. Disfruta de este postre como un delicioso final de comida o como un dulce tentempié entre horas.

Conclusión

Regla 3 "C":

- **C**ocinar uno mismo es más sano

- **C**ocinar en casa es más barato en precio y tiempo

- **C**ocinar para ti mismo te hace más feliz

Resumen

Basado en los datos científicos más recientes, el contenido de este libro muestra los innegables beneficios de un estilo de vida saludable con actividad física regular, los necesarios periodos de descanso con sueño sano, una dieta sana, suplementos de estilo de vida prometedores y evitar en la medida de lo posible las sustancias nocivas. Cocinarse uno mismo suele ser más sano, más barato y lleva menos tiempo, e incluso puede ser divertido.

Incluso una pequeña dosis de ejercicio ha demostrado ser una "píldora medicinal" eficaz. Sólo 10 minutos de ejercicio al día pueden ayudar a prevenir problemas de salud, controlar el estrés y mejorar la calidad de vida. Con la calistenia, el salto de cuerda y el yoga, el entrenamiento puede realizarse prácticamente en cualquier lugar y en cualquier momento, sin gimnasio, aparatos ni pesas. Estos deportes pueden practicarse independientemente del tiempo que haga, lo que permite ahorrar dinero y tiempo.

El sueño, la relajación y la música son pilares infravalorados del mantenimiento de la salud. Los medicamentos y suplementos dietéticos para favorecer el sueño deben evitarse en la medida de lo posible debido a sus efectos secundarios no despreciables. Incluso medidas sencillas pueden contribuir a la higiene del sueño. Tanto escuchar música como hacer música activamente son medidas complementarias que favorecen la salud.

Ciertos mitos nutricionales persisten a pesar de la cambiante situación de los estudios. Por ejemplo, **la mala imagen de los huevos, la grasa y la sal debería revitalizarse parcialmente y no debería ignorarse el peligro del azúcar.** Algunos aspectos de la longevidad parecen verificables y reproducibles mediante dietas ceto y bajas en carbohidratos con hallazgos a nivel molecular. En principio, no hay que menospreciar la carne como alimento malo.

El estilo de vida es prometedor para una vida larga y sana, pero no todos los suplementos dietéticos y plantas exóticas que se anuncian parecen tener sentido, ya que el éxito demostrado deja mucho que desear y, en el peor de los casos, puede incluso ser perjudicial para la salud. En su lugar, hay que favorecer una dieta equilibrada y el ejercicio regular.

En principio, una dieta equilibrada de alimentos regionales con fruta de temporada es mejor opción que la ingesta regular de suplementos de estilo de vida o productos de plantas exóticas etiquetados como "superalimentos" para conseguir una buena salud y un posible aumento de la esperanza de vida.

Las vitaminas son esenciales y, por tanto, deben ingerirse a través de los alimentos, por lo que una dieta equilibrada debe proporcionar una cantidad suficiente de cada vitamina. En algunos casos, como el de la vitamina D, el cuerpo también puede producir vitaminas mediante la exposición de la piel a la luz solar. Una carencia de vitaminas puede provocar diversos problemas de salud, mientras que un exceso de ciertas vitaminas también puede ser perjudicial.

Si se desea tomar suplementos, vitaminas y/o superalimentos, debe consultarse con un médico o nutricionista, ya que también podrían ser perjudiciales para la salud. Los medicamentos como la metformina y la semaglutida requieren receta médica y no deben administrarse sin la supervisión de un médico.

Un estilo de vida peligroso, la indiferencia ante los riesgos para la salud y el consumo habitual de sustancias nocivas como el alcohol, las drogas y el tabaco pueden repercutir negativamente en la salud y la vida. En caso necesario, se requiere apoyo profesional, ya que los afectados no siempre son capaces de ayudarse a sí mismos. Además de **la salud física, la salud mental también es crucial para una larga vida.**

Perspectiva

En el futuro, deberán investigarse más a fondo los nuevos descubrimientos de la medicina empírica (medicina basada en la experiencia).

MTC

La acupuntura se utiliza en la medicina tradicional china (MTC) desde hace miles de años y está reconocida por la Organización Mundial de la Salud (OMS) como método alternativo para 43 enfermedades desde 1979.[677] Los puntos de acupuntura están situados en un sistema de vías (meridianos), algunas de las cuales pueden determinarse mediante mediciones de impedancia eléctrica (puntos de resistencia cutánea).[678] Tras el diagnóstico en MTC, se aplican en los puntos agujas de acupuntura finas y estériles o moxibustión, es decir, emisión controlada de calor con artemisa seca ardiente (Artemisia vulgaris), durante un tratamiento de unos 20 minutos.[679] El efecto de la acupuntura parece explicarse por la liberación por el propio organismo de diversas sustancias mensajeras, que pueden dilatar los vasos sanguíneos y tienen propiedades inhibidoras del dolor.[677,680]

Se están investigando los siguientes puntos de acupuntura para la promoción de la salud, el apoyo del sistema inmunitario y la longevidad:

足三里 Zúsānlǐ (Estómago-36):

Este punto, situado a la anchura de una mano por debajo de la parte exterior de la rótula, también se conoce como el "punto de la longevidad" y parece tener efectos neuroprotectores, anticancerígenos y antiinflamatorios.[681,682,683] El efecto de la longevidad podría deberse a la inhibición de la vía de señalización mTOR.[684]

百会 Bǎihuì (Vaso de Dirección-20):

La estimulación de este punto, situado en el centro del cráneo, parece tener un efecto
efecto antioxidante, neuroprotector (sobre todo tras un ictus) y prolongador de la vida (a través de la vía de señalización mTOR).[684,685,686]

涌泉 Yǒngquán (Riñón-1):

Este punto, situado en la planta del pie entre los dos juanetes, se trata mejor con moxibustión y puede ayudar a tratar la hipertensión arterial y prolongar la vida a través de la vía de señalización mTOR.[684,687]

膻中 Shānzhōng (Vaso Concepción-17):

Este punto, que se encuentra en el plexo solar (a nivel del esternón), debe, al igual que el Riñón-1, tratarse mejor con moxibustión y puede tener un efecto antidepresivo y cardioprotector.[679,688]

内关 Nèiguān (Pericardio-6):

Este punto de acupuntura, situado en la cara interna del brazo a dos pulgares de distancia de la muñeca, parece tener un efecto cardioprotector en pacientes con cardiopatías y mejorar la calidad de vida en enfermos de cáncer.[689,690]

曲池 Qūchí (Intestino Grueso-11):

A la estimulación de este punto de acupuntura, situado en la parte superior del pliegue del codo, se le atribuyen efectos antihipertensivos (disminución de la tensión arterial), neuroprotectores y también prolongadores de la vida.[682,684,690]

合谷 Hégǔ (Intestino Grueso-4):

Este punto está situado en el hueco entre el pulgar y el índice y también suele estimularse para el autotratamiento con acupresión (acupuntura sin agujas) y puede mejorar las defensas inmunitarias y tener un efecto prolongador de la vida.[691]

MTT

La Medicina Tradicional Tibetana (MTT), que se ha visto influida por aspectos de la MTC, la medicina ayurvédica y la antigua medicina griega o la antigua medicina persa, ofrece una perspectiva más desde la medicina empírica en el campo de la dietética (enseñanza nutricional).[692] Un planteamiento interesante que ha seguido mi grupo de trabajo es que se podría ayudar a los pacientes con cardiopatía coronaria a conseguir la reducción de peso deseada utilizando el sistema de la MTC, aunque las investigaciones aún no han incluido un diseño de estudio multicéntrico.[693,694] En 2022, un estudio transversal chino confirmó algunos aspectos de los resultados de nuestro estudio en personas con síndrome metabólico.[695]

Poderes de autocuración

A pesar de una cirrosis hepática inducida por el alcohol, un infarto de miocardio y una depresión, Johann Wolfgang von Goethe consiguió alcanzar una edad notable para la época, 83 años.[696] "Goethe confiaba en los poderes autocurativos del hombre "Natura sanat, medicus curat" (La naturaleza cura, el médico cura) "o como hace decir a Mefisto en Urfaust y Fausto I: "El espíritu de la medicina es fácil de captar, se estudia el mundo grande y pequeño, para dejarlo ir al final, como a Dios le plazca"."[696]

Queda por decir: Con un estilo de vida sensato, se puede conseguir una larga vida si se siguen cosas sencillas en el día a día. **No es necesario ningún pacto con el diablo.** La dieta y el estilo de vida influyen mucho en la salud y la esperanza de vida. Una dieta equilibrada, actividad física regular, dormir lo suficiente, controlar el estrés y evitar comportamientos nocivos como fumar o consumir alcohol en exceso son cruciales para gozar de buena salud y alargar la vida. Se recomienda pedir consejo profesional a un médico, farmacéutico, fisioterapeuta y/o preparador físico titulado antes de iniciar cualquier programa de ejercicio, tomar suplementos o cambiar la dieta.

El fenómeno del tiempo

En la introducción se ha hablado de la edad cronológica. El "cronos" (tiempo) es un fenómeno difícil de comprender. **Se sabe que el tiempo es relativo y no corre a la misma velocidad en todas partes** (principio de dilatación del tiempo en la teoría especial de la relatividad de **Albert Einstein**), y existe la teoría recientemente propuesta de que el proceso de envejecimiento podría contribuir a la relatividad del tiempo.[697] En el cuadro surrealista de **Salvador Dalí "La persistencia de la memoria"**, los **"relojes que se derriten" simbolizan que el tiempo es fugaz,** subjetivo (dependiendo de la percepción del espectador) y no lineal.[698]

La visión lineal del tiempo en un flujo en una línea temporal de alfa a omega probablemente deba ceder terreno en favor de una visión cíclica, como ya simbolizan civilizaciones avanzadas **como los olmecas y los mayas en Centroamérica o los tibetanos con la "rueda del tiempo".**[699,700] Los procesos de pensamiento también pueden ser lineales o cíclicos, mientras que el pensamiento lineal se considera lógico, binario ("sí o no"), fijo y organizado, el pensamiento lineal carece de "ingenio, innovación y originalidad" en comparación con el pensamiento cíclico.[701]

Tanto en el microcosmos (hélice de ADN) como en el macrocosmos (galaxia), la naturaleza ha creado formas cíclicas en lugar de lineales. La física moderna demuestra que **el tiempo es una ilusión y que el pasado, el presente y el futuro ocurren simultáneamente.**[702]

El título deliberadamente provocador del libro, "Comer inmortalmente", puede considerarse un lema de vida. El espacio, el tiempo y la edad se funden en dimensiones cósmicas:**"Aunque nosotros, los dioses, seamos abolidos u olvidados, las estrellas nunca se desvanecerán. Jamás. Brillarán hasta el fin de los tiempos".**[703]

Literatura

1. Johnson AA, English BW, Shokhirev MN, Sinclar DA, Cuellar TL. Human age reversal: Fact or fiction? *Aging Cell.* 2022;21(8):e13664.
2. Inoue K, Tsugawa Y, Mayeda ER, Ritz B. Association of Daily Step Patterns With Mortality in US Adults. *JAMA Netw Open.* 2023;6(3):e235174.
3. Paluch AE, Bajpai S, Bassett DR, Carnethon MR, Ekelund U, Evenson KR, Galuska DA, Jefferis BJ, Kraus WE, Lee IM, Matthews CE, Omura JD, Patel AV, Pieper CF, Rees-Punia E, Dallmeier D, Klenk J, Whincup PH, Dooley EE, Pettee Gabriel K, Palta P, Pompeii LA, Chernofsky A, Larson MG, Vasan RS, Spartano N, Ballin M, Nordström P, Nordström A, Anderssen SA, Hansen BH, Cochrane JA, Dwyer T, Wang J, Ferrucci L, Liu F, Schrack J, Urbanek J, Saint-Maurice PF, Yamamoto N, Yoshitake Y, Newton RL Jr, Yang S, Shiroma EJ, Fulton JE; Steps for Health Collaborative. Daily steps and all-cause mortality: a meta-analysis of 15 international cohorts. *Lancet Public Health.* 2022;7(3):e219-e228.
4. Paluch AE, Bajpai S, Ballin M, Bassett DR, Buford TW, Carnethon MR, Chernofsky A, Dooley EE, Ekelund U, Evenson KR, Galuska DA, Jefferis BJ, Kong L, Kraus WE, Larson MG, Lee IM, Matthews CE, Newton RL Jr, Nordström A, Nordström P, Palta P, Patel AV, Pettee Gabriel K, Pieper CF, Pompeii L, Rees-Punia E, Spartano NL, Vasan RS, Whincup PH, Yang S, Fulton JE; Steps for Health Collaborative. Prospective Association of Daily Steps With Cardiovascular Disease: A Harmonized Meta-Analysis. *Circulation.* 2023;147(2):122-131.
5. Matthews CE, Moore SC, Arem H, Cook MB, Trabert B, Håkansson N, Larsson SC, Wolk A, Gapstur SM, Lynch BM, Milne RL, Freedman ND, Huang WY, Berrington de Gonzalez A, Kitahara CM, Linet MS, Shiroma EJ, Sandin S, Patel AV, Lee IM. Amount and Intensity of Leisure-Time Physical Activity and Lower Cancer Risk. *J Clin Oncol.* 2020;38(7):686-697.
6. Steinberg B. You only need to walk this many steps per week to add 3 years to your life. *New York Post.* 2024;12 March. https://nypost.com/2024/03/12/lifestyle/you-only-need-to-walk-this-many-steps-per-week-to-add-3-years-to-your-life/.
7. Mok A, Khaw KT, Luben R, Wareham N, Brage S. Physical activity trajectories and mortality: population based cohort study. *BMJ.* 2019;365:l2323.
8. Garber CE, Blissmer B, Deschenes MR, Franklin BA, Lamonte MJ, Lee IM, Nieman DC, Swain DP; American College of Sports Medicine. American College of Sports Medicine position stand. Quantity and quality of exercise for developing and maintaining cardiorespiratory, musculoskeletal, and neuromotor fitness in apparently healthy adults: guidance for prescribing exercise. *Med Sci Sports Exerc.* 2011;43(7):1334-59.
9. Li VL, He Y, Contrepois K, Liu H, Kim JT, Wiggenhorn AL, Tanzo JT, Tung AS, Lyu X, Zushin PH, Jansen RS, Michael B, Loh KY, Yang AC, Carl CS, Voldstedlund CT, Wei W, Terrell SM, Moeller BC, Arthur RM, Wallis GA, van de Wetering K, Stahl A, Kiens B, Richter EA, Banik SM, Snyder MP, Xu Y, Long JZ. An exercise-

inducible metabolite that suppresses feeding and obesity. *Nature.* 2022;606(7915):785-790.

10. Schumann M, Feuerbacher JF, Sünkeler M, Freitag N, Rønnestad BR, Doma K, Lundberg TR. Compatibility of Concurrent Aerobic and Strength Training for Skeletal Muscle Size and Function: An Updated Systematic Review and Meta-Analysis. *Sports Med.* 2022;52(3):601-612.

11. Guseh JS, Figueroa JF. Evaluating the Health Benefits of Low-Frequency Step-Based Physical Activity-The "Weekend Warrior" Pattern Revisited. *JAMA Netw Open.* 2023;6(3):e235184.

12. Khurshid S, Al-Alusi MA, Churchill TW, Guseh JS, Ellinor PT. Accelerometer-Derived "Weekend Warrior" Physical Activity and Incident Cardiovascular Disease. *JAMA.* 2023;330(3):247-252.

13. Hollingsworth JC, Young KC, Abdullah SF, Wadsworth DD, Abukhader A, Elfenbein B, Holley Z.
Protocol for Minute Calisthenics: a randomized controlled study of a daily, habit-based, bodyweight resistance training program. *BMC Public Health.* 2020;20(1):1242.

14. Baker JA. Comparison of Rope Skipping and Jogging as Methods of Improving Cardiovascular Efficiency of College Men. *Res Q.* 1968;39(2):240-3.

15. Zhang L, Wang D, Liu S, Ren FF, Chi L, Xie C. Effects of Acute High-Intensity Interval Exercise and High-Intensity Continuous Exercise on Inhibitory Function of Overweight and Obese Children. *Int J Environ Res Public Health.* 2022;19(16):10401.

16. Town GP, Sol N, Sinning WE. The effect of rope skipping rate on energy expenditure of males and females. *Med Sci Sports Exerc.* 1980;12(4):295-8.

17. Harrell JS, McMurray RG, Baggett CD, Pennell ML, Pearce PF, Bangdiwala SI. Energy costs of physical activities in children and adolescents. *Med Sci Sports Exerc.* 2005;37(2):329-36.

18. Ajjimaporn A, Rachiwong S, Sikipoknpanich V. Effects of 8 weeks of modified hatha yoga traiing on resting-state brain activity and the p300 ERP in patients with physical disability-related stress. *J Phys Ther Sci.* 2018;30(9):1187-1192.

19. Hofmann SG, Andreoli G, Carpenter JK, Curtiss J. Effect of Hatha Yoga on Anxiety: A Meta-Analysis. *J Evid Based Med.* 2016;9(3):116-124.

20. Cramer H, Sellin C, Schumann D, Dobos G. Yoga in Arterial Hypertension. *Dtsch Arztebl Int.* 2018;115(50):833-9.

21. Vilaval T, Sasinan W, Mayuree C, Chananun P, Somchai S. Effect of acupuncture on blood pressure control in hypertensive patients. *J Tradit Chin Med.* 2019;39(2):246-250.

22. Datta K, Bhutambara A, Narawa Y, Srinath R, Kanitkar M. Improved sleep, cognitive processing and enhanced learning and memory task accuracy with Yoga nidra practice in novices. *PLoS ONE.* 2023;18(12):e0294678.

23. Noetel M, Sanders T, Gallardo-Gómez D, Taylor P, Del Pozo Cruz B, van den Hoek D, Smith JJ, Mahoney J, Spathis J, Moresi M, Pagano R, Pagano L, Vasconcellos R, Arnott H, Varley B, Parker P, Biddle S, Lonsdale C. Effect of exercise for

depression: systematic review and network meta-analysis of randomised controlled trials. *BMJ*. 2024;384:e075847.

24. Veerabrahmachar R, Bista S, Bokde R, Jasti N, Bhargav H, Bista S. Immediate Effect of Nada Yoga Meditation on Energy Levels and Alignment of Seven Chakras as Assessed by Electro-photonic Imaging: A Randomized Controlled Crossover Pilot Study. *Adv Mind Body Med*. 2023;37(1):11-16.

25. Kelder P, Salvesen C. In: Die Fünf Tibeter / Der Sechste Tibeter in einem Band. *Fischer Taschenbuch Verlag*; 5. Ed. 2010:1-336.

26. Lobsang T. In: Lu Jong: die älteste tibetische Bewegungslehre zur Heilung von Körper und Geist. *O.W. Barth*; 10. Ed. 2010:1-176.

27. Sahu R. In: Yoga For Beginners: Hatha Yoga: The Complete Guide to Master Hatha Yoga; Benefits, Essentials, Asanas (with Pictures), Hatha Meditation, Common Mistakes, FAQs, and Common Myths. *Independently published*. 2020:1-189.

28. Dimitrov S, Lange T, Gouttefangeas C, Jensen ATR, Szczepanski M, Lehnnolz J, Soekadar S, Rammensee HG, Born J, Besedovsky L. Gα_s-coupled receptor signaling and sleep regulate integrin activation of human antigen-specific T cells. *J Exp Med*. 2019;216(3):517-526.

29. Wang C, Bangdiwala SI, Rangarajan S, Lear SA, AlHabib KF, Mohan V, Teo K, Poirier P, Tse LA,   Liu Z, Rosengren A, Kumar R, Lopez-Jaramillo P, Yusoff K, Monsef N, Krishnapillai V, Ismail N, Seron P, Dans AL, Kruger L, Yeates K, Leach L, Yusuf R, Orlandini A, Wolyniec M, Bahonar A, Mohan I, Khatib R, Temizhan A, Li W, Yusuf S. Association of estimated sleep duration and naps with mortality and cardiovascular events: a study of 116 632 people from 21 countries. *Eur Heart J*. 2019;40(20):1620-1629.

30. Li J, Cao D, Huang Y, Chen Z, Wang R, Dong Q, Wei Q, Liu L. Sleep duration and health outcomes: an umbrella review. *Sleep Breath*. 2022;26(3):1479-1501.

31. Mitter P, De Crescenzo F, Loo Yong Kee K, Xia J, Roberts S, Chi W, Kurtulmus A, Kyle SD, Geddes JR, Cipriani A. Sleep deprivation as a treatment for major depressive episodes: A systematic review and meta-analysis. *Sleep Med Rev*. 2022;64:101647.

32. Dhand R, Sohal H. Good sleep, bad sleep! The role of daytime naps in healthy adults. *Curr Opin Pulm Med*. 2006;12(6):379-82.

33. Ong JL, Lau TY, Lee XK, van Rijn E, Chee MWL. A daytime nap restores hippocampal function and improves declarative learning. *Sleep*. 2020;43(9):zsaa058.

34. Zheng B, Yu C, Lv J, Guo Y, Bian Z, Zhou M, Yang L, Chen Y, Li X, Zou J, Ning F, Chen J, Chen Z, Li L; China Kadoorie Biobank Collaborative Group. Insomnia symptoms and risk of cardiovascular diseases among 0.5 million adults: A 10-year cohort. *Neurology*. 2019;93(23):e2110-e2120.

35. McAlpine CS, Kiss MG, Rattik S, He S, Vassalli A, Valet C, Anzai A, Chan CT, Mindur JE, Kahles F, Poller WC, Frodermann V, Fenn AM, Gregory AF, Halle L, Iwamoto Y, Hoyer FF, Binder CJ, Libby P, Tafti M, Scammell TE, Nahrendorf M, Swirski FK. Sleep modulates haematopoiesis and protects against atherosclerosis. *Nature*. 2019;566(7744):383-387.

36. Benz F, Meneo D, Baglioni C, Hertenstein E. Insomnia symptoms as risk factor for somatic disorders: An umbrella review of systematic reviews and meta-analyses. *J Sleep Res.* 2023;32(6):e13984.
37. Le Bon O. Relationships between REM and NREM in the NREM-REM sleep cycle: a review on competing concepts. *Sleep Med.* 2020;70:6-16.
38. Ackermann S, Rasch B. Differential effects of non-REM and REM sleep on memory consolidation? *Curr Neurol Neurosci Rep.* 2014;14(2):430.
39. Chinoy ED, Cuellar JA, Huwa KE, Jameson JT, Watson CH, Bessman SC, Hirsch DA, Cooper AD, Drummond SPA, Markwald RR. Performance of seven consumer sleep-tracking devices compared with polysomnography. *Sleep.* 2021;44(5):zsaa291.
40. Hussey KD. Timeless spaces: Field experiments in the physiological study of circadian rhythms, 1938-1963. *Hist Philos Life Sci.* 2023;45(2):17.
41. Boivin DB, Boudreau P, Kosmadopoulos A. Disturbance of the Circadian System in Shift Work and Its Health Impact. *J Biol Rhythms.* 2022;37(1):3-28.
42. Touitou Y, Reinberg A, Touitou D. Association between light at night, melatonin secretion, sleep deprivation, and the internal clock: Health impacts and mechanisms of circadian disruption. *Life Sci.* 2017;173:94-106.
43. Lopresti AL, Smith SJ, Drummond PD. An investigation into an evening intake of a saffron extract (affron®) on sleep quality, cortisol, and melatonin concentrations in adults with poor sleep: a randomised, double-blind, placebo-controlled, multi-dose study. *Sleep Med.* 2021;86:7-18.
44. Shinjyo N, Waddell G, Green J. Valerian Root in Treating Sleep Problems and Associated Disorders-A Systematic Review and Meta-Analysis. *J Evid Based Integr Med.* 2020;25:2515690X20967323.
45. DeKosky ST, Williamson JB. The Long and the Short of Benzodiazepines and Sleep Medications: Short-Term Benefits, Long-Term Harms? *Neurotherapeutics.* 2020;17(1):153-155.
46. Irish LA, Kline CE, Gunn HE, Buysse DJ, Hall MH. The role of sleep hygiene in promoting public health: A review of empirical evidence. *Sleep Med Rev.* 2015;22:23-36.
47. Harvey DL, Milton K, Jones AP, Atkin AJ. International trends in screen-based behaviours from 2012 to 2019. *Prev Med.* 2022;154:106909.
48. Moszeik EN, von Oertzen T, Renner KH. Effectiveness of a short Yoga Nidra meditation on stress, sleep, and well-being in a large and diverse sample. *Curr Psychology.* 2022;41:5272-5286.
49. Song I, Baek K, Kim C, Song C. Effects of nature sounds on the attention and physiological and psychological relaxation. *Urban For Urban Gree.* 2023;86:127987.
50. Precht LM, Mertens F, Brickau DS, Kramm RJ, Margraf J, Stirnberg J, Brailovskaia J. Engaging in physical activity instead of (over)using the smartphone: An experimental investigation of lifestyle interventions to prevent problematic smartphone use and to promote mental health. *Z Gesundh Wiss.* 2023:1-19.

51. Hallam S, Creech A. Can active music making promote health and well-being in older citizens? Findings of the music for life project. *London J Prim Care (Abingdon).* 2016;8(2):21-25.

52. Daykin N, de Viggiani N, Pilkington P, Moriarty Y. Music making for health, well-being and behaviour change in youth justice settings: a systematic review. *Health Promot Int.* 2013;28(2):197-210.

53. Sutcliffe R, Du K, Ruffman T. Music Making and Neuropsychological Aging: A Review. *Neurosci Biobehav Rev.* 2020;113:479-491.

54. de la Rubia Ortí JE, García-Pardo MP, Iranzo CC, Madrigal JJC, Castillo SS, Rochina MJ, Gascó VJP. Does Music Therapy Improve Anxiety and Depression in Alzheimer's Patients? *J Altern Complement Med.* 2018;24(1):33-36.

55. Pauwels EK, Volterrani D, Mariani G, Kostkiewics M. Mozart, music and medicine. *Med Princ Pract.* 2014;23(5):403-12.

56. Sanfilippo KRM, Stewart L, Glover V. How music may support perinatal mental health: an overview. *Arch Womens Ment Health.* 2021;24(5):831-839.

57. Araújo LS, Wasley D, Redding E, Atkins L, Perkins R, Ginsborg J, Williamon A. Fit to Perform: A Profile of Higher Education Music Students' Physical Fitness. *Front Psychol.* 2020;11:298.

58. Kulinski J, Ofori EK, Visotcky A, Smith A, Sparapani R, Fleg JL. Effects of music on the cardiovascular system. *Trends Cardiovasc Med.* 2022;32(6):390-398.

59. Krucoff MW, Crater SW, Green CL, Maas AC, Seskevich JE, Lane JD, Loeffler KA, Morris K, Bashore TM, Koenig HG. Integrative noetic therapies as adjuncts to percutaneous intervention during unstable coronary syndromes: Monitoring and Actualization of Noetic Training (MANTRA) feasibility pilot. *Am Heart J.* 2001;142(5):760-9.

60. Krucoff MW, Crater SW, Gallup D, Blankenship JC, Cuffe M, Guarneri M, Krieger RA, Kshettry VR, Morris K, Oz M, Pichard A, Sketch MH Jr, Koenig HG, Mark D, Lee KL. Music, imagery, touch, and prayer as adjuncts to interventional cardiac care: the Monitoring and Actualisation of Noetic Trainings (MANTRA) II randomised study. *Lancet.* 2005;366(9481):211-7.

61. Koelsch S, Jäncke L. Music and the heart. *Eur Heart J.* 2015;36(44):3043-9.

62. Bittman B, Croft DT Jr, Brinker J, van Laar R, Vernalis MN, Ellsworth DL. Recreational Music-Making alters gene expression pathways in patients with coronary heart disease. *Med Sci Monit.* 2013;19:139-47.

63. Wong MM, Tahir T, Wong MM, Baron A, Finnerty R. Biomarkers of Stress in Music Interventions: A Systematic Review. *Music Ther.* 2021;58(3):241-277.

64. Linnemann A, Ditzen B, Strahler J, Doerr JM, Nater UM. Music listening as a means of stress reduction in daily life. *Psychoneuroendocrinology.* 2015;60:82-90.

65. Zhao B, Gan L, Graubard BI, Männistö S, Albanes D, Huang J. Associations of Dietary Cholesterol, Serum Cholesterol, and Egg Consumption With Overall and Cause-Specific Mortality: Systematic Review and Updated Meta-Analysis. *Circulation*. 2022;145(20):1506-1520.
66. Zhong VW, Van Horn L, Cornelis MC, Wilkins JT, Ning H, Carnethon MR, Greenland P, Mentz RJ, Tucker KL, Zhao L, Norwood AF, Lloyd-Jones DM, Allen NB. Associations of Dietary Cholesterol or Egg Consumption With Incident Cardiovascular Disease and Mortality. *JAMA*. 2019;321(11):1081-1095.
67. Weggemans RM, Zock PL, Katan MB. Dietary cholesterol from eggs increases the ratio of total cholesterol to high-density lipoprotein cholesterol in humans: a meta-analysis. *Am J Clin Nutr*. 2001;73(5):885-91.
68. Dehghan M, Mente A, Rangarajan S, Mohan V, Lear S, Swaminathan S, Wielgosz A, Seron P, Avezum A, Lopez-Jaramillo P, Turbide G, Chifamba J, AlHabib KF, Mohammadifard N, Szuba A, Khatib R, Altuntas Y, Liu X, Iqbal R, Rosengren A, Yusuf R, Smuts M, Yusufali A, Li N, Diaz R, Yusoff K, Kaur M, Soman B, Ismail N, Gupta R, Dans A, Sheridan P, Teo K, Anand SS, Yusuf S. Association of egg intake with blood lipids, cardiovascular disease, and mortality in 177,000 people in 50 countries. *Am J Clin Nutr*. 2020;111(4):795-803.
69. Carson JAS, Lichtenstein AH, Anderson CAM, Appel LJ, Kris-Etherton PM, Meyer KA, Petersen K, Polonsky T, Van Horn L; American Heart Association Nutrition Committee of the Council on Lifestyle and Cardiometabolic Health; Council on Arteriosclerosis, Thrombosis and Vascular Biology; Council on Cardiovascular and Stroke Nursing; Council on Clinical Cardiology; Council on Peripheral Vascular Disease; and Stroke Council. Dietary Cholesterol and Cardiovascular Risk: A Science Advisory From the American Heart Association. *Circulation*. 2020;141(3):e39-e53.
70. Shin JY, Xun P, Nakamura Y, He K. Egg consumption in relation to risk of cardiovascular disease and diabetes: a systematic review and meta-analysis. *Am J Clin Nutr*. 2013;98(1):146-59.
71. Liu C, Song Z, Li Z, Boon MR, Schönke M, Rensen PCN, Wang Y. Dietary choline increases brown adipose tissue activation markers and improves cholesterol metabolism in female APOE*3-Leiden.CETP mice. *Int J Obes (Lond)*. 2023;47(3):236-243.
72. DiBella M, Thomas MS, Alyousef H, Millar C, Blesso C, Malysheva O, Caudill MA, Fernandez ML. Choline Intake as Supplement or as a Component of Eggs Increases Plasma Choline and Reduces Interleukin-6 without Modifying Plasma Cholesterol in Participants with Metabolic Syndrome. *Nutrients*. 2020;12(10):3120.
73. Tsoupras A, Lordan R, Zabetakis I. Inflammation, not Cholesterol, Is a Cause of Chronic Disease. *Nutrients*. 2018;10(5):604.
74. Grčević M, Kralik Z, Kralik G, Galović O. Effects of dietary marigold extract on lutein content, yolk color and fatty acid profile of omega-3 eggs. *J Sci Food Agric*. 2019;99(5):2292-2299.

75. Mach F, Baigent C, Catapano AL, Koskinas KC, Casula M, Badimon L, Chapman MJ, De Backer GG, Delgado V, Ference BA, Graham IM, Halliday A, Landmesser U, Mihaylova B, Pedersen TR, Riccardi G, Richter DJ, Sabatine MS, Taskinen MR, Tokgozoglu L, Wiklund O; ESC Scientific Document Group. 2019 ESC/EAS Guidelines for the management of dyslipidaemias: lipid modification to reduce cardiovascular risk. *Eur Heart J.* 2020;41(1):111-188.

76. Eckel RH, Jakicic JM, Ard JD, de Jesus JM, Houston Miller N, Hubbard VS, Lee IM, Lichtenstein AH, Loria CM, Millen BE, Nonas CA, Sacks FM, Smith SC Jr, Svetkey LP, Wadden TA, Yanovski SZ, Kendall KA, Morgan LC, Trisolini MG, Velasco G, Wnek J, Anderson JL, Halperin JL, Albert NM, Bozkurt B, Brindis RG, Curtis LH, DeMets D, Hochman JS, Kovacs RJ, Ohman EM, Pressler SJ, Sellke FW, Shen WK, Smith SC Jr, Tomaselli GF; American College of Cardiology/American Heart Association Task Force on Practice Guidelines. 2013 AHA/ACC guideline on lifestyle management to reduce cardiovascular risk: a report of the American College of Cardiology/American Heart Association Task Force on Practice Guidelines. *Circulation.* 2014;129(25 Suppl 2):S76-99.

77. BGH *GesR*. 2008;361.

78. BGH *NJW-RR*. 2014;1053.

79. Peou S, Milliard-Hasting B, Shah SA. Impact of avocado-enriched diets on plasma lipoproteins: A meta-analysis. *J Clin Lipidol.* 2016;10(1):161-71.

80. Estruch R, Ros E, Salas-Salvadó J, Covas MI, Corella D, Arós F, Gómez-Gracia E, Ruiz-Gutiérrez V, Fiol M, Lapetra J, Lamuela-Raventos RM, Serra-Majem L, Pintó X, Basora J, Muñoz MA, Sorlí JV, Martínez JA, Martínez-González MA; PREDIMED Study Investigators. Primary prevention of cardiovascular disease with a Mediterranean diet. *N Engl J Med.* 2013;368(14):1279-90.

81. Del Gobbo LC, Falk MC, Feldman R, Lewis K, Mozaffarian D. Effects of tree nuts on blood lipids, apolipoproteins, and blood pressure: systematic review, meta-analysis, and dose-response of 61 controlled intervention trials. *Am J Clin Nutr.* 2015;102(6):1347-56.

82. O'Neil CE, Fulgoni VL 3rd, Nicklas TA. Tree Nut consumption is associated with better adiposity measures and cardiovascular and metabolic syndrome health risk factors in U.S. Adults: NHANES 2005-2010. *Nutr J.* 2015;14:64.

83. Opie LH, Lecour S. The red wine hypothesis: from concepts to protective signalling molecules. *Eur Heart J.* 2007;28(14):1683-93.

84. Windler E, Beil FU, Berthold HK, Gouni-Berthold I, Kassner U, Klose G, Lorkowski S, März W, Parhofer KG, Plat J, Silbernagel G, Steinhagen-Thiessen E, Weingärtner O, Zyriax BC, Lütjohann D. Phytosterols and Cardiovascular Risk Evaluated against the Background of Phytosterolemia Cases-A German Expert Panel Statement. *Nutrients.* 2023;15(4):828.

85. Kreuzer J. Phytosterols and phytostanols: is it time to rethink that supplemented margarine? *Cardiovasc Res.* 2011;90(3):397-8.

86. Glenn AJ, Guasch-Ferré M, Malik VS, Kendall CWC, Manson JE, Rimm EB, Willett WC, Sun Q, Jenkins DJA, Hu FB, Sievenpiper JL. Portfolio Diet Score and Risk

of Cardiovascular Disease: Findings From 3 Prospective Cohort Studies. *Circulation.* 2023;148(22):1750-1763.

87. Makhmudova U, Schulze PC, Lütjohann D, Weingärtner O. Phytosterols and Cardiovascular Disease. *Curr Atheroscler Rep.* 2021;23(11):68.

88. Cheng WW, Liu GQ, Wang LQ, Liu ZS. Glycidyl Fatty Acid Esters in Refined Edible Oils: A Review on Formation, Occurrence, Analysis, and Elimination Methods. *Compr Rev Food Sci Food Saf.* 2017;16(2):263-281.

89. Gavrilova O, Marcus-Samuels B, Graham D, Kim JK, Shulman GI, Castle AL, Vinson C, Eckhaus M, Reitman ML. Surgical implantation of adipose tissue reverses diabetes in lipoatrophic mice. *J Clin Invest.* 2000;105(3):271-8.

90. Shai I, Schwarzfuchs D, Henkin Y, Shahar DR, Witkow S, Greenberg I, Golan R, Fraser D, Bolotin A, Vardi H, Tangi-Rozental O, Zuk-Ramot R, Sarusi B, Brickner D, Schwartz Z, Sheiner E, Marko R, Katorza E, Thiery J, Fiedler GM, Blüher M, Stumvoll M, Stampfer MJ; Dietary Intervention Randomized Controlled Trial (DIRECT) Group. Weight loss with a low-carbohydrate, Mediterranean, or low-fat diet. *N Engl J Med.* 2008;359(3):229-41.

91. Mozaffarian D, Hao T, Rimm EB, Willett WC, Hu FB. Changes in diet and lifestyle and long-term weight gain in women and men. *N Engl J Med.* 2011;364(25):2392-404.

92. Jensen JD, Smed S. State-of-the-art for food taxes to promote public health. *Proc Nutr Soc.* 2018;77(2):100-105.

93. Sargsyan A, Dubasi HB. Milk Consumption and Prostate Cancer: A Systematic Review. *World J Mens Health.* 2021;39(3):419-428.

94. Savaiano DA, Hutkins RW. Yogurt, cultured fermented milk, and health: a systematic review. *Nutr Rev.* 2021;79(5):599-614.

95. McGandy RB, Hegsted DM, Stare FJ. Dietary fats, carbohydrates and atherosclerotic vascular disease. *N Engl J Med.* 1967;277(5):242-7.

96. Kearns CE, Schmidt LA, Glantz SA. Sugar Industry and Coronary Heart Disease Research: A Historical Analysis of Internal Industry Documents. *JAMA Intern Med.* 2016;176(11):1680-1685.

97. Catapano AL, Graham I, De Backer G, Wiklund O, Chapman MJ, Drexel H, Hoes AW, Jennings CS, Landmesser U, Pedersen TR, Reiner Ž, Riccardi G, Taskinen MR, Tokgozoglu L, Verschuren WMM, Vlachopoulos C, Wood DA, Zamorano JL, Cooney MT; ESC Scientific Document Group. 2016 ESC/EAS Guidelines for the Management of Dyslipidaemias. *Eur Heart J.* 2016;37(39):2999-3058.

98. Sofi F, Dinu M, Pagliai G, Cesari F, Gori AM, Sereni A, Becatti M, Fiorillo C, Marcucci R, Casini A. Low-Calorie Vegetarian Versus Mediterranean Diets for Reducing Body Weight and Improving Cardiovascular Risk Profile: CARDIVEG Study (Cardiovascular Prevention With Vegetarian Diet). *Circulation.* 2018;137(11):1103-1113.

99. Link VM, Subramanian P, Cheung F, Han KL, Stacy A, Chi L, Sellers BA, Koroleva G, Courville AB, Mistry S, Burns A, Apps R, Hall KD, Belkaid Y. Differential peripheral immune signatures elicited by vegan versus ketogenic diets in humans. *Nat Med.* 2024;30(2):560-572.

100. Gohari S, Ghobadi S, Jafari A, Ahangar H, Gohari S, Mahjani M. The effect of dietary approaches to stop hypertension and ketogenic diets intervention on serum uric acid concentration: a systematic review and meta-analysis of randomized controlled trials. *Sci Rep*. 2023;13(1):10492.

101. Shan Z, Guo Y, Hu FB, Liu L, Qi Q. Association of Low-Carbohydrate and Low-Fat Diets With Mortality Among US Adults. *JAMA Intern Med*. 2020;180(4):513-523.

102. McGaugh E, Barthel B. A Review of Ketogenic Diet and Lifestyle. *Mo Med*. 2022;119(1):84-88.

103. Barghouthy Y, Corrales M, Somani B. The Relationship between Modern Fad Diets and Kidney Stone Disease: A Systematic Review of Literature. *Nutrients*. 2021;13(12):4270.

104. Lagiou P, Sandin S, Lof M, Trichopoulos D, Adami HO, Weiderpass E. Low carbohydrate-high protein diet and incidence of cardiovascular diseases in Swedish women: prospective cohort study. *BMJ*. 2012;344:e4026.

105. Lee MB, Hill CM, Bitto A, Kaeberlein M. Antiaging diets: Separating fact from fiction. *Science*. 2021;374(6570):eabe7365.

106. Mao B, Zhang Q, Ma L, Zhao DS, Zhao P, Yan P. Overview of Research into mTOR Inhibitors. *Molecules*. 2022;27(16):5295.

107. Zhang X, Kapoor D, Jeong SJ, Fappi A, Stitham J, Shabrish V, Sergin I, Yousif E, Rodriguez-Velez A, Yeh YS, Park A, Yurdagul Jr A, Rom O, Epelman S, Schilling JD, Sardiello M, Diwan A, Cho J, Stitziel NA, Javaheri A, Lodhi IJ, Mittendorder B, Razani B. Identification of a leucine-mediated threshold effect governing macrophage mTOR signalling and cardiovascular risk. *Nat Metab*. 2024;6:359-377.

108. Zheng Y, Li Y, Satija A, Pan A, Sotos-Prieto M, Rimm E, Willett WC, Hu FB. Association of changes in red meat consumption with total and cause specific mortality among US women and men: two prospective cohort studies. *BMJ*. 2019;365:l2110.

109. Genoni A, Christophersen CT, Lo J, Coghlan M, Boyce MC, Bird AR, Lyons-Wall P, Devine A. Long-term Paleolithic diet is associated with lower resistant starch intake, different gut microbiota composition and increased serum TMAO concentrations. *Eur J Nutr*. 2020;59(5):1845-1858.

110. Zeraatkar D, Han MA, Guyatt GH, Vernooij RWM, El Dib R, Cheung K, Milio K, Zworth M, Bartoszko JJ, Valli C, Rabassa M, Lee Y, Zajac J, Prokop-Dorner A, Lo C, Bala MM, Alonso-Coello P, Hanna SE, Johnston BC. Red and Processed Meat Consumption and Risk for All-Cause Mortality and Cardiometabolic Outcomes: A Systematic Review and Meta-analysis of Cohort Studies. *Ann Intern Med*. 2019;171(10):703-710.

111. Han MA, Zeraatkar D, Guyatt GH, Vernooij RWM, El Dib R, Zhang Y, Algarni A, Leung G, Storman D, Valli C, Rabassa M, Rehman N, Parvizian MK, Zworth M, Bartoszko JJ, Lopes LC, Sit D, Bala MM, Alonso-Coello P, Johnston BC. Reduction of Red and Processed Meat Intake and Cancer Mortality and Incidence: A

Systematic Review and Meta-analysis of Cohort Studies. *Ann Intern Med.* 2019;171(10):711-720.

112. Vernooij RWM, Zeraatkar D, Han MA, El Dib R, Zworth M, Milio K, Sit D, Lee Y, Gomaa H, Valli C, Swierz MJ, Chang Y, Hanna SE, Brauer PM, Sievenpiper J, de Souza R, Alonso-Coello P, Bala MM, Guyatt GH, Johnston BC. Patterns of Red and Processed Meat Consumption and Risk for Cardiometabolic and Cancer Outcomes: A Systematic Review and Meta-analysis of Cohort Studies. *Ann Intern Med.* 2019;171(10):732-741.

113. Ramel A, Nwaru BI, Lamberg-Allardt C, Thorisdottir B, Bärebring L, Söderlund F, Arnesen EK, Dierkes J, Åkesson A. White meat consumption and risk of cardiovascular disease and type 2 diabetes: a systematic review and meta-analysis. *Food Nutr Res.* 2023;67:10.29219/fnr.v67.9543.

114. Sebastiani G, Herranz Barbero A, Borrás-Novell C, Alsina Casanova M, Aldecoa-Bilbao V, Andreu-Fernández V, Pascual Tutusaus M, Ferrero Martínez S, Gómez Roig MD, García-Algar O. The Effects of Vegetarian and Vegan Diet during Pregnancy on the Health of Mothers and Offspring. *Nutrients.* 2019;11(3):557.

115. Leung AKC, Lam JM, Wong AHC, Hon KL, Li X. Iron Deficiency Anemia: An Updated Review. *Curr Pediatr Rev.* 2024;20(3):339-356.

116. Coy A, Medina A, Rivera A, Sánchez P. Calcium intake in Colombia: are we still in deficit? *Arch Osteoporos.* 2020;15(1):71.

117. Keefe JA, Moore OM, Ho KS, Wehrens XHT. Role of Ca^{2+} in healthy and pathologic cardiac function: from normal excitation-contraction coupling to mutations that cause inherited arrhythmia. *Arch Toxicol.* 2023;97(1):73-92.

118. Miyajima M. Amino acids: key sources for immunometabolites and immunotransmitters. *Int Immunol.* 2020;32(7):435-446.

119. Che D, Nyingwa PS, Ralinala KM, Maswanganye GMT, Wu G. Amino Acids in the Nutrition, Metabolism, and Health of Domestic Cats. *Adv Exp Med Biol.* 2021;1285:217-231.

120. Soice E, Johnston J. Immortalizing Cells for Human Consumption. *Int J Mol Sci.* 2021;22(21):11660.

121. Mateti T, Laha A, Shenoy P. Artificial Meat Industry: Production Methodology, Challenges, and Future. *JOM.* 2022;74(9):3428-3444.

122. Queiroz LS, Nogueira Silva NF, Jessen F, Mohammadifar MA, Stephani R, Fernandes de Carvalho A, Perrone ÍT, Casanova F. Edible insect as an alternative protein source: a review on the chemistry and functionalities of proteins under different processing methods. *Heliyon.* 2023;9(4):e14831.

123. Bisconsin-Junior A, Feitosa BF, Silva FL, Mariutti LRB. Mycotoxins on edible insects: Should we be worried? *Food Chem Toxicol.* 2023;177:113845.

124. Harris E. WHO: Nations Must Do More to Reduce Salt Consumption by 2025 *JAMA.* 2023;329(14):1143.

125. Mozaffarian D, Fahimi S, Singh GM, Micha R, Khatibzadeh S, Engell RE, Lim S, Danaei G, Ezzati M, Powles J; Global Burden of Diseases Nutrition and Chronic Diseases Expert Group. Global sodium consumption and death from cardiovascular causes. *N Engl J Med.* 2014;371(7):624-34.

126. Wan L, Ogrinz B, Vigo D, Bersenev E, Tuerlinckx F, Van den Bergh O, Aubert AE. Cardiovascular autonomic adaptation to long-term confinement during a 105-day simulated Mars mission. *Aviat Space Environ Med.* 2011;82(7):711-6.

127. He FJ, Tan M, Ma Y, MacGregor GA. Salt Reduction to Prevent Hypertension and Cardiovascular Disease: JACC State-of-the-Art Review. *J Am Coll Cardiol.* 2020;75(6):632-647.

128. DiNicolantonio JJ, Mehta V, Zaman SB, O'Keefe JH. Not Salt But Sugar As Aetiological In Osteoporosis: A Review. *Mo Med.* 2018;115(3):247-252.

129. Wu X, Chen L, Cheng J, Qian J, Fang Z, Wu J. Effect of Dietary Salt Intake on Risk of Gastric Cancer: A Systematic Review and Meta-Analysis of Case-Control Studies. *Nutrients.* 2022;14(20):4260.

130. Braam B, Huang X, Cupples WA, Hamza SM. Understanding the Two Faces of Low-Salt Intake. *Curr Hypertens Rep.* 2017;19(6):49.

131. Yuan Y, Jin A, Neal B, Feng X, Qiao Q, Wang H, Zhang R, Li J, Duan P, Cao L, Zhang H, Hu S, Li H, Gao P, Xie G, Yuan J, Cheng L, Wang S, Zhang H, Niu W, Fang H, Zhao M, Gao R, Chen J, Elliott P, Labarthe D, Wu Y. Salt substitution and salt-supply restriction for lowering blood pressure in elderly care facilities: a cluster-randomized trial. *Nat Med.* 2023;29(4):973-981.

132. de Cabo R, Mattson MP. Effects of Intermittent Fasting on Health, Aging, and Disease. *N Engl J Med.* 2019;381(26):2541-2551.

133. Devrim-Lanpir A, Hill L, Knechtle B. Efficacy of Popular Diets Applied by Endurance Athletes on Sports Performance: Beneficial or Detrimental? A Narrative Review. *Nutrients.* 2021;13(2):491.

134. Song DK, Kim YW. Beneficial effects of intermittent fasting: a narrative review. *J Yeungnam Med Sci.* 2023;40(1):4-11.

135. Pietzner M, Uluvar B, Kolnes KJ, Jeppesen PB, Frivold SV, Skattebo Ø, Johansen EI, Skålhegg BS, Wojtaszewski JFP, Kolnes AJ, Yeo GSH, O'Rahilly S, Jensen J, Langenberg C. Systemic proteome adaptions to 7-day complete caloric restriction in humans. *Nat Metab.* 2024 Mar 1. doi: 10.1038/s42255-024-01008-9. Online ahead of print.

136. Brooks M. Intermittent fasting linked to higher CVD death risk. *Medscape.* 2024;19 March. https://www.medscape.com/viewarticle/intermittent-fasting-linked-higher-cvd-death-risk-2024a1000559.

137. Boccardi V, Pigliautile M, Guazzarini AG, Mecocci P. The Potential of Fasting-Mimicking Diet as a Preventive and Curative Strategy for Alzheimer's Disease. *Biomolecules.* 2023;13(7):1133.

138. Wei M, Brandhorst S, Shelehchi M, Mirzaei H, Cheng CW, Budniak J, Groshen S, Mack WJ, Guen E, Di Biase S, Cohen P, Morgan TE, Dorff T, Hong K, Michalsen A, Laviano A, Longo VD. Fasting-mimicking diet and markers/risk factors for aging, diabetes, cancer, and cardiovascular disease. *Sci Transl Med.* 2017;9(377):eaai8700.

139. Brandhorst S, Levine ME, Wei M, Shelehchi M, Morgan TE, Nayak KS, Dorff T, Hong K, Crimmins EM, Cohen P, Longo VD. Fasting-mimicking diet causes he-

patic and blood markers changes indicating reduced biological age and disease risk. *Nat Commun.* 2024;15(1):1309.

140. Bleakley CM, Bieuzen F, Davison GW, Costello JT. Whole-body cryotherapy: empirical evidence and theoretical perspectives. *Open Access J Sports Med.* 2014;5:25-36.

141. Miller KC, Launstein ED, Glovatsky RM. Rectal Temperature Cooling Using 2 Cold-Water Immersion Preparation Strategies. *J Athl Train.* 2023;58(4):355-360.

142. Loap S, Lathe R. Mechanism Underlying Tissue Cryotherapy to Combat Obesity/Overweight: Triggering Thermogenesis. *J Obes.* 2018;2018:5789647.

143. Marlatt KL, Ravussin E. Brown Adipose Tissue: an Update on Recent Findings. *Curr Obes Rep.* 2017;6(4):389-396.

144. Galic S, Loh K, Murray-Segal L, Steinberg GR, Andrews ZB, Kemp BE. AMPK signaling to acetyl-CoA carboxylase is required for fasting- and cold-induced appetite but not thermogenesis. *Elife.* 2018;7:e32656.

145. Bakal K, Danckers M, Denson JL, Sauthoff H. Therapeutic hypothermia after cardiac arrest in a patient with systemic sclerosis and Raynaud phenomenon. *Chest.* 2015;147(2):e27-e30.

146. van den Driessche JJ, Plat J, Mensink RP. Effects of superfoods on risk factors of metabolic syndrome: a systematic review of human intervention trials. *Food Funct.* 2018;9(4):1944-1966.

147. Gulcin İ. Antioxidants and antioxidant methods: an updated overview. *Arch Toxicol.* 2020;94(3):651-715.

148. Price C. The Age of Scurvy. *Distillations Magazine.* 2017;3(2):12-23.

149. Stubbs BJ. Captain Cook's Beer; the anti-scorbutic effects of malt and beer in late 18th century sea voyages. *Asia and Pacific Journal of Clinical Nutrition.* 2003;12(2):129-37.

150. Xu K, Peng R, Zou Y, Jiang X, Sun Q, Song C. Vitamin C intake and multiple health outcomes: an umbrella review of systematic reviews and meta-analyses. *Int J Food Sci Nutr.* 2022;73(5):588-599.

151. Magrì A, Germano G, Lorenzato A, Lamba S, Chilà R, Montone M, Amodio V, Ceruti T, Sassi F, Arena S, Abrignani S, D'Incalci M, Zucchetti M, Di Nicolantonio F, Bardelli A. High-dose vitamin C enhances cancer immunotherapy. *Sci Transl Med.* 2020;12(532):eaay8707.

152. Shaw G, Lee-Barthel A, Ross ML, Wang B, Baar K. Vitamin C-enriched gelatin supplementation before intermittent activity augments collagen synthesis. *Am J Clin Nutr.* 2017;105(1):136-143.

153. Lbban E, Kwon K, Ashor A, Stephan B, Idris I, Tsintzas K, Siervo M. Vitamin C supplementation showed greater effects on systolic blood pressure in hypertensive and diabetic patients: an updated systematic review and meta-analysis of randomised clinical trials. *Int J Food Sci Nutr.* 2023;74(8):814-825.

154. Kook SY, Lee KM, Kim Y, Cha MY, Kang S, Baik SH, Lee H, Park R, Mook-Jung I. High-dose of vitamin C supplementation reduces amyloid plaque burden and ameliorates pathological changes in the brain of 5XFAD mice. *Cell Death Dis.* 2014;5(2):e1083.

155. Santos RD. Vitamin C and primary prevention of cardiovascular disease: the case for Mendelian randomization. *Eur J Prev Cardiol.* 2022;28(16):1838-1839.

156. Kangisser L, Tan E, Bellomo R, Deane AM, Plummer MP. Neuroprotective Properties of Vitamin C: A Scoping Review of Pre-Clinical and Clinical Studies. *J Neurotrauma.* 2021;38(16):2194-2205.

157. Doseděl M, Jirkovský E, Macáková K, Krčmová LK, Javorská L, Pourová J, Mercolini L, Remião F, Nováková L, Mladěnka P, On Behalf Of The Oemonom. Vitamin C-Sources, Physiological Role, Kinetics, Deficiency, Use, Toxicity, and Determination. *Nutrients.* 2021;13(2):615.

158. Olechnowicz J, Tinkov A, Skalny A, Suliburska J. Zinc status is associated with inflammation, oxidative stress, lipid, and glucose metabolism. *J Physiol Sci.* 2018;68(1):19-31.

159. Wessels I, Maywald M, Rink L. Zinc as a Gatekeeper of Immune Function. *Nutrients.* 2017;9(12):1286.

160. Jia S, Wang J, Li S, Wang X, Liu Q, Li Y, Shad M, Ma B, Wang L, Li C, Li X. Genetically encoded zinc-binding collagen-like protein hybrid hydrogels for wound repair. *Int J Biol Macromol.* 2024;254(Pt 1):127592.

161. Baltaci AK, Mogulkoc R, Baltaci SB. Review: The role of zinc in the endocrine system. *Pak J Pharm Sci.* 2019;32(1):231-239.

162. Bolke L, Schlippe G, Gerß J, Voss W. A Collagen Supplement Improves Skin Hydration, Elasticity, Roughness, and Density: Results of a Randomized, Placebo-Controlled, Blind Study. *Nutrients.* 2019;11(10):2494.

163. Sun R, Wang J, Feng J, Cao B. Zinc in Cognitive Impairment and Aging. *Biomolecules.* 2022;12(7):1000.

164. Singh JK, van Attikum H. DNA double-strand break repair: Putting zinc fingers on the sore spot. *Semin Cell Dev Biol.* 2021;113:65-74.

165. Ceballos-Rasgado M, Lowe NM, Mallard S, Clegg A, Moran VH, Harris C, Montez J, Xipsiti M. Adverse Effects of Excessive Zinc Intake in Infants and Children Aged 0-3 Years: A Systematic Review and Meta-Analysis. *Adv Nutr.* 2022;13(6):2488-2518.

166. Nguyen TTU, Yeom JH, Kim W. Beneficial Effects of Vitamin E Supplementation on Endothelial Dysfunction, Inflammation, and Oxidative Stress Biomarkers in Patients Receiving Hemodialysis: A Systematic Review and Meta-Analysis of Randomized Controlled Trials. *Int J Mol Sci.* 2021;22(21):11923.

167. Rychter AM, Hryhorowicz S, Słomski R, Dobrowolska A, Krela-Kaźmierczak I. Antioxidant effects of vitamin E and risk of cardiovascular disease in women with obesity - A narrative review. *Clin Nutr.* 2022;41(7):1557-1565.

168. Lewis ED, Meydani SN, Wu D. Regulatory role of vitamin E in the immune system and inflammation. *IUBMB Life.* 2019;71(4):487-494.

169. Zainal Z, Khaza'ai H, Kutty Radhakrishnan A, Chang SK. Therapeutic potential of palm oil vitamin E-derived tocotrienols in inflammation and chronic diseases: Evidence from preclinical and clinical studies. *Food Res Int.* 2022;156:111175.

170. Michalak M. Plant-Derived Antioxidants: Significance in Skin Health and the Ageing Process. *Int J Mol Sci.* 2022;23(2):585.

171. US Preventive Services Task Force; Mangione CM, Barry MJ, Nicholson WK, Cabana M, Chelmow D, Coker TR, Davis EM, Donahue KE, Doubeni CA, Jaén CR, Kubik M, Li L, Ogedegbe G, Pbert L, Ruiz JM, Stevermer J, Wong JB. Vitamin, Mineral, and Multivitamin Supplementation to Prevent Cardiovascular Disease and Cancer: US Preventive Services Task Force Recommendation Statement. *JAMA.* 2022;327(23):2326-2333.

172. Zheng WV, Xu W, Li Y, Qin J, Zhou T, Li D, Xu Y, Cheng X, Xiong Y, Chen Z. Anti-aging effect of β-carotene through regulating the KAT7-P15 signaling axis, inflammation and oxidative stress process. *Cell Mol Biol Lett.* 2022;27(1):86.

173. Liu S, Wu Q, Wang S, He Y. Causal associations between circulation β-carotene and cardiovascular disease: A Mendelian randomization study. *Medicine (Baltimore).* 2023;102(48):e36432.

174. Honda M. Z-Isomers of lycopene and β-carotene exhibit greater skin-quality improving action than their all-E-isomers. *Food Chem.* 2023;421:135954.

175. Johra FT, Bepari AK, Bristy AT, Reza HM. A Mechanical Review of β-Carotene, Lutein, and Zeaxanthin in Eye Health and Disease. *Antioxidants (Basel).* 2020;9(11):1046.

176. Omenn GS. Chemoprevention of lung cancers: lessons from CARET, the beta-carotene and retinol efficacy trial, and prospects for the future. *Eur J Cancer Prev.* 2007;16(3):184-91.

177. Kavalappa YP, Gopal SS, Ponesakki G. Lutein inhibits breast cancer cell growth by suppressing antioxidant and cell survival signals and induces apoptosis. *Cell Physiol.* 2021;236(3):1798-1809.

178. Satia JA, Littman A, Slatore CG, Galanko JA, White E. Long-term use of beta-carotene, retinol, lycopene, and lutein supplements and lung cancer risk: results from the VITamins And Lifestyle (VITAL) study. *Am J Epidemiol.* 2009;169(7):815-28.

179. Li N, Wu X, Zhuang W, Xia L, Chen Y, Wu C, Rao Z, Du L, Zhao R, Yi M, Wan Q, Zhou Y. Tomato and lycopene and multiple health outcomes: Umbrella review. *Food Chem.* 2021;343:128396.

180. Khan UM, Sevindik M, Zarrabi A, Nami M, Ozdemir B, Kaplan DN, Selamoglu Z, Hasan M, Kumar M, Alsheri MM, Sharifi-Rad J. Lycopene: Food Sources, Biological Activities, and Human Health Benefits. *Oxid Med Cell Longev.* 2021;2021:2713511.

181. Kulawik A, Cielecka-Piontek J, Zalewski P. The Importance of Antioxidant Activity for the Health-Promoting Effect of Lycopene. *Nutrients.* 2023;15(17):3821.

182. Razaghi A, Poorebrahim M, Sarhan D, Björnstedt M. Selenium stimulates the antitumour immunity: Insights to future research. *Eur J Cancer.* 2021;155:256-267.

183. Bjørklund G, Shanaida M, Lysiuk R, Antonyak H, Klishch I, Shanaida V, Peana M. Selenium: An Antioxidant with a Critical Role in Anti-Aging. *Molecules.* 2022;27(19):6613.

184. Wang F, Li C, Li S, Cui L, Zhao J, Liao L. Selenium and thyroid diseases. *Front Endocrinol (Lausanne).* 2023;14:1133000.

185. Xiang S, Dai Z, Man C, Fan Y. Circulating Selenium and Cardiovascular or All-Cause Mortality in the General Population: a Meta-Analysis. *Biol Trace Elem Res.* 2020;195(1):55-62.

186. Zhang F, Li X, Wei Y. Selenium and Selenoproteins in Health. *Biomolecules.* 2023;13(5):799.

187. Hariharan S, Dharmaraj S. Selenium and selenoproteins: it's role in regulation of inflammation. *Inflammopharmacology.* 2020;28(3):667-695.

188. Vinceti M, Filippini T, Del Giovane C, Dennert G, Zwahlen M, Brinkman M, Zeegers MP, Horneber M, D'Amico R, Crespi CM. Selenium for preventing cancer. *Cochrane Database Syst Rev.* 2018;1(1):CD005195.

189. Yuan S, Mason AM, Carter P, Vithayathil M, Kar S, Burgess S, Larsson SC. Selenium and cancer risk: Wide-angled Mendelian randomization analysis. *Int J Cancer.* 2022;150(7):1134-1140.

190. Ferreira RLU, Sena-Evangelista KCM, de Azevedo EP, Pinheiro FI, Cobucci RN, Pedrosa LFC. Selenium in Human Health and Gut Microflora: Bioavailability of Selenocompounds and Relationship With Diseases. *Front Nutr.* 2021;8:685317.

191. Deepika, Maurya PK. Health Benefits of Quercetin in Age-Related Diseases. *Molecules.* 2022;27(8):2498.

192. Qi W, Qi W, Xiong D, Long M. Quercetin: Its Antioxidant Mechanism, Antibacterial Properties and Potential Application in Prevention and Control of Toxipathy. *Molecules.* 2022;27(19):6545.

193. Li Y, Yao J, Han C, Yang J, Chaudhry MT, Wang S, Liu H, Yin Y. Quercetin, Inflammation and Immunity. *Nutrients.* 2016;8(3):167.

194. Hosseini A, Razavi BM, Banach M, Hosseinzadeh H. Quercetin and metabolic syndrome: A review. *Phytother Res.* 2021;35(10):5352-5364.

195. Dabeek WM, Marra MV. Dietary Quercetin and Kaempferol: Bioavailability and Potential Cardiovascular-Related Bioactivity in Humans. *Nutrients.* 2019;11(10):2288.

196. Reyes-Farias M, Carrasco-Pozo C. The Anti-Cancer Effect of Quercetin: Molecular Implications in Cancer Metabolism. *Int J Mol Sci.* 2019;20(13):3177.

197. Zu G, Sun K, Li L, Zu X, Han T, Huang H. Mechanism of quercetin therapeutic targets for Alzheimer disease and type 2 diabetes mellitus. *Sci Rep.* 2021;11(1):22959.

198. Alizadeh SR, Ebrahimzadeh MA. Quercetin derivatives: Drug design, development, and biological activities, a review. *Eur J Med Chem.* 2022;229:114068.

199. Burkina V, Zamaratskaia G, Rasmussen MK. Curcumin and quercetin modify warfarin-induced regulation of porcine CYP1A2 and CYP3A expression and activity *in vitro*. *Xenobiotica.* 2022;52(5):435-441.

200. Diao M, Liang Y, Zhao J, Zhao C, Zhang J, Zhang T. Enhanced cytotoxicity and antioxidant capacity of kaempferol complexed with α-lactalbumin. *Food Chem Toxicol.* 2021;153:112265.
201. Chagas MDSS, Behrens MD, Moragas-Tellis CJ, Penedo GXM, Silva AR, Gonçalves-de-Albuquerque CF. Flavonols and Flavones as Potential anti-Inflammatory, Antioxidant, and Antibacterial Compounds. *Oxid Med Cell Longev.* 2022;2022:9966750.
202. Nejabati HR, Roshangar L. Kaempferol: A potential agent in the prevention of colorectal cancer. *Physiol Rep.* 2022;10(20):e15488.
203. Imran M, Salehi B, Sharifi-Rad J, Aslam Gondal T, Saeed F, Imran A, Shahbaz M, Tsouh Fokou PV, Umair Arshad M, Khan H, Guerreiro SG, Martins N, Estevinho LM. Kaempferol: A Key Emphasis to Its Anticancer Potential. *Molecules.* 2019;24(12):2277.
204. Jin S, Zhang L, Wang L. Kaempferol, a potential neuroprotective agent in neurodegenerative diseases: From chemistry to medicine. *Biomed Pharmacother.* 2023;165:115215.
205. Al-Nour MY, Ibrahim MM, Elsaman T. Ellagic Acid, Kaempferol, and Quercetin from *Acacia nilotica*: Promising Combined Drug With Multiple Mechanisms of Action. *Curr Pharmacol Rep.* 2019;5(4):255-280.
206. Franza L, Carusi V, Nucera E, Pandolfi F. Luteolin, inflammation and cancer: Special emphasis on gut microbiota. *Biofactors.* 2021;47(2):181-189.
207. Huang L, Kim MY, Cho JY. Immunopharmacological Activities of Luteolin in Chronic Diseases
Int J Mol Sci. 2023;24(3):2136.
208. Imran M, Rauf A, Abu-Izneid T, Nadeem M, Shariati MA, Khan IA, Imran A, Orhan IE, Rizwan M, Atif M, Gondal TA, Mubarak MS. Luteolin, a flavonoid, as an anticancer agent: A review.
Biomed Pharmacother. 2019;112:108612.
209. Hussain Y, Cui JH, Khan H, Aschner M, Batiha GE, Jeandet P. Luteolin and cancer metastasis suppression: focus on the role of epithelial to mesenchymal transition. *Med Oncol.* 2021;38(6):66.
210. Kempuraj D, Thangavel R, Kempuraj DD, Ahmed ME, Selvakumar GP, Raikwar SP, Zaheer SA, Iyer SS, Govindarajan R, Chandrasekaran PN, Zaheer A. Neuroprotective effects of flavone luteolin in neuroinflammation and neurotrauma. *Biofactors.* 2021;47(2):190-197.
211. Swaminathan A, Basu M, Bekri A, Drapeau P, Kundu TK. The Dietary Flavonoid, Luteolin, Negatively Affects Neuronal Differentiation. *Front Mol Neurosci.* 2019;12:41.
212. Musial C, Kuban-Jankowska A, Gorska-Ponikowska M. Beneficial Properties of Green Tea Catechins. *Int J Mol Sci.* 2020;21(5):1744.
213. Baranwal A, Aggarwal P, Rai A, Kumar N. Pharmacological Actions and Underlying Mechanisms of Catechin: A Review. *Mini Rev Med Chem.* 2022;22(5):821-833.

214. Kerimi A, Williamson G. The cardiovascular benefits of dark chocolate. *Vascul Pharmacol.* 2015;71:11-5.
215. Ohishi T, Miyoshi N, Mori M, Sagara M, Yamori Y. Health Effects of Soy Isoflavones and Green Tea Catechins on Cancer and Cardiovascular Diseases Based on Urinary Biomarker Levels. *Molecules.* 2022;27(24):8899.
216. Sirotkin AV, Kolesárová A. The anti-obesity and health-promoting effects of tea and coffee. *Physiol Res.* 2021;70(2):161-168.
217. Sesso HD, Manson JE, Aragaki AK, Rist PM, Johnson LG, Friedenberg G, Copeland T, Clar A, Mora S, Moorthy MV, Sarkissian A, Carrick WR, Anderson GL; COSMOS Research Group. Effect of cocoa flavanol supplementation for the prevention of cardiovascular disease events: the COcoa Supplement and Multivitamin Outcomes Study (COSMOS) randomized clinical trial. *Am J Clin Nutr.* 2022;115(6):1490-1500.
218. Sesso HD, Rist PM, Aragaki AK, Rautiainen S, Johnson LG, Friedenberg G, Copeland T, Clar A, Mora S, Moorthy MV, Sarkissian A, Wactawski-Wende J, Tinker LF, Carrick WR, Anderson GL, Manson JE; COSMOS Research Group. Multivitamins in the prevention of cancer and cardiovascular disease: the COcoa Supplement and Multivitamin Outcomes Study (COSMOS) randomized clinical trial. *Am J Clin Nutr.* 2022;115(6):1501-1510.
219. Khalatbary AR, Khademi E. The green tea polyphenolic catechin epigallocatechin gallate and neuroprotection. *Nutr Neurosci.* 2020;23(4):281-294.
220. Brickman AM, Yeung LK, Alschuler DM, Ottaviani JI, Kuhnle GGC, Sloan RP, Luttmann-Gibson H, Copeland T, Schroeter H, Sesso HD, Manson JE, Wall M, Small SA. Dietary flavanols restore hippocampal-dependent memory in older adults with lower diet quality and lower habitual flavanol consumption. *Proc Natl Acad Sci U S A.* 2023;120(23):e2216932120.
221. Satoh T, Fujisawa H, Nakamura A, Takahashi N, Watanabe K. Inhibitory Effects of Eight Green Tea Catechins on Cytochrome P450 1A2, 2C9, 2D6, and 3A4 Activities. *J Pharm Pharm Sci.* 2016;19(2):188-97.
222. Mandal B, Das R, Mondal S. Anthocyanin: A Potential Phytochemical Candidate for the Amelioration of Non-Alcoholic Fatty Liver Disease. *Ann Pharm Fr.* 2024:S0003-4509(24)00023-3.
223. Sahoo DK, Heilmann RM, Paital B, Patel A, Yadav VK, Wong D, Jergens AE. Oxidative stress, hormones, and effects of natural antioxidants on intestinal inflammation in inflammatory bowel disease. *Front Endocrinol (Lausanne).* 2023;14:1217165.
224. Kalt W, Cassidy A, Howard LR, Krikorian R, Stull AJ, Tremblay F, Zamora-Ros R. Recent Research on the Health Benefits of Blueberries and Their Anthocyanins. *Adv Nutr.* 2020;11(2):224-236.
225. Krikorian R, Skelton MR, Summer SS, Shidler MD, Sullivan PG. Blueberry Supplementation in Midlife for Dementia Risk Reduction. *Nutrients.* 2022;14(8):1619.

226. Khoo HE, Ng HS, Yap WS, Goh HJH, Yim HS. Nutrients for Prevention of Macular Degeneration and Eye-Related Diseases. *Antioxidants (Basel).* 2019;8(4):85.

227. Gómez-Garduño J, León-Rodríguez R, Alemón-Medina R, Pérez-Guillé BE, Soriano-Rosales RE, González-Ortiz A, Chávez-Pacheco JL, Solorio-López E, Fernandez-Pérez P, Rivera-Espinosa L. Phytochemicals That Interfere With Drug Metabolism and Transport, Modifying Plasma Concentration in Humans and Animals. *Dose Response.* 2022;20(3):15593258221120485.

228. Chung KT, Wong TY, Wei CI, Huang YW, Lin Y. Tannins and human health: a review. *Crit Rev Food Sci Nutr.* 1998;38(6):421-64.

229. Maugeri A, Lombardo GE, Cirmi S, Süntar I, Barreca D, Laganà G, Navarra M. Pharmacology and toxicology of tannins. *Arch Toxicol.* 2022;96(5):1257-1277.

230. Yuan H, Zhou P, Peng Z, Wang C. Antioxidant and Antibacterial Activities of Dodecyl Tannin Derivative Linked with 1,2,3-Triazole. *Chem Biodivers.* 2022;19(1):e202100558.

231. Vendrame S, Adekeye TE, Klimis-Zacas D. The Role of Berry Consumption on Blood Pressure Regulation and Hypertension: An Overview of the Clinical Evidence. *Nutrients.* 2022;14(13):2701.

232. Nishida S, Katsumi N, Matsumoto K. Prevention of the rise in plasma cholesterol and glucose levels by kaki-tannin and characterization of its bile acid binding capacity. *Sci Food Agric.* 2021;101(5):2117-2124.

233. Rajasekar N, Sivanantham A, Ravikumar V, Rajasekaran S. An overview on the role of plant-derived tannins for the treatment of lung cancer. *Phytochemistry.* 2021;188:112799.

234. Fu F, Song C, Wen C, Yang L, Guo Y, Yang X, Shu Z, Li X, Feng Y, Liu B, Sun M, Zhong Y, Chen L, Niu Y, Chen J, Wang G, Yin T, Chen S, Xue L, Cao F. The Metasequoia genome and evolutionary relationships among redwoods. *Plant Commun.* 2023;4(6):100643.

235. Petroski W, Minich DM. Is There Such a Thing as "Anti-Nutrients"? A Narrative Review of Perceived Problematic Plant Compounds. *Nutrients.* 2020;12(10):2929.

236. Abera S, Yohannes W, Chandravanshi BS. Effect of Processing Methods on Antinutritional Factors (Oxalate, Phytate, and Tannin) and Their Interaction with Minerals (Calcium, Iron, and Zinc) in Red, White, and Black Kidney Beans. *Int J Anal Chem.* 2023;2023:6762027.

237. Brito AF, Zang Y. A Review of Lignan Metabolism, Milk Enterolactone Concentration, and Antioxidant Status of Dairy Cows Fed Flaxseed. *Molecules.* 2018;24(1):41.

238. Rattanaburee T, Tanawattanasuntorn T, Thongpanchang T, Tipmanee V, Graidist P. Trans-(-)-Kusunokinin: A Potential Anticancer Lignan Compound against HER2 in Breast Cancer Cell Lines? *Molecules.* 2021;26(15):4537.

239. Jenkins DJA, Kendall CWC, Sievenpiper JL. Plant Polyphenols Lignans and Cardiovascular Disease. *J Am Coll Cardiol.* 2021;78(7):679-682.

240. Parikh M, Maddaford TG, Austria JA, Aliani M, Netticadan T, Pierce GN. Dietary Flaxseed as a Strategy for Improving Human Health. *Nutrients.* 2019;11(5):1171.

241. Ren Y, Xu Z, Qiao Z, Wang X, Yang C. Flaxseed Lignan Alleviates the Paracetamol-Induced Hepatotoxicity Associated with Regulation of Gut Microbiota and Serum Metabolome. *Nutrients.* 2024;16(2):295.

242. Aishwarya V, Solaipriya S, Sivaramakrishnan V. Role of ellagic acid for the prevention and treatment of liver diseases. *Phytother Res.* 2021;35(6):2925-2944.

243. Cota D, Patil D. Antibacterial potential of ellagic acid and gallic acid against IBD bacterial isolates and cytotoxicity against colorectal cancer. *Nat Prod Res.* 2023;37(12):1998-2002.

244. Possamai Rossatto FC, Tharmalingam N, Escobar IE, d'Azevedo PA, Zimmer KR, Mylonakis E. Antifungal Activity of the Phenolic Compounds Ellagic Acid (EA) and Caffeic Acid Phenethyl Ester (CAPE) against Drug-Resistant *Candida auris. J Fungi (Basel).* 2021;7(9):763.

245. Naraki K, Ghasemzadeh Rahbardar M, Ajiboye BO, Hosseinzadeh H. The effect of ellagic acid on the metabolic syndrome: A review article. *Heliyon.* 2023;9(11):e21844.

246. Zhu H, Yan Y, Jiang Y, Meng X. Ellagic Acid and Its Anti-Aging Effects on Central Nervous System. *Int J Mol Sci.* 2022;23(18):10937.

247. Borrelli F, Posadas I, Capasso R, Aviello G, Ascione V, Capasso F. Effect of caffeic acid phenethyl ester on gastric acid secretion in vitro. *Eur J Pharmacol.* 2005;521(1-3):139-43.

248. Purushothaman A, Babu SS, Naroth S, Janardanan D. Antioxidant activity of caffeic acid: thermodynamic and kinetic aspects on the oxidative degradation pathway. *Free Radic Res.* 2022;56(9-10):617-630.

249. Khan F, Bamunuarachchi NI, Tabassum N, Kim YM. Caffeic Acid and Its Derivatives: Antimicrobial Drugs toward Microbial Pathogens. *J Agric Food Chem.* 2021;69(10):2979-3004.

250. Pavlíková N. Caffeic Acid and Diseases-Mechanisms of Action. *Int J Mol Sci.* 2022;24(1):588.

251. Sun R, Wu T, Xing S, Wei S, Bielicki JK, Pan X, Zhou M, Chen J. Caffeic acid protects against atherosclerotic lesions and cognitive decline in ApoE$^{-/-}$ mice. *J Pharmacol Sci.* 2023;151(2):110-118.

252. Muhammad Abdul Kadar NN, Ahmad F, Teoh SL, Yahaya MF. Caffeic Acid on Metabolic Syndrome: A Review. *Molecules.* 2021;26(18):5490.

253. Salau VF, Erukainure OL, Bharuth V, Islam MS. Caffeic acid improves glucose utilization and maintains tissue ultrastructural morphology while modulating metabolic activities implicated in neurodegenerative disorders in isolated rat brains. *J Biochem Mol Toxicol.* 2021;35(1):e22610.

254. Zia A, Farkhondeh T, Pourbagher-Shahri AM, Samarghandian S. The role of curcumin in aging and senescence: Molecular mechanisms. *Biomed Pharmacother.* 2021;134:111119.

255. Dehzad MJ, Ghalandari H, Nouri M, Askarpour M. Antioxidant and anti-inflammatory effects of curcumin/turmeric supplementation in adults: A GRADE-assessed systematic review and dose-response meta-analysis of randomized controlled trials. *Cytokine.* 2023;164:156144.

256. Ming T, Tao Q, Tang S, Zhao H, Yang H, Liu M, Ren S, Xu H. Curcumin: An epigenetic regulator and its application in cancer. *Biomed Pharmacother.* 2022;156:113956.

257. Pourbagher-Shahri AM, Farkhondeh T, Ashrafizadeh M, Talebi M, Samargahndian S. Curcumin and cardiovascular diseases: Focus on cellular targets and cascades. *Biomed Pharmacother.* 2021;136:111214.

258. Askarizadeh A, Barreto GE, Henney NC, Majeed M, Sahebkar A. Neuroprotection by curcumin: A review on brain delivery strategies. *Int J Pharm.* 2020;585:119476.

259. Zhou DD, Luo M, Huang SY, Saimaiti A, Shang A, Gan RY, Li HB. Effects and Mechanisms of Resveratrol on Aging and Age-Related Diseases. *Oxid Med Cell Longev.* 2021;2021:9932218.

260. Rauf A, Imran M, Butt MS, Nadeem M, Peters DG, Mubarak MS. Resveratrol as an anti-cancer agent: A review. *Crit Rev Food Sci Nutr.* 2018;58(9):1428-1447.

261. Chudzińska M, Rogowicz D, Wołowiec Ł, Banach J, Sielski S, Bujak R, Sinkiewicz A, Grzesk G. Resveratrol and cardiovascular system-the unfulfilled hopes. *Ir J Med Sci.* 2021;190(3):981-986.

262. Islam F, Nafady MH, Islam MR, Saha S, Rashid S, Akter A, Or-Rashid MH, Akhtar MF, Perveen A, Md Ashraf G, Rahman MH, Hussein Sweilam S. Resveratrol and neuroprotection: an insight into prospective therapeutic approaches against Alzheimer's disease from bench to bedside. *Mol Neurobiol.* 2022;59(7):4384-4404.

263. Galiniak S, Aebisher D, Bartusik-Aebisher D. Health benefits of resveratrol administration. *Acta Biochim Pol.* 2019;66(1):13-21.

264. Jaisamut P, Wanna S, Limsuwan S, Chusri S, Wiwattanawongsa K, Wiwattanapatapee R. Enhanced Oral Bioavailability and Improved Biological Activities of a Quercetin/Resveratrol Combination Using a Liquid Self-Microemulsifying Drug Delivery System. *Planta Med.* 2021;87(4):336-346.

265. Lee SH, Lee JH, Lee HY, Min KJ. Sirtuin signaling in cellular senescence and aging. *BMB Rep.* 2019;52(1):24-34.

266. Juang YP, Liang PH. Biological and Pharmacological Effects of Synthetic Saponins. *Molecules.* 2020;25(21):4974.

267. Diez-Simon C, Eichelsheim C, Mumm R, Hall RD. Chemical and Sensory Characteristics of Soy Sauce: A Review. *J Agric Food Chem.* 2020;68(42):11612-11630.

268. Gorissen SHM, Crombag JJR, Senden JMG, Waterval WAH, Bierau J, Verdijk LB, van Loon LJC. Protein content and amino acid composition of commercially available plant-based protein isolates. *Amino Acids.* 2018;50(12):1685-1695.

269. Ohishi T, Miyoshi N, Mori M, Sagara M, Yamori Y. Health Effects of Soy Isoflavones and Green Tea Catechins on Cancer and Cardiovascular Diseases Based on Urinary Biomarker Levels. *Molecules.* 2022;27(24):8899.

270. Takagi A, Kano M, Kaga C. Possibility of breast cancer prevention: use of soy isoflavones and fermented soy beverage produced using probiotics. *Int J Mol Sci.* 2015;16(5):10907-20.

271. Sahin I, Bilir B, Ali S, Sahin K, Kucuk O. Soy Isoflavones in Integrative Oncology: Increased Efficacy and Decreased Toxicity of Cancer Therapy. *Integr Cancer Ther.* 2019;18:1534735419835310.

272. Ramdath DD, Padhi EM, Sarfaraz S, Renwick S, Duncan AM. Beyond the Cholesterol-Lowering Effect of Soy Protein: A Review of the Effects of Dietary Soy and Its Constituents on Risk Factors for Cardiovascular Disease. *Nutrients.* 2017;9(4):324.

273. Zuo X, Zhao R, Wu M, Wan Q, Li T. Soy Consumption and the Risk of Type 2 Diabetes and Cardiovascular Diseases: A Systematic Review and Meta-Analysis. *Nutrients.* 2023;15(6):1358.

274. Wang X, Yu C, Lv J, Li L, Hu Y, Liu K, Shirai K, Iso H, Dong JY. Consumption of soy products and cardiovascular mortality in people with and without cardiovascular disease: a prospective cohort study of 0.5 million individuals. *Eur J Nutr.* 2021;60(8):4429-4438.

275. George KS, Muñoz J, Akhavan NS, Foley EM, Siebert SC, Tenenbaum G, Khalil DA, Chai SC, Arjmandi BH. Is soy protein effective in reducing cholesterol and improving bone health? *Food Funct.* 2020;11(1):544-551.

276. Chen LR, Chen KH. Utilization of Isoflavones in Soybeans for Women with Menopausal Syndrome: An Overview. *Int J Mol Sci.* 2021;22(6):3212.

277. Seth D, Poowutikul P, Pansare M, Kamat D. Food Allergy: A Review. *Pediatr Ann.* 2020;49(1):e50-e58.

278. López-Cervantes J, Sánchez-Machado D, de la Mora-López DS, Sanches-Silva A. Quinoa (Chenopodium quinoa Willd.): Exploring a Superfood from Andean Indigenous Cultures with Potential to Reduce Cardiovascular Disease (CVD) Risk Markers. *Curr Mol Pharmacol.* 2021;14(6):925-934.

279. Agarwal A, Rizwana, Tripathi AD, Kumar T, Sharma KP, Patel SKS. Nutritional and Functional New Perspectives and Potential Health Benefits of Quinoa and Chia Seeds. *Antioxidants (Basel).* 2023;12(7):1413.

280. Melini V, Melini F. Functional Components and Anti-Nutritional Factors in Gluten-Free Grains: A Focus on Quinoa Seeds. *Foods.* 2021;10(2):351.

281. Jan N, Hussain SZ, Naseer B, Bhat TA. Amaranth and quinoa as potential nutraceuticals: A review of anti-nutritional factors, health benefits and their applications in food, medicinal and cosmetic sectors. *Food Chem X.* 2023;18:100687.

282. Fan X, Guo H, Teng C, Yang X, Qin P, Richel A, Zhang L, Blecker C, Ren G. Supplementation of quinoa peptides alleviates colorectal cancer and restores gut microbiota in AOM/DSS-treated mice. *Food Chem.* 2023;408:135196.

283. Präger L, Simon JC, Treudler R. Food allergy - New risks through vegan diet? Overview of new allergen sources and current data on the potential risk of anaphylaxis. *J Dtsch Dermatol Ges.* 2023;21(11):1308-1313.

284. Hong J, Convers K, Reeves N, Temprano J. Anaphylaxis to quinoa. *Ann Allergy Asthma Immunol.* 2013;110(1):60-1.
285. Riggins CW, Mumm RH. Amaranths. *Curr Biol.* 2021;31(13):R834-R835.
286. Stetter MG, Vidal-Villarejo M, Schmid KJ. Parallel Seed Color Adaptation during Multiple Domestication Attempts of an Ancient New World Grain. *Mol Biol Evol.* 2020;37(5):1407-1419.
287. Niro S, D'Agostino A, Fratianni A, Cinquanta L, Panfili G. Gluten-Free Alternative Grains: Nutritional Evaluation and Bioactive Compounds. *Foods.* 2019;8(6):208.
288. Chmelík Z, Šnejdrlová M, Vrablík M. Amaranth as a potential dietary adjunct of lifestyle modification to improve cardiovascular risk profile. *Nutr Res.* 2019;72:36-45.
289. Nardo AE, Suárez S, Quiroga AV, Añón MC. Amaranth as a Source of Antihypertensive Peptides. *Front Plant Sci.* 2020;11:578631.
290. Gélinas B, Seguin P. Oxalate in grain amaranth. *J Agric Food Chem.* 2007;55(12):4789-94.
291. Mancuso C, Santangelo R. Panax ginseng and Panax quinquefolius: From pharmacology to toxicology. *Food Chem Toxicol.* 2017;107(Pt A):362-372.
292. Valdés-González JA, Sánchez M, Moratilla-Rivera I, Iglesias I, Gómez-Serranillos MP. Immunomodulatory, Anti-Inflammatory, and Anti-Cancer Properties of Ginseng: A Pharmacological Update. *Molecules.* 2023;28(9):3863.
293. Yoon J, Park B, Hong KW, Jung DH. The effects of Korean Red Ginseng on stress-related neurotransmitters and gene expression: A randomized, double-blind, placebo-controlled trial. *J Ginseng Res.* 2023;47(6):766-772.
294. Muñoz-Castellanos B, Martínez-López P, Bailón-Moreno R, Esquius L. Effect of Ginseng Intake on Muscle Damage Induced by Exercise in Healthy Adults. *Nutrients.* 2023;16(1):90.
295. Yang S, Li F, Lu S, Ren L, Bian S, Liu M, Zhao D, Wang S, Wang J. Ginseng root extract attenuates inflammation by inhibiting the MAPK/NF-κB signaling pathway and activating autophagy and p62-Nrf2-Keap1 signaling in vitro and in vivo. *J Ethnopharmacol.* 2022;283:114739.
296. Zhao L, Zhang Y, Li Y, Li C, Shi K, Zhang K, Liu N. Therapeutic effects of ginseng and ginsenosides on colorectal cancer. *Food Funct.* 2022;13(12):6450-6466.
297. Yao W, Guan Y. Ginsenosides in cancer: A focus on the regulation of cell metabolism. *Biomed Pharmacother.* 2022;156:113756.
298. de Oliveira Zanuso B, de Oliveira Dos Santos AR, Miola VFB, Guissoni Campos LM, Spilla CSG, Barbalho SM. Panax ginseng and aging related disorders: A systematic review. *Exp Gerontol.* 2022;161:111731.
299. Chen YY, Liu QP, An P, Jia M, Luan X, Tang JY, Zhang H. Ginsenoside Rd: A promising natural neuroprotective agent. *Phytomedicine.* 2022;95:153883.
300. Malík M, Tlustoš P. Nootropics as Cognitive Enhancers: Types, Dosage and Side Effects of Smart Drugs. *Nutrients.* 2022;14(16):3367.
301. Choi MK, Song IS. Interactions of ginseng with therapeutic drugs. *Arch Pharm Res.* 2019;42(10):862-878.

302. Jin S, Lee S, Jeon JH, Kim H, Choi MK, Song IS. Enhanced Intestinal Permeability and Plasma Concentration of Metformin in Rats by the Repeated Administration of Red Ginseng Extract. *Pharmaceutics.* 2019;11(4):189.

303. Ahmed A, Saleem MA, Saeed F, Afzaal M, Imran A, Nadeem M, Ambreen S, Imran M, Hussain M, Jbawi EA. *Gynostemma pentaphyllum* an immortal herb with promising therapeutic potential: a comprehensive review on its phytochemistry and pharmacological perspective. *International Journal of Food Properties.* 2023;26(1), 808-832.

304. Wang Z, Wang Z, Huang W, Suo J, Chen X, Ding K, Sun Q, Zhang H. Antioxidant and anti-inflammatory activities of an anti-diabetic polysaccharide extracted from Gynostemma pentaphyllum herb. *Int J Biol Macromol.* 2020;145:484-491.

305. Liu H, Li X, Duan Y, Xie JB, Piao XL. Mechanism of gypenosides of Gynostemma pentaphyllum inducing apoptosis of renal cell carcinoma by PI3K/AKT/mTOR pathway. *J Ethnopharmacol.* 2021;271:113907.

306. Su C, Li N, Ren R, Wang Y, Su X, Lu F, Zong R, Yang L, Ma X. Progress in the Medicinal Value, Bioactive Compounds, and Pharmacological Activities of Gynostemma pentaphyllum. *Molecules.* 2021;26(20):6249.

307. Choi EK, Won YH, Kim SY, Noh SO, Park SH, Jung SJ, Lee CK, Hwang BY, Lee MK, Ha KC, Baek HI, Kim HM, Ko MH, Chae SW. Supplementation with extract of Gynostemma pentaphyllum leaves reduces anxiety in healthy subjects with chronic psychological stress: A randomized, double-blind, placebo-controlled clinical trial. *Phytomedicine.* 2019;52:198-205.

308. Dai N, Zhao FF, Fang M, Pu FL, Kong LY, Liu JP. Gynostemma pentaphyllum for dyslipidemia: A systematic review of randomized controlled trials. *Front Pharmacol.* 2022;13:917521.

309. Shaito A, Thuan DTB, Phu HT, Nguyen THD, Hasan H, Halabi S, Abdelhady S, Nasrallah GK, Eid AH, Pintus G. Herbal Medicine for Cardiovascular Diseases: Efficacy, Mechanisms, and Safety. *Front Pharmacol.* 2020;11:422.

310. Phu HT, Thuan DTB, Nguyen THD, Posadino AM, Eid AH, Pintus G. Herbal Medicine for Cardiovascular Diseases: Efficacy, Mechanisms, and Safety. *Curr Vasc Pharmacol.* 2020;18(4):369-393.

311. Lv J, Shen X, Shen X, Zhao S, Xu R, Yan Q, Lu J, Zhu D, Zhao Y, Dong J, Wang J, Shen X. NPLC0393 from Gynostemma pentaphyllum ameliorates Alzheimer's disease-like pathology in mice by targeting protein phosphatase magnesium-dependent 1A phosphatase. *Phytother Res.* 2023;37(10):4771-4790.

312. Tan H, Liu ZL, Liu MJ. Antithrombotic effect of Gynostemma pentaphyllum. *Zhongguo Zhong Xi Yi Jie He Za Zhi.* 1993;13(5):278-80,261.

313. Siwek M, Woroń J, Wrzosek A, Gupało J, Chrobak AA. Harder, better, faster, stronger? Retrospective chart review of adverse events of interactions between adaptogens and antidepressant drugs. *Front Pharmacol.* 2023;14:1271776.

314. VGH Baden-Württemberg *openJur.* 2022,13460.

315. Seng J. Poesie und Leben: Zur Entstehung von Goethes 'Gingo biloba'-Gedicht. In: Bohnenkamp, A: Jahrbuch Freies deutsches Hochstift 2021. *Jahrbuch des Freien Deutschen Hochstifts.* 2022:94-108.

316. Lyman BS. The etymology of 'ginkgo.' *Science.* 1885;6(130):84.

317. Li Y, Zhu X, Wang K, Zhu L, Murray M, Zhou F. The potential of Ginkgo biloba in the treatment of human diseases and the relationship to Nrf2-mediated anti-oxidant protection. *J Pharm Pharmacol.* 2022;74(12):1689-1699.

318. Xie C, Jiang J, Liu J, Yuan G, Zhao Z. Ginkgolide B attenuates collagen-induced rheumatoid arthritis and regulates fibroblast-like synoviocytes-mediated apoptosis and inflammation. *Ann Transl Med.* 2020;8(22):1497.

319. Yu J, Wang J, Yang J, Ouyang T, Gao H, Kan H, Yang Y. New insight into the mechanisms of Ginkgo biloba leaves in the treatment of cancer. *Phytomedicine.* 2024;122:155088.

320. Kook H, Yu CW, Choi D, Ahn TH, Chang K, Cho JM, Kim SJ, Park CG, Cho DK, Kim SH, Lee HC, Jin HY, Chae IH, Kwon K, Ahn SG, Kim JH, Lee SR, Kim JS, Kim SY, Lim SW. Efficacy and Safety of SID142 in Patients With Peripheral Arterial Disease: A Multicenter, Randomized, Double-Blind, Active-Controlled, Parallel-Group, Phase III Clinical Trial. *Clin Ther.* 2022;44(4):508-528.

321. Ye W, Wang J, Little PJ, Zou J, Zheng Z, Lu J, Yin Y, Liu H, Zhang D, Liu P, Xu S, Ye W, Liu Z. Anti-atherosclerotic effects and molecular targets of ginkgolide B from *Ginkgo biloba. Acta Pharm Sin B.* 2024;14(1):1-19.

322. Silva H, Martins FG. Cardiovascular Activity of Ginkgo biloba-An Insight from Healthy Subjects. *Biology (Basel).* 2022;12(1):15.

323. Xie L, Zhu Q, Lu J. Can We Use *Ginkgo biloba* Extract to Treat Alzheimer's Disease? Lessons from Preclinical and Clinical Studies. *Cells.* 2022;11(3):479.

324. Boateng ID. A critical review of current technologies used to reduce ginkgotoxin, ginkgotoxin-5'-glucoside, ginkgolic acid, allergic glycoprotein, and cyanide in Ginkgo biloba L. seed. *Food Chem.* 2022;382:132408.

325. Diamond BJ, Bailey MR. Ginkgo biloba: indications, mechanisms, and safety. *Psychiatr Clin North Am.* 2013;36(1):73-83.

326. Arenas-Jal M, Suñé-Negre JM, García-Montoya E. Coenzyme Q10 supplementation: Efficacy, safety, and formulation challenges. *Compr Rev Food Sci Food Saf.* 2020;19(2):574-594.

327. Al Saadi T, Assaf Y, Farwati M, Turkmani K, Al-Mouakeh A, Shebli B, Khoja M, Essali A, Madmani ME. Coenzyme Q10 for heart failure. *Cochrane Database Syst Rev.* 2021;(2)(2):CD008684.

328. Tsai IC, Hsu CW, Chang CH, Tseng PT, Chang KV. Effectiveness of Coenzyme Q10 Supplementation for Reducing Fatigue: A Systematic Review and Meta-Analysis of Randomized Controlled Trials. *Front Pharmacol.* 2022;13:883251.

329. Fladerer JP, Grollitsch S. Comparison of Coenzyme Q10 (Ubiquinone) and Reduced Coenzyme Q10 (Ubiquinol) as Supplement to Prevent Cardiovascular Disease and Reduce Cardiovascular Mortality. *Curr Cardiol Rep.* 2023;25(12):1759-1767.

330. Thapa M, Dallmann G. Role of coenzymes in cancer metabolism. *Semin Cell Dev Biol.* 2020;98:44-53.

331. Mantle D, Heaton RA, Hargreaves IP. Coenzyme Q10 and Immune Function: An Overview. *Antioxidants (Basel).* 2021;10(5):759.

332. Wu H, Zhong Z, Lin S, Qiu C, Xie P, Lv S, Cui L, Wu T. Coenzyme Q_{10} Sunscreen Prevents Progression of Ultraviolet-Induced Skin Damage in Mice. *Biomed Res Int.* 2020;2020:9039843.

333. Zhou Q, Zhou S, Chan E. Effect of coenzyme Q10 on warfarin hydroxylation in rat and human liver microsomes. *Curr Drug Metab.* 2005;6(2):67-81.

334. Holick MF. The One-Hundred-Year Anniversary of the Discovery of the Sunshine Vitamin D_3: Historical, Personal Experience and Evidence-Based Perspectives. *Nutrients.* 2023;15(3):593.

335. Miller WL, Imel EA. Rickets, Vitamin D, and Ca/P Metabolism. *Horm Res Paediatr.* 2022;95(6):579-592.

336. LeBoff MS, Greenspan SL, Insogna KL, Lewiecki EM, Saag KG, Singer AJ, Siris ES. The clinician's guide to prevention and treatment of osteoporosis. *Osteoporos Int.* 2022;33(10):2049-2102.

337. Sîrbe C, Rednic S, Grama A, Pop TL. An Update on the Effects of Vitamin D on the Immune System and Autoimmune Diseases. *Int J Mol Sci.* 2022;23(17):9784.

338. Costenbader KH, Cook NR, Lee IM, Hahn J, Walter J, Bubes V, Kotler G, Yang N, Friedman S, Alexander EK, Manson JE. Vitamin D and Marine n-3 Fatty Acids for Autoimmune Disease Prevention: Outcomes at Two Years after VITAL Trial Completion. *Arthritis Rheumatol.* 2024 Jan 25. doi: 10.1002/art.42811. Online ahead of print.

339. Latic N, Erben RG. Vitamin D and Cardiovascular Disease, with Emphasis on Hypertension, Atherosclerosis, and Heart Failure. *Int J Mol Sci.* 2020;21(18):6483.

340. Akpınar Ş, Karadağ MG. Is Vitamin D Important in Anxiety or Depression? What Is the Truth? *Curr Nutr Rep.* 2022;11(4):675-681.

341. Cui X, McGrath JJ, Burne THJ, Eyles DW. Vitamin D and schizophrenia: 20 years on. *Mol Psychiatry.* 2021;26(7):2708-2720.

342. Wan M, Patel J, Rait G, Shroff R. Hypervitaminosis D and nephrocalcinosis: too much of a good thing? *Pediatr Nephrol.* 2022;37(10):2225-2229.

343. Viljoen M, Bipath P, Tosh C. Pellagra in South Africa from 1897 to 2019: a scoping review. *Public Health Nutr.* 2021;24(8):2062-2076.

344. Davidson M, Rashidi N, Nurgali K, Apostolopoulos V. The Role of Tryptophan Metabolites in Neuropsychiatric Disorders. *Int J Mol Sci.* 2022;23(17):9968.

345. Campbell JM. Supplementation with NAD[+] and Its Precursors to Prevent Cognitive Decline across Disease Contexts. *Nutrients.* 2022;14(15):3231.

346. Superko HR, Zhao XQ, Hodis HN, Guyton JR. Niacin and heart disease prevention: Engraving its tombstone is a mistake. *J Clin Lipidol.* 2017;11(6):1309-1317.

347. Tuteja S. Activation of HCAR2 by niacin: benefits beyond lipid lowering. *Pharmacogenomics.* 2019;20(16):1143-1150.

348. Ruparelia N, Digby JE, Choudhury RP. Effects of niacin on atherosclerosis and vascular function. *Curr Opin Cardiol.* 2011;26(1):66-70.

349. Mikkelsen K, Apostolopoulos V. B Vitamins and Ageing. *Subcell Biochem.* 2018;90:451-470.

350. Tian S, Wu L, Zheng H, Zhong X, Liu M, Yu X, Wu W. Dietary niacin intake in relation to depression among adults: a population-based study. *BMC Psychiatry.* 2023;23(1):678.

351. Madaan P, Sikka P, Malik DS. Cosmeceutical Aptitudes of Niacinamide: A Review.
Recent Adv Antiinfect Drug Discov. 2021;16(3):196-208.

352. Papaliodis D, Boucher W, Kempuraj D, Michaelian M, Wolfberg A, House M, Theoharides TC. Niacin-induced "flush" involves release of prostaglandin D2 from mast cells and serotonin from platelets: evidence from human cells in vitro and an animal model. *J Pharmacol Exp Ther.* 2008;327(3):665-72.

353. Ferrell M, Wang Z, Anderson JT, Li XS, Witkowski M, DiDonato JA, Hilser JR, Hartiala JA, Haghikia A, Cajka T, Fiehn O, Sangwan N, Demuth I, König M, Steinhagen-Thiessen E, Landmesser U, Tang WHW, Allayee H, Hazen SL. A terminal metabolite of niacin promotes vascular inflammation and contributes to cardiovascular disease risk. *Nat Med.* 2024;30(2):424-434.

354. Calder PC. Omega-3 fatty acids and inflammatory processes: from molecules to man. *Biochem Soc Trans.* 2017;45(5):1105-1115.

355. Williams EJ, Berthon BS, Stoodley I, Williams LM, Wood LG. Nutrition in Asthma. *Semin Respir Crit Care Med.* 2022;43(5):646-661.

356. Schreiner P, Martinho-Grueber M, Studerus D, Vavricka SR, Tilg H, Biedermann L; on behalf of Swiss IBDnet, an official working group of the Swiss Society of Gastroenterology. Nutrition in Inflammatory Bowel Disease. *Digestion.* 2020;101 Suppl 1:120-135.

357. Bhatt DL, Steg PG, Miller M, Brinton EA, Jacobson TA, Ketchum SB, et al.; REDUCE-IT Investigators. Cardiovascular Risk Reduction with Icosapent Ethyl for Hypertriglyceridemia. *N Engl J Med.* 2019;380(1):11-22.

358. Harris WS, Tintle NL, Imamura F, Qian F, Korat AVA, Marklund M, Djoussé L, Bassett JK, Carmichael PH, Chen YY, Hirakawa Y, Küpers LK, Laguzzi F, Lankinen M, Murphy RA, Samieri C, Senn MK, Shi P, Virtanen JK, Brouwer IA, Chien KL, Eiriksdottir G, Forouhi NG, Geleijnse JM, Giles GG, Gudnason V, Helmer C, Hodge A, Jackson R, Khaw KT, Laakso M, Lai H, Laurin D, Leander K, Lindsay J, Micha R, Mursu J, Ninomiya T, Post W, Psaty BM, Risérus U, Robinson JG, Shadyab AH, Snetselaar L, Sala-Vila A, Sun Y, Steffen LM, Tsai MY, Wareham NJ, Wood AC, Wu JHY, Hu F, Sun Q, Siscovick DS, Lemaitre RN, Mozaffarian D; Fatty Acids and Outcomes Research Consortium (FORCE). Blood n-3 fatty acid levels and total and cause-specific mortality from 17 prospective studies. *Nat Commun.* 2021;12(1):2329.

359. Abdelhamid AS, Brown TJ, Brainard JS, Biswas P, Thorpe GC, Moore HJ, Deane KH, AlAbdulghafoor FK, Summerbell CD, Worthington HV, Song F, Hooper L. Omega-3 fatty acids for the primary and secondary prevention of cardiovascular disease. *Cochrane Database Syst Rev.* 2018;7(7):CD003177.

360. Markozannes G, Ntzani EE, Tsapas A, Mantzoros CS, Tsiara S, Xanthos T, Karpettas N, Patrikios I, Rizos EC. Dose-related meta-analysis for Omega-3 fatty acids supplementation on major adverse cardiovascular events. *Clin Nutr.* 2022;41(4):923-30.

361. Appleton KM, Voyias PD, Sallis HM, Dawson S, Ness AR, Churchill R, Perry R. Omega-3 fatty acids for depression in adults. *Cochrane Database Syst Rev.* 2021;11(11):CD004692.

362. Thomsen BJ, Chow EY, Sapijaszko MJ. The Potential Uses of Omega-3 Fatty Acids in Dermatology: A Review. *J Cutan Med Surg.* 2020;24(5):481-494.

363. Jiang H, Shi X, Fan Y, Wang D, Li B, Zhou J, Pei C, Ma L. Dietary omega-3 polyunsaturated fatty acids and fish intake and risk of age-related macular degeneration. *Clin Nutr.* 2021;40(12):5662-5673.

364. Bowen KJ, Harris WS, Kris-Etherton PM. Omega-3 Fatty Acids and Cardiovascular Disease: Are There Benefits? *Curr Treat Options Cardiovasc Med.* 2016;18(11):69.

365. Farag MA, Gad MZ. Omega-9 fatty acids: potential roles in inflammation and cancer management. *J Genet Eng Biotechnol.* 2022;20(1):48.

366. Johnson M, Bradford C. Omega-3, Omega-6 and Omega-9 Fatty Acids: Implications for Cardiovascular and Other Diseases. *J Glycomics Lipidomics.* 2014;4(4):1000123.

367. Wang Y, Jin J, Wu G, Wei W, Jin Q, Wang X. Omega-9 monounsaturated fatty acids: a review of current scientific evidence of sources, metabolism, benefits, recommended intake, and edible safety. *Crit Rev Food Sci Nutr.* 2024 Feb 11:1-21. doi: 10.1080/10408398.2024.2313181. Online ahead of print.

368. Lin CY, Hsu CY, Elzoghby AO, Alalaiwe A, Hwang TL, Fang JY. Oleic acid as the active agent and lipid matrix in cilomilast-loaded nanocarriers to assist PDE4 inhibition of activated neutrophils for mitigating psoriasis-like lesions. *Acta Biomater.* 2019;90:350-361.

369. Delgado GE, Krämer BK, Lorkowski S, März W, von Schacky C, Kleber ME. Individual omega-9 monounsaturated fatty acids and mortality-The Ludwigshafen Risk and Cardiovascular Health Study. *J Clin Lipidol.* 2017;11(1):126-135.e5.

370. Galanty A, Grudzińska M, Paździora W, Paśko P. Erucic Acid-Both Sides of the Story: A Concise Review on Its Beneficial and Toxic Properties. *Molecules.* 2023;28(4):1924.

371. Belz GG, Palm D. Paracelsus: Dosis sola facit venenum. *Dtsch Arztebl.* 1993; 90(22): A-1630.

372. Rajman L, Chwalek K, Sinclair DA. Therapeutic Potential of NAD-Boosting Molecules: The In Vivo Evidence. *Cell Metab.* 2018;27(3):529-547.

373. Lopaschuk GD, Karwi QG, Tian R, Wende AR, Abel ED. Cardiac Energy Metabolism in Heart Failure. *Circ Res.* 2021;128(10):1487-1513.

374. Covarrubias AJ, Perrone R, Grozio A, Verdin E. NAD$^+$ metabolism and its roles in cellular processes during ageing. *Nat Rev Mol Cell Biol.* 2021;22(2):119-141.

375. Kida Y, Goligorsky MS. Sirtuins, Cell Senescence, and Vascular Aging. *Can J Cardiol.* 2016;32(5):634-41.

376. Dai H, Sinclair DA, Ellis JL, Steegborn C. Sirtuin activators and inhibitors: Promises, achievements, and challenges. *Pharmacol Ther.* 2018;188:140-154.

377. Song Q, Zhou X, Xu K, Liu S, Zhu X, Yang J. The Safety and Antiaging Effects of Nicotinamide Mononucleotide in Human Clinical Trials: an Update. *Adv Nutr.* 2023;14(6):1416-1435.

378. Nadeeshani H, Li J, Ying T, Zhang B, Lu J. Nicotinamide mononucleotide (NMN) as an anti-aging health product - Promises and safety concerns. *J Adv Res.* 2021;37:267-278.

379. Herman R, Kravos NA, Jensterle M, Janež A, Dolžan V. Metformin and Insulin Resistance: A Review of the Underlying Mechanisms behind Changes in GLUT4-Mediated Glucose Transport. *Int J Mol Sci.* 2022;23(3):1264.

380. Kristófi R, Eriksson JW. Metformin as an anti-inflammatory agent: a short review. *J Endocrinol.* 2021;251(2):R11-R22.

381. Lv Z, Guo Y. Metformin and Its Benefits for Various Diseases. *Front Endocrinol (Lausanne).* 2020;11:191.

382. Huang X, Sun T, Wang J, Hong X, Chen H, Yan T, Zhou C, Sun D, Yang C, Yu T, Su W, Du W, Xiong H. Metformin Reprograms Tryptophan Metabolism to Stimulate CD8+ T-cell Function in Colorectal Cancer. *Cancer Res.* 2023;83(14):2358-2371.

383. Cejuela M, Martin-Castillo B, Menendez JA, Pernas S. Metformin and Breast Cancer: Where Are We Now? *Int J Mol Sci.* 2022;23(5):2705.

384. Ma T, Tian X, Zhang B, Li M, Wang Y, Yang C, Wu J, Wei X, Qu Q, Yu Y, Long S, Feng JW, Li C, Zhang C, Xie C, Wu Y, Xu Z, Chen J, Yu Y, Huang X, He Y, Yao L, Zhang L, Zhu M, Wang W, Wang ZC, Zhang M, Bao Y, Jia W, Lin SY, Ye Z, Piao HL, Deng X, Zhang CS, Lin SC. Low-dose metformin targets the lysosomal AMPK pathway through PEN2. *Nature.* 2022;603(7899):159-165.

385. Infante M, Leoni M, Caprio M, Fabbri A. Long-term metformin therapy and vitamin B12 deficiency: An association to bear in mind. *World J Diabetes.* 2021;12(7):916-931.

386. Kushner RF, Calanna S, Davies M, Dicker D, Garvey WT, Goldman B, Lingvay I, Thomsen M, Wadden TA, Wharton S, Wilding JPH, Rubino D. Semaglutide 2.4 mg for the Treatment of Obesity: Key Elements of the STEP Trials 1 to 5. *Obesity (Silver Spring).* 2020;28(6):1050-1061.

387. Bergmann NC, Davies MJ, Lingvay I, Knop FK. Semaglutide for the treatment of overweight and obesity: A review. *Diabetes Obes Metab.* 2023;25(1):18-35.

388. Lincoff AM, Brown-Frandsen K, Colhoun HM, Deanfield J, Emerson SS, Esbjerg S, Hardt-Lindberg S, Hovingh GK, Kahn SE, Kushner RF, Lingvay I, Oral TK, Michelsen MM, Plutzky J, Tornøe CW, Ryan DH; SELECT Trial Investigators. Semaglutide and Cardiovascular Outcomes in Obesity without Diabetes. *N Engl J Med.* 2023;389(24):2221-2232.

389. Hussein H, Zaccardi F, Khunti K, Davies MJ, Patsko E, Dhalwani NN, Kloecker DE, Ioannidou E, Gray LJ. Efficacy and tolerability of sodium-glucose co-transporter-2 inhibitors and glucagon-like peptide-1 receptor agonists: A systematic review and network meta-analysis. *Diabetes Obes Metab.* 2020;22(7):1035-1046.

390. McIntyre RS, Mansur RB, Rosenblat JD, Kwan ATH. The association between glucagon-like peptide-1 receptor agonists (GLP-1 RAs) and suicidality: reports to the Food and Drug Administration Adverse Event Reporting System (FAERS). *Expert Opin Drug Saf.* 2024;23(1):47-55.

391. Wang W, Volkow ND, Berger NA, Davis PB, Kaelber DC, Xu R. Association of semaglutide with risk of suicidal ideation in a real-world cohort. *Nat Med.* 2024;30(1):168-176.

392. Tobaiqy M, Elkout H. Psychiatric adverse events associated with semaglutide, liraglutide and tirzepatide: a pharmacovigilance analysis of individual case safety reports submitted to the EudraVigilance database. *Int J Clin Pharm.* 2024 Jan 24. doi: 10.1007/s11096-023-01694-7. Online ahead of print.

393. Berkel HJ. Does an 'aspirin-a-day' keep the doctor away? *Br J Cancer.* 1999;81(1):1-2.

394. Montinari MR, Minelli S, De Caterina R. The first 3500 years of aspirin history from its roots - A concise summary. *Vascul Pharmacol.* 2019;113:1-8.

395. Ugurlucan M, Caglar IM, Caglar FN, Ziyade S, Karatepe O, Yildiz Y, Zencirci E, Ugurlucan FG, Arslan AH, Korkmaz S, Filizcan U, Cicek S. Aspirin: from a historical perspective. *Recent Pat Cardiovasc Drug Discov.* 2012;7(1):71-6.

396. Gall EP. The safety of treating rheumatoid arthritis with aspirin. *JAMA.* 1982;247(1):63-4.

397. Moore N, Le Parc JM, van Ganse E, Wall R, Schneid H, Cairns R. Tolerability of ibuprofen, aspirin and paracetamol for the treatment of cold and flu symptoms and sore throat pain. *Int J Clin Pract.* 2002;56(10):732-4.

398. Patrono C, Rocca B. Less Thromboxane, Longer Life. *J Am Coll Cardiol.* 2022;80(3):251-255.

399. Soodi D, VanWormer JJ, Rezkalla SH. Aspirin in Primary Prevention of Cardiovascular Events. *Clin Med Res.* 2020;18(2-3):89-94.

400. Zheng SL, Roddick AJ. Association of Aspirin Use for Primary Prevention With Cardiovascular Events and Bleeding Events: A Systematic Review and Meta-analysis. *JAMA.* 2019;321(3):277-287.

401. Bigalke B, Geisler T, Hövelborn T, May AE, Gawaz M. Management of perioperative stent thrombosis in patients undergoing surgery. *Platelets.* 2010;21(7):578-82.

402. Kamada T, Satoh K, Itoh T, Ito M, Iwamoto J, Okimoto T, Kanno T, Sugimoto M, Chiba T, Nomura S, Mieda M, Hiraishi H, Yoshino J, Takagi A, Watanabe S, Koike K. Evidence-based clinical practice guidelines for peptic ulcer disease 2020. *J Gastroenterol.* 2021;56(4):303-322.

403. Szczeklik A. Aspirin-induced asthma: a tribute to John Vane as a source of inspiration. *Pharmacol Rep.* 2010;62(3):526-9.

404. Fitzgerald DA. Aspirin and Reye syndrome. *Paediatr Drugs.* 2007;9(3):205-6.
405. Yu D, Liao JK. Emerging views of statin pleiotropy and cholesterol lowering. *Cardiovasc Res.* 2022;118(2):413-423.
406. Hussain A, Kaler J, Ray SD. The Benefits Outweigh the Risks of Treating Hypercholesterolemia: The Statin Dilemma. *Cureus.* 2023;15(1):e33648.
407. Cholesterol Treatment Trialists' (CTT) Collaboration; Baigent C, Blackwell L, Emberson J, Holland LE, Reith C, Bhala N, Peto R, Barnes EH, Keech A, Simes J, Collins R. Efficacy and safety of more intensive lowering of LDL cholesterol: a meta-analysis of data from 170,000 participants in 26 randomised trials. *Lancet.* 2010;376(9753):1670-81.
408. Ference BA, Ginsberg HN, Graham I, Ray KK, Packard CJ, Bruckert E, Hegele RA, Krauss RM, Raal FJ, Schunkert H, Watts GF, Borén J, Fazio S, Horton JD, Masana L, Nicholls SJ, Nordestgaard BG, van de Sluis B, Taskinen MR, Tokgözoglu L, Landmesser U, Laufs U, Wiklund O, Stock JK, Chapman MJ, Catapano AL. Low-density lipoproteins cause atherosclerotic cardiovascular disease. 1. Evidence from genetic, epidemiologic, and clinical studies. A consensus statement from the European Atherosclerosis Society Consensus Panel. *Eur Heart J.* 2017;38(32):2459-2472.
409. Ballaz S, Bourin M. High Sensitivity C-reactive Protein (hsCRP) and its Implications in Cardiovascular Outcomes. *Curr Pharm Des.* 2021;27(2):263-275.
410. Zhang Y, Liang M, Sun C, Qu G, Shi T, Min M, Wu Y, Sun Y. Statin Use and Risk of Pancreatic Cancer: An Updated Meta-analysis of 26 Studies. *Pancreas.* 2019;48(2):142-150.
411. Tran KT, McMenamin ÚC, Coleman HG, Cardwell CR, Murchie P, Iversen L, Lee AJ, Thrift AP. Statin use and risk of liver cancer: Evidence from two population-based studies. *Int J Cancer.* 2020;146(5):1250-1260.
412. Vinci P, Panizon E, Tosoni LM, Cerrato C, Pellicori F, Mearelli F, Biasinutto C, Fiotti N, Di Girolamo FG, Biolo G. Statin-Associated Myopathy: Emphasis on Mechanisms and Targeted Therapy. *Int J Mol Sci.* 2021;22(21):11687.
413. Furberg CD, Pitt B. Withdrawal of cerivastatin from the world market. *Curr Control Trials Cardiovasc Med.* 2001;2(5):205-207.
414. Liu A, Wu Q, Guo J, Ares I, Rodríguez JL, Martínez-Larrañaga MR, Yuan Z, Anadón A, Wang X, Martínez MA. Statins: Adverse reactions, oxidative stress and metabolic interactions. *Pharmacol Ther.* 2019;195:54-84.
415. Casula M, Mozzanica F, Scotti L, Tragni E, Pirillo A, Corrao G, Catapano AL. Statin use and risk of new-onset diabetes: A meta-analysis of observational studies. *Nutr Metab Cardiovasc Dis.* 2017;27(5):396-406.
416. Mansi IA, Chansard M, Lingvay I, Zhang S, Halm EA, Alvarez CA. Association of Statin Therapy Initiation With Diabetes Progression: A Retrospective Matched-Cohort Study. *JAMA Intern Med.* 2021;181(12):1562-1574.
417. Adhikari A, Tripathy S, Chuzi S, Peterson J, Stone NJ. Association between statin use and cognitive function: A systematic review of randomized clinical trials and observational studies. *J Clin Lipidol.* 2021;15(1):22-32.e12.

418. Heckman MA, Weil J, Gonzalez de Mejia E. Caffeine (1, 3, 7-trimethylxanthine) in foods: a comprehensive review on consumption, functionality, safety, and regulatory matters. *J Food Sci.* 2010;75(3):R77-87.

419. Nieber K. The Impact of Coffee on Health. *Planta Med.* 2017;83(16):1256-1263.

420. Jeukendrup AE, Randell R. Fat burners: nutrition supplements that increase fat metabolism. *Obes Rev.* 2011;12(10):841-51.

421. Guest NS, VanDusseldorp TA, Nelson MT, Grgic J, Schoenfeld BJ, Jenkins NDM, Arent SM, Antonio J, Stout JR, Trexler ET, Smith-Ryan AE, Goldstein ER, Kalman DS, Campbell BI. International society of sports nutrition position stand: caffeine and exercise performance. *J Int Soc Sports Nutr.* 2021;18(1):1.

422. Zulli A, Smith RM, Kubatka P, Novak J, Uehara Y, Loftus H, Qaradakhi T, Pohanka M, Kobyliak N, Zagatina A, Klimas J, Hayes A, La Rocca G, Soucek M, Kruzliak P. Caffeine and cardiovascular diseases: critical review of current research. *Eur J Nutr.* 2016;55(4):1331-43.

423. Grzegorzewski J, Bartsch F, Köller A, König M. Pharmacokinetics of Caffeine: A Systematic Analysis of Reported Data for Application in Metabolic Phenotyping and Liver Function Testing. *Front Pharmacol.* 2022;12:752826.

424. Smit HJ. Theobromine and the pharmacology of cocoa. *Handb Exp Pharmacol.* 2011;(200):201-34.

425. Judelson DA, Preston AG, Miller DL, Muñoz CX, Kellogg MD, Lieberman HR. Effects of theobromine and caffeine on mood and vigilance. *J Clin Psychopharmacol.* 2013;33(4):499-506.

426. Ried K, Sullivan TR, Fakler P, Frank OR, Stocks NP. Effect of cocoa on blood pressure. *Cochrane Database Syst Rev.* 2012;(8):CD008893.

427. Monteiro J, Alves MG, Oliveira PF, Silva BM. Pharmacological potential of methylxanthines: Retrospective analysis and future expectations. *Crit Rev Food Sci Nutr.* 2019;59(16):2597-2625.

428. Sharifi-Zahabi E, Rezvani N, Hajizadeh-Sharafabad F, Hosseini-Baharanchi FS, Shidfar F, Rahimi M. A comprehensive insight into the molecular effect of theobromine on cardiovascular-related risk factors: A systematic review of in vitro and in vivo studies. *Food Funct.* 2023;14(18):8431-8441.

429. Bhat JA, Kumar M. Neuroprotective Effects of Theobromine in permanent bilateral common carotid artery occlusion rat model of cerebral hypoperfusion. *Metab Brain Dis.* 2022;37(6):1787-1801.

430. Patanè S, Marte F, La Rosa FC, Rocca R. Atrial fibrillation associated with chocolate intake abuse and chronic salbutamol inhalation abuse. *Int J Cardiol.* 2010;145(2):e74-e76.

431. Brosnan JT, Brosnan ME. The sulfur-containing amino acids: an overview. *J Nutr.* 2006;136(6 Suppl):1636S-1640S.

432. Singh P, Gollapalli K, Mangiola S, Schranner D, Yusuf MA, Chamoli M, Shi SL, Lopes Bastos B, Nair T, Riermeier A, Vayndorf EM, Wu JZ, Nilakhe A, Nguyen CQ, Muir M, Kiflezghi MG, Foulger A, Junker A, Devine J, Sharan K, Chinta SJ, Rajput S, Rane A, Baumert P, Schönfelder M, Iavarone F, di Lorenzo G, Kumari

S, Gupta A, Sarkar R, Khyriem C, Chawla AS, Sharma A, Sarper N, Chattopadh-
yay N, Biswal BK, Settembre C, Nagarajan P, Targoff KL, Picard M, Gupta S,
Velagapudi V, Papenfuss AT, Kaya A, Ferreira MG, Kennedy BK, Andersen JK,
Lithgow GJ, Ali AM, Mukhopadhyay A, Palotie A, Kastenmüller G, Kaeberlein M,
Wackerhage H, Pal B, Yadav VK. Taurine deficiency as a driver of aging. *Science.*
2023;380(6649):eabn9257.

433. Jong CJ, Sandal P, Schaffer SW. The Role of Taurine in Mitochondria Health:
More Than Just an Antioxidant. *Molecules.* 2021;26(16):4913.

434. Qaradakhi T, Gadanec LK, McSweeney KR, Abraham JR, Apostolopoulos V, Zulli
A. The Anti-Inflammatory Effect of Taurine on Cardiovascular Disease.
Nutrients. 2020;12(9):2847.

435. Khalaf K, Tornese P, Cocco A, Albanese A. Tauroursodeoxycholic acid: a potential therapeutic tool in neurodegenerative diseases. *Transl Neurodegener.*
2022;11(1):33.

436. Baliou S, Adamaki M, Ioannou P, Pappa A, Panayiotidis MI, Spandidos DA,
Christodoulou I, Kyriakopoulos AM, Zoumpourlis V. Protective role of taurine
against oxidative stress (Review). *Mol Med Rep.* 2021;24(2):605.

437. Ma N, He F, Kawanokuchi J, Wang G, Yamashita T. Taurine and Its Anticancer
Functions: In Vivo and In Vitro Study. *Adv Exp Med Biol.* 2022;1370:121-128.

438. Costantino A, Maiese A, Lazzari J, Casula C, Turillazzi E, Frati P, Fineschi V. The
Dark Side of Energy Drinks: A Comprehensive Review of Their Impact on the
Human Body. *Nutrients.* 2023;15(18):3922.

439. Curran CP, Marczinski CA. Taurine, caffeine, and energy drinks: Reviewing the
risks to the adolescent brain. *Birth Defects Res.* 2017;109(20):1640-1648.

440. Taranukhin AG, Saransaari P, Kiianmaa K, Gunnar T, Oja SS. Comparison of Toxicity of Taurine and GABA in Combination with Alcohol in 7-Day-Old Mice. *Adv
Exp Med Biol.* 2017;975 Pt 2:1021-1033.

441. Borlinghaus J, Albrecht F, Gruhlke MC, Nwachukwu ID, Slusarenko AJ. Allicin:
chemistry and biological properties. *Molecules.* 2014;19(8):12591-618.

442. Choo S, Chin VK, Wong EH, Madhavan P, Tay ST, Yong PVC, Chong PP. Review:
antimicrobial properties of allicin used alone or in combination with other
medications. *Folia Microbiol (Praha).* 2020;65(3):451-465.

443. Hu J, Li C, Zhou Y, Ding J, Li X, Li Y. Allicin Inhibits Porcine Reproductive and
Respiratory Syndrome Virus Infection In Vitro and Alleviates Inflammatory Responses. *Viruses.* 2023;15(5):1050.

444. Arellano Buendia AS, Juárez Rojas JG, García-Arroyo F, Aparicio Trejo OE,
Sánchez-Muñoz F, Argüello-García R, Sánchez-Lozada LG, Bojalil R, Osorio-
Alonso H. Antioxidant and anti-inflammatory effects of allicin in the kidney of
an experimental model of metabolic syndrome. *PeerJ.* 2023;11:e16132.

445. Sánchez-Gloria JL, Arellano-Buendía AS, Juárez-Rojas JG, García-Arroyo FE, Argüello-García R, Sánchez-Muñoz F, Sánchez-Lozada LG, Osorio-Alonso H. Cellular Mechanisms Underlying the Cardioprotective Role of Allicin on Cardiovascular Diseases. *Int J Mol Sci.* 2022;23(16):9082.

446. Pereverzev A, Ostroumova OD. Potential drug interactions with garlic. *Medical alphabet.* 2021;1(29):47-51.

447. Thomas PA, Dering M, Giertych MJ, Iszkuło G, Tomaszewski D, Briggs J. Biological Flora of Britain and Ireland: Viscum album. *J Ecol.* 2023;111(3):701-739.

448. Poles J, Karhu E, McGill M, McDaniel HR, Lewis JE. The effects of twenty-four nutrients and phytonutrients on immune system function and inflammation: A narrative review. *J Clin Transl Res.* 2021;7(3):333-376.

449. Nicoletti M. The Anti-Inflammatory Activity of *Viscum album. Plants (Basel).* 2023;12(7):1460.

450. Steigenberger C, Schnell-Inderst P, Flatscher-Thöni M, Plank LM, Siebert U. Patient' and social aspects related to complementary mistletoe therapy in patients with breast cancer: A systematic review commissioned by the German agency for Health Technology Assessment. *Eur J Oncol Nurs.* 2023;65:102338.

451. Ma YH, Cheng WZ, Gong F, Ma AL, Yu QW, Zhang JY, Hu CY, Chen XH, Zhang DQ. Active Chinese mistletoe lectin-55 enhances colon cancer surveillance through regulating innate and adaptive immune responses. *World J Gastroenterol.* 2008;14(34):5274-81.

452. Ma L, Phalke S, Stévigny C, Souard F, Vermijlen D. Mistletoe-Extract Drugs Stimulate Anti-Cancer Vγ9Vδ2 T Cells. *Cells.* 2020;9(6):1560.

453. Suveren E, Baxter GF, Iskit AB, Turker AU. Cardioprotective effects of Viscum album L. subsp. album (European misletoe) leaf extracts in myocardial ischemia and reperfusion. *J Ethnopharmacol.* 2017;209:203-209.

454. Myers SP, Cheras PA. The other side of the coin: safety of complementary and alternative medicine. *Med J Aust.* 2004;181(4):222-5.

455. Steele ML, Axtner J, Happe A, Kröz M, Matthes H, Schad F. Adverse Drug Reactions and Expected Effects to Therapy with Subcutaneous Mistletoe Extracts (Viscum album L.) in Cancer Patients. *Evid Based Complement Alternat Med.* 2014;2014:724258.

456. Rosell S, Samuelsson G. Effect of mistletoe viscotoxin and phoratoxin on blood circulation. *Toxicon.* 1966;4(2):107-10.

457. Von Wolzogen H. Die Motive in Wagner's „Götterdämmerung". *Musikal Wochenbl.* 1879;10(1):261.

458. Wang Y, Wang H, Ma T, Liu G, Feng X, Liu X, Ma X, Liu S, Shi D, Wang B, Kang J, Wang H, Wang Z. Hawthorn extract inhibited the PI3k/Akt pathway to prolong the lifespan of Drosophila melanogaster. *J Food Biochem.* 2022;46(8):e14169.

459. Kim E, Jang E, Lee JH. Potential Roles and Key Mechanisms of Hawthorn Extract against Various Liver Diseases. *Nutrients.* 2022;14(4):867.

460. Verma T, Sinha M, Bansal N, Yadav SR, Shah K, Chauhan NS. Plants Used as Antihypertensive. *Nat Prod Bioprospect.* 2021;11(2):155-184.

461. Wu M, Liu L, Xing Y, Yang S, Li H, Cao Y. Roles and Mechanisms of Hawthorn and Its Extracts on Atherosclerosis: A Review. *Front Pharmacol.* 2020;11:118.

462. Z Rashid B, Dizaye KF. The Impact of Procyanidin Extracted from Crataegus azarolus on Rats with Induced Heart Failure. *Cell Mol Biol (Noisy-le-grand).* 2022;68(9):179-185.

463. Tauchert M. Efficacy and safety of crataegus extract WS 1442 in comparison with placebo in patients with chronic stable New York Heart Association class-III heart failure. *Am Heart J.* 2002;143(5):910-5.

464. Orhan IE. Phytochemical and Pharmacological Activity Profile of Crataegus oxyacantha L. (Hawthorn) - A Cardiotonic Herb. *Curr Med Chem.* 2018;25(37):4854-4865.

465. Nitzan K, David D, Franko M, Toledano R, Fidelman S, Tenenbaum YS, Blonder M, Armoza-Eilat S, Shamir A, Rehavi M, Ben-Chaim Y, Doron R. Anxiolytic and antidepressants' effect of Crataegus pinnatifida (Shan Zha): biochemical mechanisms. *Transl Psychiatry.* 2022;12(1):208.

466. De Simone M, De Feo R, Choucha A, Ciaglia E, Fezeu F. Enhancing Sleep Quality: Assessing the Efficacy of a Fixed Combination of Linden, Hawthorn, Vitamin B1, and Melatonin. *Med Sci (Basel).* 2023;12(1):2.

467. Daniele C, Mazzanti G, Pittler MH, Ernst E. Adverse-event profile of Crataegus spp.: a systematic review. *Drug Saf.* 2006;29(6):523-35.

468. Sah A, Naseef PP, Kuruniyan MS, Jain GK, Zakir F, Aggarwal G. A Comprehensive Study of Therapeutic Applications of Chamomile. *Pharmaceuticals (Basel).* 2022;15(10):1284.

469. Dai YL, Li Y, Wang Q, Niu FJ, Li KW, Wang YY, Wang J, Zhou CZ, Gao LN. Chamomile: A Review of Its Traditional Uses, Chemical Constituents, Pharmacological Activities and Quality Control Studies. *Molecules.* 2022;28(1):133.

470. De Cicco P, Ercolano G, Sirignano C, Rubino V, Rigano D, Ianaro A, Formisano C. Chamomile essential oils exert anti-inflammatory effects involving human and murine macrophages: Evidence to support a therapeutic action. *J Ethnopharmacol.* 2023;311:116391.

471. Turk MA, Liu Y, Pope JE. Non-pharmacological interventions in the treatment of rheumatoid arthritis: A systematic review and meta-analysis. *Autoimmun Rev.* 2023;22(6):103323.

472. Chaves PFP, Iacomini M, Cordeiro LMC. Chemical characterization of fructooligosaccharides, inulin and structurally diverse polysaccharides from chamomile tea. *Carbohydr Polym.* 2019;214:269-275.

473. Pratas A, Malhão B, Palma R, Mendonça P, Cervantes R, Marques-Ramos A. Effects of apigenin on gastric cancer cells. *Biomed Pharmacother.* 2024;172:116251.

474. Nieman KM, Zhu Y, Tucker M, Koecher K. The Role of Dietary Ingredients in Mental Energy - A Scoping Review of Randomized Controlled Trials. *J Am Nutr Assoc.* 2024;43(2):167-182.

475. Denisow-Pietrzyk M, Pietrzyk Ł, Denisow B. Asteraceae species as potential environmental factors of allergy. *Environ Sci Pollut Res Int.* 2019;26(7):6290-6300.

476. Kimura R, Schwartz JA, Romeiser JL, Senzel L, Galanakis D, Halper D, Bennett-Guerrero E. The Acute Effect of Chamomile Intake on Blood Coagulation Tests in Healthy Volunteers: A Randomized Trial. *J Appl Lab Med.* 2024:jfad120. Online ahead of print.

477. Povolo C, Foschini A, Ribaudo G. Optimization of the extraction of bioactive molecules from *Lycium barbarum* fruits and evaluation of the antioxidant activity: a combined study. *Nat Prod Res.* 2019;33(18):2694-2698.

478. Wetters S, Horn T, Nick P. Goji Who? Morphological and DNA Based Authentication of a "Superfood". *Front Plant Sci.* 2018;9:1859.

479. Vidović BB, Milinčić DD, Marčetić MD, Djuriš JD, Ilić TD, Kostić AŽ, Pešić MB. Health Benefits and Applications of Goji Berries in Functional Food Products Development: A Review. *Antioxidants (Basel).* 2022;11(2):248.

480. Georgiev KD, Slavov IJ, Iliev IA. Antioxidant Activity and Antiproliferative Effects of Lycium barbarum's (Goji berry) Fractions on Breast Cancer Cell Lines. *Folia Med (Plovdiv).* 2019;61(1):104-112.

481. Ji H, Ma J, Guo L, Huang Y, Wang W, Sun X, Sun R. Amino acid sequence identification of goji berry cyclic peptides and anticervical carcinoma activity detection. *J Pept Sci.* 2021;27(8):e3326.

482. Kwaśnik P, Lemieszek MK, Rzeski W. Impact of phytochemicals and plant extracts on viability and proliferation of NK cell line NK-92 - a closer look at immunomodulatory properties of goji berries extract in human colon cancer cells. *Ann Agric Environ Med.* 2021;28(2):291-299.

483. Sanghavi A, Srivatsa A, Adiga D, Chopra A, Lobo R, Kabekkodu SP, Gadag S, Nayak U, Sivaraman K, Shah A. Goji berry (Lycium barbarum) inhibits the proliferation, adhesion, and migration of oral cancer cells by inhibiting the ERK, AKT, and CyclinD cell signaling pathways: an in-vitro study. *F1000Res.* 2022;11:1563.

484. Kazybay B, Sun Q, Dukenbayev K, Nurkesh AA, Xu N, Kutzhanova A, Razbekova M, Kabylda A, Yang Q, Wang Q, Ma C, Xie Y. Network Pharmacology with Experimental Investigation of the Mechanisms of *Rhizoma Polygonati* against Prostate Cancer with Additional Herbzymatic Activity. *ACS Omega.* 2022;7(17):14465-14477.

485. Patsilinakos A, Ragno R, Carradori S, Petralito S, Cesa S. Carotenoid content of Goji berries: CIELAB, HPLC-DAD analyses and quantitative correlation. *Food Chem.* 2018;268:49-56.

486. Yoo JH, Lee JS, Jang JH, Jung JI, Kim EJ, Choi SY. AGEs Blocker™ (Goji Berry, Fig, and Korean Mint Mixed Extract) Inhibits Skin Aging Caused by Streptozotocin-Induced Glycation in Hairless Mice. *Prev Nutr Food Sci.* 2023;28(2):134-140.

487. Ma ZF, Zhang H, Teh SS, Wang CW, Zhang Y, Hayford F, Wang L, Ma T, Dong Z, Zhang Y, Zhu Y. Goji Berries as a Potential Natural Antioxidant Medicine: An Insight into Their Molecular Mechanisms of Action. *Oxid Med Cell Longev.* 2019;2019:2437397.

488. Uchibayashi M. Etymology of ginger. *Yakushigaku Zasshi.* 2001;36(1):58-60.

489. Ling W, Huang Y, Xu JH, Li Y, Huang YM, Ling HB, Sui Y, Zhao HL. Consistent Efficacy of Wendan Decoction for the Treatment of Digestive Reflux Disorders. *Am J Chin Med.* 2015;43(5):893-913.

490. Santos Braga S. Ginger: Panacea or Consumer's Hype? *Applied Sciences.* 2019; 9(8):1570.

491. Chen L, Wang H, Chen Z, Zhuo W, Xu R, Zeng X, He Q, Guan Y, Li H, Liu H. Ginger from ancient times to the new outlook. *Chem Biodivers.* 2022;19(11):e202200757.
492. Bischoff-Kont I, Primke T, Niebergall LS, Zech T, Fürst R. Ginger Constituent 6-Shogaol Inhibits Inflammation- and Angiogenesis-Related Cell Functions in Primary Human Endothelial Cells. *Front Pharmacol.* 2022;13:844767.
493. Haniadka R, Saldanha E, Sunita V, Palatty PL, Fayad R, Baliga MS. A review of the gastroprotective effects of ginger (Zingiber officinale Roscoe). *Food Funct.* 2013;4(6):845-55.
494. Chen L, Wang H, Chen Z, Zhuo W, Xu R, Zeng X, He Q, Guan Y, Li H, Liu H. The Effect of Dried Ginger (Gan Jiang) on Stomach Energy Metabolism and the Related Mechanism in Rats Based on Metabonomics. *Chem Biodivers.* 2022;19(11):e202200757.
495. Hu Y, Amoah AN, Zhang H, Fu R, Qiu Y, Cao Y, Sun Y, Chen H, Liu Y, Lyu Q. Effect of ginger in the treatment of nausea and vomiting compared with vitamin B6 and placebo during pregnancy: a meta-analysis. *J Matern Fetal Neonatal Med.* 2022;35(1):187-196.
496. Choi J, Lee J, Kim K, Choi HK, Lee SA, Lee HJ. Effects of Ginger Intake on Chemotherapy-Induced Nausea and Vomiting: A Systematic Review of Randomized Clinical Trials. *Nutrients.* 2022;14(23):4982.
497. Araya-Quintanilla F, Gutierrez-Espinoza H, Munoz-Yanez MJ, Sanchez-Montoya U, Lopez-Jeldes J. Effectiveness of Ginger on Pain and Function in Knee Osteoarthritis: A PRISMA Systematic Review and Meta-Analysis. *Pain Physician.* 2020;23(2):E151-E161.
498. Shirvani MA, Motahari-Tabari N, Alipour A. The effect of mefenamic acid and ginger on pain relief in primary dysmenorrhea: a randomized clinical trial. *Arch Gynecol Obstet.* 2015;291(6):1277-81.
499. Fakhri S, Patra JK, Das SK, Das G, Majnooni MB, Farzaei MH. Ginger and Heart Health: From Mechanisms to Therapeutics. *Curr Mol Pharmacol.* 2021;14(6):943-959.
500. Ali BH, Blunden G, Tanira MO, Nemmar A. Some phytochemical, pharmacological and toxicological properties of ginger (Zingiber officinale Roscoe): a review of recent research. *Food Chem Toxicol.* 2008;46(2):409-20.
501. Usman AN, Manju B, Ilhamuddin I, Ahmad M, Ab T, Ariyandy A, Budiaman B, Eragradini AR, Hasan II, Hashim S, Sartini S, Sinrang AW. Ginger potency on the prevention and treatment of breast cancer. *Breast Dis.* 2023;42(1):207-212.
502. Okuhira H, Nakatani Y, Furukawa F, Kanazawa N. Anaphylaxis to ginger induced by herbal medicine. *Allergol Int.* 2020;69(1):159-160.
503. Birt DF, Boylston T, Hendrich S, Jane JL, Hollis J, Li L, McClelland J, Moore S, Phillips GJ, Rowling M, Schalinske K, Scott MP, Whitley EM. Resistant Starch: Promise for Improving Human Health. *Adv Nutr.* 2013;4(6):587-601.
504. Li H, Zhang L, Li J, Wu Q, Qian L, He J, Ni Y, Kovatcheva-Datchary P, Yuan R, Liu S, Shen L, Zhang M, Sheng B, Li P, Kang K, Wu L, Fang Q, Long X, Wang X, Li Y, Ye Y, Ye J, Bao Y, Zhao Y, Xu G, Liu X, Panagiotou G, Xu A, Jia W. Resistant starch

intake facilitates weight loss in humans by reshaping the gut microbiota. *Nat Metab.* 2024 Feb 26. doi: 10.1038/s42255-024-00988-y. Online ahead of print.

505. Sanders LM, Dicklin MR, Palacios OM, Maki CE, Wilcox ML, Maki KC. Effects of potato resistant starch intake on insulin sensitivity, related metabolic markers and appetite ratings in men and women at risk for type 2 diabetes: a pilot cross-over randomised controlled trial. *J Hum Nutr Diet.* 2021;34(1):94-105.

506. Wang Z, Wang S, Xu Q, Kong Q, Li F, Lu L, Xu Y, Wei Y. Synthesis and Functions of Resistant Starch. *Adv Nutr.* 2023;14(5):1131-1144.

507. Klosterbuer AS, Hullar MA, Li F, Traylor E, Lampe JW, Thomas W, Slavin JL. Gastrointestinal effects of resistant starch, soluble maize fibre and pullulan in healthy adults. *Br J Nutr.* 2013;110(6):1068-74.

508. Vijayalakshmi S, Xavier D, Srivastava C, Arun A. Vanilla-Natural Vs Artificial: A Review. *Research Journal of Pharmacy and Technology.* 2019;12(6):3068.

509. Liu YN, Kang JW, Zhang Y, Song SS, Xu QX, Zhang H, Lu L, Wei SW, Liang C, Su RW. Vanillin prevents the growth of endometriotic lesions through anti-inflammatory and antioxidant pathways in a mouse model. *Food Funct.* 2023;14(14):6730-6744.

510. Iannuzzi C, Liccardo M, Sirangelo I. Overview of the Role of Vanillin in Neuro-degenerative Diseases and Neuropathophysiological Conditions. *Int J Mol Sci.* 2023;24(3):1817.

511. El Hamd MA, El-Maghrabey M, Almawash S, Radwan AS, El-Shaheny R, Magdy G. Citrus/urea nitrogen-doped carbon quantum dots as nanosensors for vanillin determination in infant formula and food products via factorial experimental design fluorimetry and smartphone. *Luminescence.* 2023 Dec 13. doi: 10.1002/bio.4643. Online ahead of print.

512. Szallasi A. Dietary Capsaicin: A Spicy Way to Improve Cardio-Metabolic Health? *Biomolecules.* 2022;12(12):1783.

513. Wang X, Yu L, Li F, Zhang G, Zhou W, Jiang X. Synthesis of amide derivatives containing capsaicin and their antioxidant and antibacterial activities. *J Food Biochem.* 2019;43(12):e13061.

514. Silva JL, Santos EA, Alvarez-Leite JI. Are We Ready to Recommend Capsaicin for Disorders Other Than Neuropathic Pain? *Nutrients.* 2023;15(20):4469.

515. Abdel-Salam OME, Mózsik G. Capsaicin, The Vanilloid Receptor TRPV1 Agonist in Neuroprotection: Mechanisms Involved and Significance. *Neurochem Res.* 2023;48(11):3296-3315.

516. Al Masaoud FS, Alharbi A, Behir MM, Siddiqui AF, Al-Murayeh LM, Al Dail A, Siddiqui R. A challenging case of suspected solanine toxicity in an eleven-year-old Saudi boy. *J Family Med Prim Care.* 2022;11(7):4039-4041.

517. Rauf A, Joshi PB, Ahmad Z, Hemeg HA, Olatunde A, Naz S, Hafeez N, Simal-Gandara J. Edible mushrooms as potential functional foods in amelioration of hypertension. *Phytother Res.* 2023;37(6):2644-2660.

518. Wennig R, Eyer F, Schaper A, Zilker T, Andresen-Streichert H. Mushroom Poisoning. *Dtsch Arztebl Int.* 2020;117(42):701-708.

519. Hoenigl M, Salmanton-García J, Walsh TJ, Nucci M, Neoh CF, Jenks JD, Lackner M, Sprute R, Al-Hatmi AMS, Bassetti M, Carlesse F, Freiberger T, Koehler P, Lehrnbecher T, Kumar A, Prattes J, Richardson M, Revankar S, Slavin MA, Stemler J, Spiess B, Taj-Aldeen SJ, Warris A, Woo PCY, Young JH, Albus K, Arenz D, Arsic-Arsenijevic V, Bouchara JP, Chinniah TR, Chowdhary A, de Hoog GS, Dimopoulos G, Duarte RF, Hamal P, Meis JF, Mfinanga S, Queiroz-Telles F, Patterson TF, Rahav G, Rogers TR, Rotstein C, Wahyuningsih R, Seidel D, Cornely OA. Global guideline for the diagnosis and management of rare mould infections: an initiative of the European Confederation of Medical Mycology in co-operation with the International Society for Human and Animal Mycology and the American Society for Microbiology. *Lancet Infect Dis.* 2021;21(8):e246-e257.

520. van Amsterdam J, Opperhuizen A, van den Brink W. Harm potential of magic mushroom use: a review. *Regul Toxicol Pharmacol.* 2011;59(3):423-9.

521. Crocq MA. History of cannabis and the endocannabinoid system. *Dialogues Clin Neurosci.* 2020;22(3):223-228.

522. Hill KP, Palastro MD. Medical cannabis for the treatment of chronic pain and other disorders: misconceptions and facts. *Pol Arch Intern Med.* 2017;127(11):785-789.

523. Solmi M, De Toffol M, Kim JY, Choi MJ, Stubbs B, Thompson T, Firth J, Miola A, Croatto G, Baggio F, Michelon S, Ballan L, Gerdle B, Monaco F, Simonato P, Scocco P, Ricca V, Castellini G, Fornaro M, Murru A, Vieta E, Fusar-Poli P, Barbui C, Ioannidis JPA, Carvalho AF, Radua J, Correll CU, Cortese S, Murray RM, Castle D, Shin JI, Dragioti E. Balancing risks and benefits of cannabis use: umbrella review of meta-analyses of randomised controlled trials and observational studies. *BMJ.* 2023;382:e072348.

524. Petrilli K, Ofori S, Hines L, Taylor G, Adams S, Freeman TP. Association of cannabis potency with mental ill health and addiction: a systematic review. *Lancet Psychiatry.* 2022;9(9):736-750.

525. Holt A, Nouhravesh N, Strange JE, Kinnberg Nielsen S, Schjerning AM, Vibe Rasmussen P, Torp-Pedersen C, Gislason GH, Schou M, McGettigan P, Lamberts M. Cannabis for chronic pain: cardiovascular safety in a nationwide Danish study. *Eur Heart J.* 2024;45(6):475-484.

526. Jeffers AM, Glantz S, Byers AL, Keyhani S. Association of Cannabis Use With Cardiovascular Outcomes Among US Adults. *J Am Heart Assoc.* 2024;13(5):e030178.

527. Labadie M, Nardon A, Castaing N, Bragança C, Daveluy A, Gaulier JM, El Balkhi S, Grenouillet M; French Poison Centre Research Group; Christine Tournoud. Hexahydrocannabinol poisoning reported to French poison centres. *Clin Toxicol (Phila).* 2024 Mar 1:1-8. doi: 10.1080/15563650.2024.2318409. Online ahead of print.

528. Rigg KK, Kusiak ES. Perceptions of fentanyl among African Americans who misuse opioids: implications for risk reduction. *Harm Reduct J.* 2023;20(1):179.

529. Miyoshi H, Nakamura R, Kido H, Narasaki S, Watanabe T, Yokota M, Ishii T, Kato T, Saeki N, Tsutsumi YM. Impact of fentanyl on acute and chronic pain and its side effects when used with epidural analgesia after thoracic surgery in multimodal analgesia: a retrospective cohort study. *Ann Palliat Med.* 2021;10(5):5119-5127.

530. Judd D, King CR, Galke C. The Opioid Epidemic: A Review of the Contributing Factors, Negative Consequences, and Best Practices. *Cureus.* 2023;15(7):e41621.

531. Tay Wee Teck J, Oteo A, Baldacchino A. Rapid opioid overdose response system technologies. *Curr Opin Psychiatry.* 2023;36(4):308-315.

532. Vallee BL. Alcohol in human history. *EXS.* 1994;71:1-8.

533. Iranpour A, Nakhaee N. A Review of Alcohol-Related Harms: A Recent Update. *Addict Health.* 2019;11(2):129-137.

534. Varghese J, Dakhode S. Effects of Alcohol Consumption on Various Systems of the Human Body: A Systematic Review. *Cureus.* 2022;14(10):e30057.

535. Wu X, Fan X, Miyata T, Kim A, Cajigas-Du Ross CK, Ray S, Huang E, Taiwo M, Arya R, Wu J, Nagy LE. Recent Advances in Understanding of Pathogenesis of Alcohol-Associated Liver Disease. *Annu Rev Pathol.* 2023;18:411-438.

536. Rumgay H, Murphy N, Ferrari P, Soerjomataram I. Alcohol and Cancer: Epidemiology and Biological Mechanisms. *Nutrients.* 2021;13(9):3173.

537. Goodwin ME, Sayette MA. A social contextual review of the effects of alcohol on emotion. *Pharmacol Biochem Behav.* 2022;221:173486.

538. Freisthler B, Wolf JP, Hodge AI, Cao Y. Alcohol Use and Harm to Children by Parents and Other Adults. *Child Maltreat.* 2020;25(3):277-288.

539. Caputo C, Wood E, Jabbour L. Impact of fetal alcohol exposure on body systems: A systematic review. *Birth Defects Res C Embryo Today.* 2016;108(2):174-80.

540. Olson ML, Rossheim ME, Sanders SB, Yurasek AM. Alcohol demand and super-sized alcopop consumption among undergraduate college students. *Exp Clin Psychopharmacol.* 2022;30(1):120-125.

541. Mishra S, Mishra MB. Tobacco: Its historical, cultural, oral, and periodontal health association. *J Int Soc Prev Community Dent.* 2013;3(1):12-8.

542. Gardner MN, Brandt AM. "The doctors' choice is America's choice": the physician in US cigarette advertisements, 1930-1953. *Am J Public Health.* 2006;96(2):222-32.

543. Vitória P, Pereira SE, Muinos G, Vries H, Lima ML. Parents modelling, peer influence and peer selection impact on adolescent smoking behavior: A longitudinal study in two age cohorts. *Addict Behav.* 2020;100:106131.

544. Scales MB, Monahan JL, Rhodes N, Roskos-Ewoldsen D, Johnson-Turbes A. Adolescents' perceptions of smoking and stress reduction. *Health Educ Behav.* 2009;36(4):746-58.

545. Kopetz C, Woerner JI. People Downplay Health Risks to Fulfill Their Goals: A Motivational Framework for Guiding Behavioral Policy. *Policy Insights from the Behavioral and Brain Sciences.* 2021;8(1): 92-100.

546. Saha SP, Bhalla DK, Whayne TF Jr, Gairola C. Cigarette smoke and adverse health effects: An overview of research trends and future needs. *Int J Angiol.* 2007;16(3):77-83.
547. Cao S, Yang C, Gan Y, Lu Z. The Health Effects of Passive Smoking: An Overview of Systematic Reviews Based on Observational Epidemiological Evidence. *PLoS One.* 2015;10(10):e0139907.
548. Goodchild M, Nargis N, Tursan d'Espaignet E. Global economic cost of smoking-attributable diseases. *Tob Control.* 2018;27(1):58-64.
549. Sridharan V, Shoda Y, Heffner JL, Bricker J. Addiction Mindsets and Psychological Processes of Quitting Smoking. *Subst Use Misuse.* 2019;54(7):1086-1095.
550. Park E, Kang HY, Lim MK, Kim B, Oh JK. Cancer Risk Following Smoking Cessation in Korea. *JAMA Netw Open.* 2024;7(2):e2354958.
551. Saint-André V, Charbit B, Biton A, Rouilly V, Possémé C, Bertrand A, Rotival M, Bergstedt J, Patin E, Albert ML, Quintana-Murci L, Duffy D; Milieu Intérieur Consortium. Smoking changes adaptive immunity with persistent effects. *Nature.* 2024;626(8000):827-835.
552. Cho ER, Brill IK, Gram IT, Brown PE, Jha P. Smoking Cessation and Short- and Longer-Term Mortality. *NEJM Evid.* 2024;3(3):EVIDoa2300272.
553. Hamadneh S, Hamadneh J. Active and Passive Maternal Smoking During Pregnancy and Birth Outcomes: A Study From a Developing Country. *Ann Glob Health.* 2021;87(1):122.
554. Banderali G, Martelli A, Landi M, Moretti F, Betti F, Radaelli G, Lassandro C, Verduci E.Short and long term health effects of parental tobacco smoking during pregnancy and lactation: a descriptive review. *J Transl Med.* 2015;13:327.
555. Glantz SA, Nguyen N, Oliveira da Silva AL. Population-Based Disease Odds for E-Cigarettes and Dual Use versus Cigarettes. *NEJM Evid.* 2024;3(3):EVIDoa2300229.
556. Pisinger C, Godtfredsen N, Bender AM. A conflict of interest is strongly associated with tobacco industry-favourable results, indicating no harm of e-cigarettes. *Prev Med.* 2019;119:124-131.
557. Kurihara K. Glutamate: from discovery as a food flavor to role as a basic taste (umami). *Am J Clin Nutr.* 2009;90(3):719S-722S.
558. Celestino M, Balmaceda Valdez V, Brun P, Castagliuolo I, Mucignat-Caretta C. Differential effects of sodium chloride and monosodium glutamate on kidney of adult and aging mice. *Sci Rep.* 2021;11(1):481.
559. EFSA Panel on Food Additives and Nutrient Sources added to Food (ANS); Mortensen A, Aguilar F, Crebelli R, Di Domenico A, Dusemund B, Frutos MJ, Galtier P, Gott D, Gundert-Remy U, Leblanc JC, Lindtner O, Moldeus P, Mosesso P, Parent-Massin D, Oskarsson A, Stankovic I, Waalkens-Berendsen I, Woutersen RA, Wright M, Younes M, Boon P, Chrysafidis D, Gürtler R, Tobback P, Altieri A, Rincon AM, Lambré C. Re-evaluation of glutamic acid (E 620), sodium glutamate (E 621), potassium glutamate (E 622), calcium glutamate (E 623), ammonium glutamate (E 624) and magnesium glutamate (E 625) as food additives. *EFSA J.* 2017;15(7):e04910.

560. Boyko M, Gruenbaum BF, Oleshko A, Merzlikin I, Zlotnik A. Diet's Impact on Post-Traumatic Brain Injury Depression: Exploring Neurodegeneration, Chronic Blood-Brain Barrier Destruction, and Glutamate Neurotoxicity Mechanisms. *Nutrients*. 2023;15(21):4681.

561. Kraal AZ, Arvanitis NR, Jaeger AP, Ellingrod VL. Could Dietary Glutamate Play a Role in Psychiatric Distress? *Neuropsychobiology*. 2020;79:13-19.

562. Bawaskar HS, Bawaskar PH, Bawaskar PH. Chinese Restaurant Syndrome. *Indian J Crit Care Med*. 2017;21(1):49-50.

563. Loï C, Cynober L. Glutamate: A Safe Nutrient, Not Just a Simple Additive. *Ann Nutr Metab*. 2022;78(3):133-146.

564. Newby DE, Mannucci PM, Tell GS, Baccarelli AA, Brook RD, Donaldson K, Forastiere F, Franchini M, Franco OH, Graham I, Hoek G, Hoffmann B, Hoylaerts MF, Künzli N, Mills N, Pekkanen J, Peters A, Piepoli MF, Rajagopalan S, Storey RF; ESC Working Group on Thrombosis, European Association for Cardiovascular Prevention and Rehabilitation; ESC Heart Failure Association. Expert position paper on air pollution and cardiovascular disease. *Eur Heart J*. 2015;36(2):83-93b.

565. Liu C, Chen R, Sera F, Vicedo-Cabrera AM, Guo Y, Tong S, Coelho MSZS, Saldiva PHN, Lavigne E, Matus P, Valdes Ortega N, Osorio Garcia S, Pascal M, Stafoggia M, Scortichini M, Hashizume M, Honda Y, Hurtado-Díaz M, Cruz J, Nunes B, Teixeira JP, Kim H, Tobias A, Íñiguez C, Forsberg B, Åström C, Ragettli MS, Guo YL, Chen BY, Bell ML, Wright CY, Scovronick N, Garland RM, Milojevic A, Kyselý J, Urban A, Orru H, Indermitte E, Jaakkola JJK, Ryti NRI, Katsouyanni K, Analitis A, Zanobetti A, Schwartz J, Chen J, Wu T, Cohen A, Gasparrini A, Kan H. Ambient Particulate Air Pollution and Daily Mortality in 652 Cities. *N Engl J Med*. 2019;381(8):705-715.

566. Kish R. Are electric vehicles really green? *Econ Aff*. 2023;43(2):275-286.

567. Boogaard PJ. Human biomonitoring of low-level benzene exposures. *Crit Rev Toxicol*. 2022;52(10):799-810.

568. Chiavarini M, Rosignoli P, Sorbara B, Giacchetta I, Fabiani R. Benzene Exposure and Lung Cancer Risk: A Systematic Review and Meta-Analysis of Human Studies. *Int J Environ Res Public Health*. 2024;21(2):205.

569. Shala NK, Stenehjem JS, Babigumira R, Liu FC, Berge LAM, Silverman DT, Friesen MC, Rothman N, Lan Q, Hosgood HD, Samuelsen SO, Bråtveit M, Kirkeleit J, Andreassen BK, Veierød MB, Grimsrud TK. Exposure to benzene and other hydrocarbons and risk of bladder cancer among male offshore petroleum workers. *Br J Cancer*. 2023;129(5):838-851.

570. McFarland MJ, Hauer ME, Reuben A. Half of US population exposed to adverse lead levels in early childhood. *Proc Natl Acad Sci U S A*. 2022;119(11):e2118631119.

571. Münzel T, Gori T, Babisch W, Basner M. Cardiovascular effects of environmental noise exposure. *Eur Heart J*. 2014;35(13):829-36.

572. Alberghini L, Truant A, Santonicola S, Colavita G, Giaccone V. Microplastics in Fish and Fishery Products and Risks for Human Health: A Review. *Int J Environ Res Public Health*. 2022;20(1):789.

573. Yee MS, Hii LW, Looi CK, Lim WM, Wong SF, Kok YY, Tan BK, Wong CY, Leong CO. Impact of Microplastics and Nanoplastics on Human Health. *Nanomaterials (Basel)*. 2021;11(2):496.

574. Tarazona JV, Court-Marques D, Tiramani M, Reich H, Pfeil R, Istace F, Crivellente F. Glyphosate toxicity and carcinogenicity: a review of the scientific basis of the European Union assessment and its differences with IARC. *Arch Toxicol*. 2017;91(8):2723-2743.

575. Costas-Ferreira C, Durán R, Faro LRF. Toxic Effects of Glyphosate on the Nervous System: A Systematic Review. *Int J Mol Sci*. 2022;23(9):4605.

576. Wang PW, Hung YC, Lin TY, Fang JY, Yang PM, Chen MH, Pan TL. Comparison of the Biological Impact of UVA and UVB upon the Skin with Functional Proteomics and Immunohistochemistry. *Antioxidants (Basel)*. 2019;8(12):569.

577. Ferguson KK, Colacino JA, Lewis RC, Meeker JD. Personal care product use among adults in NHANES: associations between urinary phthalate metabolites and phenols and use of mouthwash and sunscreen. *J Expo Sci Environ Epidemiol*. 2017;27(3):326-332.

578. Wolff MS, Buckley JP, Engel SM, McConnell RS, Barr DB. Emerging exposures of developmental toxicants. *Curr Opin Pediatr*. 2017;29(2):218-224.

579. Guarnotta V, Amodei R, Frasca F, Aversa A, Giordano C. Impact of Chemical Endocrine Disruptors and Hormone Modulators on the Endocrine System. *Int J Mol Sci*. 2022;23(10):5710.

580. Tang ZR, Xu XL, Deng SL, Lian ZX, Yu K. Oestrogenic Endocrine Disruptors in the Placenta and the Fetus. *Int J Mol Sci*. 2020;21(4):1519.

581. Sree CG, Buddolla V, Lakshmi BA, Kim YJ. Phthalate toxicity mechanisms: An update. *Comp Biochem Physiol C Toxicol Pharmacol*. 2023;263:109498.

582. Li MC, Chen CH, Guo YL. *Phthalate esters and childhood asthma: A systematic review and congener-specific meta-analysis*. Environ Pollut. 2017;229:655-660.

583. Brassea-Pérez E, Hernández-Camacho CJ, Labrada-Martagón V, Vázquez-Medina JP, Gaxiola-Robles R, Zenteno-Savín T. Oxidative stress induced by phthalates in mammals: State of the art and potential biomarkers. *Environ Res*. 2022;206:112636.

584. Calvo MS, Dunford EK, Uribarri J. Industrial Use of Phosphate Food Additives: A Mechanism Linking Ultra-Processed Food Intake to Cardiorenal Disease Risk? *Nutrients*. 2023;15(16):3510.

585. Ritz E, Hahn K, Ketteler M, Kuhlmann MK, Mann J. Phosphate Additives in Food—a Health Risk. *Dtsch Arztebl Int*. 2012;109(4):49-55.

586. Achinger SG, Ayus JC. Left *ventricular hypertrophy: is hyperphosphatemia among dialysis patients a risk factor? J Am Soc Nephrol*. 2006;17(12 Suppl 3):S255-61.

587. Kotopoulou S, Zampelas A, Magriplis E. Dietary nitrate and nitrite and human health: a narrative review by intake source. *Nutr Rev*. 2022;80(4):762-773.

588. Flores M, Toldrá F. Chemistry, safety, and regulatory considerations in the use of nitrite and nitrate from natural origin in meat products - Invited review. *Meat Sci.* 2021;171:108272.

589. Valent P, Groner B, Schumacher U, Superti-Furga G, Busslinger M, Kralovics R, Zielinski C, Penninger JM, Kerjaschki D, Stingl G, Smolen JS, Valenta R, Lassmann H, Kovar H, Jäger U, Kornek G, Müller M, Sörgel F. Paul Ehrlich (1854-1915) and His Contributions to the Foundation and Birth of Translational Medicine. *J Innate Immun.* 2016;8(2):111-20.

590. Xue H, Thaivalappil A, Cao K. The Potentials of Methylene Blue as an Anti-Aging Drug. *Cells.* 2021;10(12):3379.

591. Saha BK, Burns SL. The Story of Nitric Oxide, Sepsis and Methylene Blue: A Comprehensive Pathophysiologic Review. *Am J Med Sci.* 2020;360(4):329-337.

592. Koszucka A, Nowak A, Nowak I, Motyl I. Acrylamide in human diet, its metabolism, toxicity, inactivation and the associated European Union legal regulations in food industry. *Crit Rev Food Sci Nutr.* 2020;60(10):1677-1692.

593. Rifai L, Saleh FA. A Review on Acrylamide in Food: Occurrence, Toxicity, and Mitigation Strategies. *Int J Toxicol.* 2020;39(2):93-102.

594. Bušová M, Bencko V, Veszelits Laktičová K, Holcátová I, Vargová M. Risk of exposure to acrylamide. *Cent Eur J Public Health.* 2020;28 Suppl:S43-S46.

595. Bukowska B, Mokra K, Michałowicz J. Benzo[a]pyrene-Environmental Occurrence, Human Exposure, and Mechanisms of Toxicity. *Int J Mol Sci.* 2022;23(11):6348.

596. Walker RS, Sattenspiel L, Hill KR. Mortality from contact-related epidemics among indigenous populations in Greater Amazonia. *Sci Rep.* 2015;5:14032.

597. Marr JS, Cathey JT. New hypothesis for cause of epidemic among native Americans, New England, 1616-1619. *Emerg Infect Dis.* 2010;16(2):281-6.

598. Glatter KA, Finkelman P. History of the Plague: An Ancient Pandemic for the Age of COVID-19. *Am J Med.* 2021;134(2):176-181.

599. Barbieri R, Signoli M, Chevé D, Costedoat C, Tzortzis S, Aboudharam G, Raoult D, Drancourt M. Yersinia pestis: the Natural History of Plague. *Clin Microbiol Rev.* 2020;34(1):e00044-19.

600. Viegas C, Moreira R, Faria T, Caetano LA, Carolino E, Gomes AQ, Viegas S. Aspergillus prevalence in air conditioning filters from vehicles: Taxis for patient transportation, forklifts, and personal vehicles. *Arch Environ Occup Health.* 2019;74(6):341-349.

601. Cadena J, Thompson GR 3rd, Patterson TF. Aspergillosis: Epidemiology, Diagnosis, and Treatment. *Infect Dis Clin North Am.* 2021;35(2):415-434.

602. Wilson AM, Canter K, Abney SE, Gerba CP, Myers ER, Hanlin J, Reynolds KA. An application for relating Legionella shower water monitoring results to estimated health outcomes. *Water Res.* 2022;221:118812.

603. Kao AS, Myer S, Wickrama M, Ismail R, Hettiarachchi M. Multidisciplinary Management of Legionella Disease in Immunocompromised Patients. *Cureus.* 2021;13(11):e19214.

604. Oder M, Koklič T, Umek P, Podlipec R, Štrancar J, Dobeic M. Photocatalytic biocidal effect of copper doped TiO2 nanotube coated surfaces under laminar flow, illuminated with UVA light on Legionella pneumophila. *PLoS One.* 2020;15(1):e0227574.

605. Falla AM, Hofstraat SHI, Duffell E, Hahné SJM, Tavoschi L, Veldhuijzen IK. Hepatitis B/C in the countries of the EU/EEA: a systematic review of the prevalence among at-risk groups. *BMC Infect Dis.* 2018;18(1):79.

606. Saseetharran A, Hiebert L, Gupta N, Nyirahabihirwe F, Kamali I, Ward JW. Prevention, testing, and treatment interventions for hepatitis B and C in refugee populations: results of a scoping review. *BMC Infect Dis.* 2023;23(1):866.

607. Showa SP, Nyabadza F, Hove-Musekwa SD. On the efficiency of HIV transmission: Insights through discrete time HIV models. *PLoS One.* 2019;14(9):e0222574.

608. Phanuphak N, Gulick RM. HIV treatment and prevention 2019: current standards of care. *Curr Opin HIV AIDS.* 2020;15(1):4-12.

609. Javanian M, Barary M, Ghebrehewet S, Koppolu V, Vasigala V, Ebrahimpour S. A brief review of influenza virus infection. *J Med Virol.* 2021;93(8):4638-4646.

610. Sekiya T, Ohno M, Nomura N, Handabile C, Shingai M, Jackson DC, Brown LE, Kida H. Selecting and Using the Appropriate Influenza Vaccine for Each Individual. *Viruses.* 2021;13(6):971.

611. Holmes EC, Goldstein SA, Rasmussen AL, Robertson DL, Crits-Christoph A, Wertheim JO, Anthony SJ, Barclay WS, Boni MF, Doherty PC, Farrar J, Geoghegan JL, Jiang X, Leibowitz JL, Neil SJD, Skern T, Weiss SR, Worobey M, Andersen KG, Garry RF, Rambaut A. The origins of SARS-CoV-2: A critical review. *Cell.* 2021;184(19):4848-4856.

612. Zhang JJ, Dong X, Liu GH, Gao YD. Risk and Protective Factors for COVID-19 Morbidity, Severity, and Mortality. *Clin Rev Allergy Immunol.* 2023;64(1):90-107.

613. GBD 2021 Demographics Collaborators. Global age-sex-specific mortality, life expectancy, and population estimates in 204 countries and territories and 811 subnational locations, 1950-2021, and the impact of the COVID-19 pandemic: a comprehensive demographic analysis for the Global Burden of Disease Study 2021. *Lancet.* 2024;S0140-6735(24)00476-8. Online ahead of print.

614. Narayanan SA, Jamison DA Jr, Guarnieri JW, Zaksas V, Topper M, Koutnik AP, Park J, Clark KB, Enguita FJ, Leitão AL, Das S, Moraes-Vieira PM, Galeano D, Mason CE, Trovão NS, Schwartz RE, Schisler JC, Coelho-Dos-Reis JGA, Wurtele ES, Beheshti A. A comprehensive SARS-CoV-2 and COVID-19 review, Part 2: host extracellular to systemic effects of SARS-CoV-2 infection. *Eur J Hum Genet.* 2024;32(1):10-20.

615. Davis HE, McCorkell L, Vogel JM, Topol EJ. Long COVID: major findings, mechanisms and recommendations. *Nat Rev Microbiol.* 2023;21(3):133-146.

616. Sykes JE. Tick-Borne Diseases. *Vet Clin North Am Small Anim Pract.* 2023;53(1):141-154.

617. Gilbert L. The Impacts of Climate Change on Ticks and Tick-Borne Disease Risk. *Annu Rev Entomol.* 2021;66:373-388.

618. Cavallo I. Ticks survive for 27 years in entomologist's lab. *Binghamton News.* 2022;18 February. https://www.binghamton.edu/news/story/3485/ticks-survive-for-27-years-in-entomologists-lab.

619. Poczai P, Karvalics LZ. The little-known history of cleanliness and the forgotten pioneers of handwashing. *Frontiers in Public Health.* 2022;10:979464.

620. Obeng B, Potts CM, West BE, Burnell JE, Fleming PJ, Shim JK, Kinney MS, Ledue EL, Sangroula S, Baez Vazquez AY, Gosse JA. Pharmaceutical agent cetylpyridinium chloride inhibits immune mast cell function by interfering with calcium mobilization. *Food Chem Toxicol.* 2023;179:113980.

621. Cohn EF, Clayton BLL, Madhavan M, Lee KA, Yacoub S, Fedorov Y, Scavuzzo MA, Paul Friedman K, Shafer TJ, Tesar PJ. Pervasive environmental chemicals impair oligodendrocyte development. *Nat Neurosci.* 2024 Mar 25. doi: 10.1038/s41593-024-01599-2. Online ahead of print.

622. Ahuja V, Macho M, Ewe D, Singh M, Saha S, Saurav K. Biological and Pharmacological Potential of Xylitol: A Molecular Insight of Unique Metabolism. *Foods.* 2020;9(11):1592.

623. Lowe C, Anthony J. Pilot study of the effectiveness of a xylitol-based drinking water additive to reduce plaque and calculus accumulation in dogs. *The Canadian Veterinary Journal = La Revue Veterinaire Canadienne.* 2020;61(1):63-68.

624. Wilk K, Korytek W, Pelczyńska M, Moszak M, Bogdański P. The Effect of Artificial Sweeteners Use on Sweet Taste Perception and Weight Loss Efficacy: A Review. *Nutrients.* 2022;14(6):1261.

625. Debras C, Chazelas E, Srour B, Druesne-Pecollo N, Esseddik Y, Szabo de Edelenyi F, Agaësse C, De Sa A, Lutchia R, Gigandet S, Huybrechts I, Julia C, Kesse-Guyot E, Allès B, Andreeva VA, Galan P, Hercberg S, Deschasaux-Tanguy M, Touvier M. Artificial sweeteners and cancer risk: Results from the NutriNet-Sante population-based cohort study. *PLoS Med.* 2022;19(3):e1003950.

626. Naddaf M. Aspartame is a possible carcinogen: the science behind the decision. *Nature.* 2023 Jul 14. doi: 10.1038/d41586-023-02306-0.

627. Witkowski M, Nemet I, Alamri H, Wilcox J, Gupta N, Nimer N, Haghikia A, Li XS, Wu Y, Saha PP, Demuth I, König M, Steinhagen-Thiessen E, Cajka T, Fiehn O, Landmesser U, Tang WHW, Hazen SL. The artificial sweetener erythritol and cardiovascular event risk. *Nat Med.* 2023;29(3):710-718.

628. Peteliuk V, Rybchuk L, Bayliak M, Storey KB, Lushchak O. Natural sweetener *Stevia rebaudiana*: Functionalities, health benefits and potential risks. *EXCLI J.* 2021;20:1412-1430.

629. Du M, Stitzinger SH, Spille JH, Cho WK, Lee C, Hijaz M, Quintana A, Cissé II. Direct observation of a condensate effect on super-enhancer controlled gene bursting. *Cell.* 2024:S0092-8674(24)00362-3.

630. Chkhaberidze N, Axobadze K, Kereselidz M, Pitskhelauri N, Jorbenadze M, Chikhladze N. Study of Epidemiological Characteristics of Fatal Injuries Using Death Registry Data in Georgia. *Bull Emerg Trauma.* 2023;11(2):75-82.

631. Gaissmaier W, Gigerenzer G. 9/11, Act II: a fine-grained analysis of regional variations in traffic fatalities in the aftermath of the terrorist attacks. *Psychol Sci.* 2012;23(12):1449-54.

632. Passmore J, Yon Y, Mikkelsen B. Progress in reducing road-traffic injuries in the WHO European region. *Lancet Public Health.* 2019;4(6):e272-e273.

633. Laver L, Pengas IP, Mei-Dan O. Injuries in extreme sports. *J Orthop Surg Res.* 2017;12(1):59.

634. Emery CA, Pasanen K. Current trends in sport injury prevention. *Best Pract Res Clin Rheumatol.* 2019;33(1):3-15.

635. Read C, Beaumont C, Isbell J, Dombrowsky A, Brabston E, Ponce B, Hale H, Mccollough K, Estes R, Momaya AM. Spectator injuries in sports. *J Sports Med Phys Fitness.* 2019;59(3):520-523.

636. Jiang D. Risk Management of Sports Venues and Olympic Sports Cooperation Spirit under Complex Environment. *J Environ Public Health.* 2022;2022:9127539.

637. Kumar S, Joseph S, Abraham A. Prevalence of depression amongst the Elderly population in old age homes of Mangalore city. *J Family Med Prim Care.* 2021;10(5):1868-1872.

638. Ribeiro JD, Huang X, Fox KR, Franklin JC. Depression and hopelessness as risk factors for suicide ideation, attempts and death: meta-analysis of longitudinal studies. *Br J Psychiatry.* 2018;212(5):279-286.

639. Zhang Y, Chen Y, Ma L. Depression and cardiovascular disease in elderly: Current understanding. *J Clin Neurosci.* 2018;47:1-5.

640. Gómez Penedo JM, Schwartz B, Deisenhofer AK, Rubel J, Babl AM, Lutz W. Interpersonal clarification effects in Cognitive-Behavioral Therapy for depression and how they are moderated by the therapeutic alliance. *J Affect Disord.* 2021;279:662-670.

641. Alrasheed M, Hincapie AL, Guo JJ. Drug Expenditure, Price, and Utilization in the U.S. Medicaid: A Trend Analysis for SSRI and SNRI Antidepressants from 1991 to 2018. *J Ment Health Policy Econ.* 2021;24(1):3-11.

642. Kosanovic Rajacic B, Sagud M, Pivac N, Begic D. Illuminating the way: the role of bright light therapy in the treatment of depression. *Expert Rev Neurother.* 2023;23(12):1157-1171.

643. Kandola A, Ashdown-Franks G, Hendrikse J, Sabiston CM, Stubbs B. Physical activity and depression: Towards understanding the antidepressant mechanisms of physical activity. *Neurosci Biobehav Rev.* 2019;107:525-539.

644. Pop LM, Iorga M, Iurcov R. Body-Esteem, Self-Esteem and Loneliness among Social Media Young Users. *Int J Environ Res Public Health.* 2022;19(9):5064.

645. Benedyk A, Reichert M, Giurgiu M, Timm I, Reinhard I, Nigg C, Berthe O, Moldavski A, von der Goltz C, Braun U, Ebner-Priemer U, Meyer-Lindenberg A, Trost H. Real-life behavioral and neural circuit markers of physical activity as a

compensatory mechanism for social isolation. *Nat Mental Health.* 2024;2:337-342.

646. Hirano Y, Tamura S. Recent findings on neurofeedback training for auditory hallucinations in schizophrenia. *Curr Opin Psychiatry.* 2021;34(3):245-252.

647. García-Cabeza I, Díaz-Caneja CM, Ovejero M, de Portugal E. Adherence, insight and disability in paranoid schizophrenia. *Psychiatry Res.* 2018;270:274-280.

648. Guaiana G, Abbatecola M, Aali G, Tarantino F, Ebuenyi ID, Lucarini V, Li W, Zhang C, Pinto A. Cognitive behavioural therapy (group) for schizophrenia. *Cochrane Database Syst Rev.* 2022;7(7):CD009608.

649. Faghel-Soubeyrand S, Lecomte T, Bravo MA, Lepage M, Potvin S, Abdel-Baki A, Villeneuve M, Gosselin F. Abnormal visual representations associated with confusion of perceived facial expression in schizophrenia with social anxiety disorder. *NPJ Schizophr.* 2020;6(1):28.

650. Nielssen OB, Malhi GS, McGorry PD, Large MM. Overview of violence to self and others during the first episode of psychosis. *J Clin Psychiatry.* 2012;73(5):e580-7.

651. Leucht S, Bauer S, Siafis S, Hamza T, Wu H, Schneider-Thoma J, Salanti G, Davis JM. Examination of Dosing of Antipsychotic Drugs for Relapse Prevention in Patients With Stable Schizophrenia: A Meta-analysis. *JAMA Psychiatry.* 2021;78(11):1238-1248.

652. Budiono W, Kantono K, Kristianto FC, Avanti C, Herawati F. Psychoeducation Improved Illness Perception and Expressed Emotion of Family Caregivers of Patients with Schizophrenia. *Int J Environ Res Public Health.* 2021;18(14):7522.

653. Gaebel W, Zielasek J. Schizophrenia in 2020: Trends in diagnosis and therapy. *Psychiatry Clin Neurosci.* 2015;69(11):661-73.

654. Gassner L, Geretsegger M, Mayer-Ferbas J. Effectiveness of music therapy for autism spectrum disorder, dementia, depression, insomnia and schizophrenia: update of systematic reviews. *Eur J Public Health.* 2022;32(1):27-34.

655. Thibaut F. Anxiety disorders: a review of current literature. *Dialogues Clin Neurosci.* 2017;19(2):87-88.

656. Choi KW, Kim YK, Jeon HJ. Comorbid Anxiety and Depression: Clinical and Conceptual Consideration and Transdiagnostic Treatment. *Adv Exp Med Biol.* 2020;1191:219-235.

657. Bauer A, Knapp M, Matijasevich A, Osório A, de Paula CS. The lifetime costs of perinatal depression and anxiety in Brazil. *J Affect Disord.* 2022;319:361-369.

658. Aydemir O, Akkaya C. Association of social anxiety with stigmatisation and low self-esteem in remitted bipolar patients. Acta Neuropsychiatr. 2011;23(5):224-8.

659. Penninx BW, Pine DS, Holmes EA, Reif A. Anxiety disorders. *Lancet.* 2021;397(10277):914-927.

660. Ströhle A, Gensichen J, Domschke K. The Diagnosis and Treatment of Anxiety Disorders. *Dtsch Arztebl Int.* 2018;155(37):611-620.

661. Gong W, Geertshuis SA. Distress and eustress: an analysis of the stress experiences of offshore international students. *Front Psychol.* 2023;14:1144767.

662. Korabelnikova EA, Danilov AB, Danilov AB, Vorobyeva YD, Latysheva NV, Artemenko AR. Sleep Disorders and Headache: A Review of Correlation and Mutual Influence. *Pain Ther.* 2020;9(2):411-425.

663. Song EM, Jung HK, Jung JM. The association between reflux esophagitis and psychosocial stress. *Dig Dis Sci.* 2013;58(2):471-7.

664. Pimple P, Hammadah M, Wilmot K, Ramadan R, Al Mheid I, Levantsevych O, Sullivan S, Lima BB, Kim JH, Garcia EV, Nye J, Shah AJ, Ward L, Raggi P, Bremner JD, Hanfelt J, Lewis TT, Quyyumi AA, Vaccarino V. The Relation of Psychosocial Distress With Myocardial Perfusion and Stress-Induced Myocardial Ischemia. *Psychosom Med.* 2019;81(4):363-371.

665. McLachlan KJJ, Gale CR. The effects of psychological distress and its interaction with socioeconomic position on risk of developing four chronic diseases. *J Psychosom Res.* 2018;109:79-85.

666. Wong AMF. Beyond burnout: looking deeply into physician distress. *Can J Ophthalmol.* 2020;55(3 Suppl 1):7-16.

667. Serpa-Barrientos A, Calvet MLM, Acosta AGD, Fernández ACP, Rivas Díaz LH, Albites FMA, Saintila J. The relationship between positive and negative stress and posttraumatic growth in university students: the mediating role of resilience. *BMC Psychol.* 2023;11(1):348.

668. Liu T, Li J, Li Q, Liang Y, Gao J, Meng Z, Li P, Yao M, Gu J, Tu H, Gan Y. Environmental eustress promotes liver regeneration through the sympathetic regulation of type 1 innate lymphoid cells to increase IL-22 in mice. *Hepatology.* 2023;78(1):136-149.

669. Bienertova-Vasku J, Lenart P, Scheringer M. Eustress and Distress: Neither Good Nor Bad, but Rather the Same? *Bioessays.* 2020;42(7):e1900238.

670. Wilbert-Lampen U, Leistner D, Greven S, Pohl T, Sper S, Völker C, Güthlin D, Plasse A, Knez A, Küchenhoff H, Steinbeck G. Cardiovascular events during World Cup soccer. *N Engl J Med.* 2008;358(5):475-83.

671. Jawad M, Hone T, Vamos EP, Roderick P, Sullivan R, Millett C. Estimating indirect mortality impacts of armed conflict in civilian populations: panel regression analyses of 193 countries, 1990–2017. *BMC Med.* 2020;18(1):266.

672. Singh B, Singh S, Kaur J, Singh K, Popalzay AW. Conflict and social determinants of health: would global health diplomacy resolve the Afghanistan healthcare conundrum? *Global Security: Health, Science and Policy.* 2023;8:1.

673. Messman BA, Slavish DC, Briggs M, Ruggero CJ, Luft BJ, Kotov R. Daily Sleep-Stress Reactivity and Functional Impairment in World Trade Center Responders. *Ann Behav Med.* 2023;57(7):582-592.

674. Malmros RA. Prevention of terrorism, extremism and radicalisation in Sweden: a sociological institutional perspective on development and change. *European Security.* 2022;31(2):289-312.

675. Singh SB, Zondi LM. Human Beings and Safety: The Role of Community Safety Structures in the Fight Against Crime, Msinga Local Municipality, Dundee, South Africa. *Oriental Anthropologist.* 2020;20(1):10–32.

676. Dornquast C, Kroll LE, Neuhauser HK, Willich SN, Reinhold T, Busch MA. Regional Differences in the Prevalence of Cardiovascular Disease. *Dtsch Arztebl Int.* 2016;113(42):704-711.

677. Lin JG, Kotha P, Chen YH. Understandings of acupuncture application and mechanisms. *Am J Transl Res.* 2022;14(3):1469-1481.

678. Ahn AC, Wu J, Badger GJ, Hammerschlag R, Langevin HM. Electrical impedance along connective tissue planes associated with acupuncture meridians. *BMC Complement Altern Med.* 2005;5:10.

679. Iravani S, Cai L, Ha L, Zhou S, Shi C, Ma Y, Yao Q, Xu K, Zhao B. Moxibustion at 'Danzhong' (RN17) and 'Guanyuan' (RN4) for fatigue symptom in patients with depression: Study protocol clinical trial (SPIRIT Compliant). *Medicine (Baltimore).* 2020;99(7):e19197.

680. Goldman N, Chen M, Fujita T, Xu Q, Peng W, Liu W, Jensen TK, Pei Y, Wang F, Han X, Chen JF, Schnermann J, Takano T, Bekar L, Tieu K, Nedergaard M. Adenosine A1 receptors mediate local anti-nociceptive effects of acupuncture. *Nat Neurosci.* 2010;13(7):883-8.

681. Lin SS, Zhou B, Chen BJ, Jiang RT, Li B, Illes P, Semyanov A, Tang Y, Verkhratsky A. Electroacupuncture prevents astrocyte atrophy to alleviate depression. *Cell Death Dis.* 2023;14(5):343.

682. Tao J, Zheng Y, Liu W, Yang S, Huang J, Xue X, Shang G, Wang X, Lin R, Chen L. Electro-acupuncture at LI11 and ST36 acupoints exerts neuroprotective effects via reactive astrocyte proliferation after ischemia and reperfusion injury in rats. *Brain Res Bull.* 2016;120:14-24.

683. Oh JE, Kim SN. Anti-Inflammatory Effects of Acupuncture at ST36 Point: A Literature Review in Animal Studies. *Front Immunol.* 2022;12:813748.

684. Wu T, Kou J, Li X, Diwu Y, Li Y, Cao DY, Wang R. Electroacupuncture alleviates traumatic brain injury by inhibiting autophagy via increasing IL-10 production and blocking the AMPK/mTOR signaling pathway in rats. *Metab Brain Dis.* 2023;38(3):921-932.

685. Wang W, Chen C, Wang Q, Ma JG, Li YS, Guan Z, Wang R, Chen X. Electroacupuncture pretreatment preserves telomerase reverse transcriptase function and alleviates postoperative cognitive dysfunction by suppressing oxidative stress and neuroinflammation in aged mice. *CNS Neurosci Ther.* 2024;30(2):e14373.

686. Yang Y, Deng P, Si Y, Xu H, Zhang J, Sun H. Acupuncture at GV20 and ST36 Improves the Recovery of Behavioral Activity in Rats Subjected to Cerebral Ischemia/Reperfusion Injury. *Front Behav Neurosci.* 2022;16:909512.

687. Yang X, Xiong X, Yang G, Wang J. Effectiveness of Stimulation of Acupoint KI 1 by Artemisia vulgaris (Moxa) for the Treatment of Essential Hypertension: A

Systematic Review of Randomized Controlled Trials. *Evid Based Complement Alternat Med.* 2014;2014:187484.

688. Yu J, Jiang Y, Tu M, Liao B, Fang J. Investigating Prescriptions and Mechanisms of Acupuncture for Chronic Stable Angina Pectoris: An Association Rule Mining and Network Analysis Study. *Evid Based Complement Alternat Med.* 2020;2020:1931839.

689. Zhang X, Qiu H, Li C, Cai P, Qi F. The positive role of traditional Chinese medicine as an adjunctive therapy for cancer. *Biosci Trends.* 2021;15(5):283-298.

690. Verma N, Rastogi S, Chia YC, Siddique S, Turana Y, Cheng HM, Sogunuru GP, Tay JC, Teo BW, Wang TD, Tsoi KKF, Kario K. Non-pharmacological management of hypertension. *J Clin Hypertens (Greenwich).* 2021;23(7):1275-1283.

691. Pavão TS, Vianna P, Pillat MM, Machado AB, Bauer ME. Acupuncture is effective to attenuate stress and stimulate lymphocyte proliferation in the elderly. *Neurosci Lett.* 2010;484(1):47-50.

692. Loizzo JJ, Blackhall LJ, Rapgay L. *Ann NY Acad Sci.* 2009;1172(1):218-30.

693. von Haehling S, Qusar N, Gawaz M, Bigalke B. *Clin Res Cardiol.* 2012;101:Suppl 1,P1695.

694. von Haehling S, Stellos K, Qusar N, Gawaz M, Bigalke B. *Int J Cardiol.* 2013;168(2):1509-15.

695. Li K, Zhang Q, Cai H, He R, Nima Q, Li Y, Suolang D, Cidan Z, Wangqing P, Zhao X, Li J, Liu Q. *Front Nutr.* 2022;9:888317.

696. Göring HD. Patient Goethe – A Pathography. *Akt Dermatol.* 2012;38:183-186.

697. Ajdžanović VZ, Šošić-Jurjević BT, Ranin JT, Filipović BR. Biologia Futura: does the aging process contribute to the relativity of time? *Biol Futur.* 2023;74(1-2):137-143.

698. Andrade FR, Antunes JLF. Time and memory in time series analysis. *Epidemiol Serv Saude.* 2023;32(1):e2022867.

699. Kokalj Ž, Džeroski S, Šprajc I, Štajdohar J, Draksler A, Somrak M. Origins of Mesoamerican astronomy and calendar: Evidence from the Olmec and Maya regions. *Sci Data.* 2023;10(1):558.

700. Hatchell C. In: Naked Seeing: The Great Perfection, the Wheel of Time, and Visionary Buddhism in Renaissance Tibet. *Oxford: Oxford University Press.* 2014:1-496.

701. Castillo M. Thinking in different directions. *AJNR Am J Neuroradiol.* 2014;35(4):615-6.

702. Jaffe A. The illusion of time. *Nature.* 2018;556(7701):304-305.

703. Davis D. Kampf der Titanen ("Clash of the Titans"). [Film] *Metro-Goldwyn-Mayer Studios, Inc. Beverly Hills, CA, USA.* 1981;01h:50m:13s-01h:50m:28s

Glosario